내 인생 5년 후

내 인생
5년 후

하우석 지음

다온북스
DAON BOOKS

———————— Five Years From Now ————————

바로 '지금'부터 시작이다

이 정도로 깊은 교감은 없었습니다.

《내 인생 5년 후》가 다룬 내용이 단편적인 기술이 아닌 보다 삶의 본질적인 영역의 것이다 보니 독자들과 깊은 대화가 이루어지지 않았나 생각합니다. 직장인, 대학생은 물론 중고등학생, 주부, 60대 은퇴자에 이르기까지 다양한 분들이 의견을 주셨고 생각을 함께 나누었습니다. 참으로 소중하고 뜻깊은 시간이었습니다. 몇 분의 메시지를 소개합니다.

—남편과 아이들 뒷바라지로만 하루하루 살다 보니 점점 멍해지는 시간이 늘더군요. 마치 생각이 멈추는 병에 걸린 듯이요. 그러던 어느

날, 남편 책상에서 《내 인생 5년 후》를 발견하고 단숨에 읽어버렸습니다. 그리고 혼자 소리 내어 울었습니다. 10년 전 멋지고 아름다운 미래를 꿈꾸던 그 여대생은 지금 어디로 사라졌을까요. 결국, 제 인생을 이끌어준 사람은 오직 저 자신밖에 없다는 평범하지만 틀림없는 진리를 깨닫고, 다시 시작하겠다는 다짐을 했습니다. 무언가에 홀린 듯 세상에 도전할 과제들을 하나 둘 찾아 나섰고 드디어 제 이름을 건 〈김 OO의 5년 계획서〉를 방금 완성하고 나서 뿌듯한 마음으로 이렇게 글을 씁니다.

—작가 선생보나 나이가 쩨 낳은 뇌식사입니다. 식상을 떠난 지 여러 해 됐고, 이런저런 취미생활을 하며 나름 그럭저럭 편하게 살고 있었습니다. 사실 은퇴 후에 어떻게 살아가겠다 하는 생각 자체가 없었기에 요즘 삶은 어떤 목표도 생활계획도 없다는 게 옳은 표현입니다. 이 나이에 무슨 목표나 계획이 필요하겠나 무심히 살았는데, 작가 선생의 글을 보며, 앞으로 5년간 탄탄한 계획을 세우고 살아야하지 않나 결심해봅니다. 지난 인생에서 가장 빛났던 5년보다도 더 가치 있는 5년을 오늘부터 살아볼까 합니다. 감사의 말을 꼭 직접 전하고 싶었습니다. (이 분은 어렵게 번호를 구했다며 전화를 주셨다.)

—'나, 지금 잘 살고 있는 건가.' 제 나이 또래라면 누구나 이런 고

민에 빠지게 될 겁니다. 서울 시내 길거리에서 흔히 보는 30대 그저 평범한 직장인입니다. 20대만큼의 열정도 없고, 그저 불안한 미래를 애써 감추며 살아가지만 고작 술 한잔 앞에선 온갖 푸념과 함께 몸도 마음도 무너지곤 합니다. 직장에서 보는 40대 선배들도 마찬가지더 군요. 이게 한국사회의 현실이자 단면 아닐까요. 끊임없이 대안을 떠올렸다 지웠다를 찔끔찔끔(?) 반복하는 제 자신에게, 아니 대한민국 30~40대에게 정말 딱 맞는 책이 바로 《내 인생 5년 후》이며, 한국의 현실과 한국인의 정서를 가장 잘 이해하고 쓰인 책이 아닌가 싶습니 다. 매 페이지마다 인생 선배처럼 공감해주시고 조언 들려주셔서 감 사합니다.

—스펙, 스토리, 학점 관리, 인맥 형성… 세계에서 가장 바쁜 대학 생은 단연 한국 대학생이 아닐까요. 어떤 동기생을 보면 과연 저렇게 만 대학생활을 마감하고 나면 무엇이 남을까 안타깝기도 합니다. 그 도 저를 보면 똑같이 느끼겠지요. 작가님의 글 중 가장 가슴에 와 닿 는 건 "진정 나다운 삶'에 대한 정의 내리기부터 진짜 인생이 시작된 다는 것입니다. 이것 없이 스펙, 스토리, 학점, 인맥 이런 건 껍데기에 불과하다는 걸 깨닫게 되었습니다. 나만의 진북(眞北)을 찾는 데 남은 대학생활의 모든 것을 쏟아 부어야겠습니다.

한 나그네가 청년에게 이렇게 말합니다.

"당신의 걸음걸이에 대해 어떻게 생각하시오?"

그 말을 듣고 난 이후 청년은 여지껏 한번도 관심을 가진 적 없었던 자신의 걸음걸이에 온통 신경이 집중되기 시작합니다.

'팔자걸음이라도 걷나? 뒤우뚱거리나? 허리가 굽었나? 팔을 너무 크게 흔드나? 땅을 보며 걷나? 너무 힘없이 걷나?'

이 책이 독자를 위해 할 수 있는 일이라면 아마 저 나그네의 역할이 아닐까 생각 합니다. 그 맡은 바 소명을 조금 더 충실히 해주기를 바라는 마음으로 새로운 사례 연구를 포함하여 전에 없던 내용을 스무 가지 이상 보태 본 개정판을 만들게 되었습니다. 이 책이 때로는 가이드처럼, 때로는 친구처럼 여러분의 아름다운 인생 여정에 함께 할 수 있기를 희망합니다.

"이 세상에는 너무 지나치면 안 되는 세 가지가 있는데, 빵에 넣는 이스트와 소금과 망설임이다."

탈무드의 격언입니다. 이 책을 읽다보면 틀림없이 깊은 내면으로부터 진짜 자기 목소리가 들리기 시작할 것입니다. 그것이 바로 당신의 열망, 의지, 소명, 비전, 꿈입니다. 망설임 없이 주저 말고 그것을 시작하십시오.

베네피트를 세계적인 화장품회사로 키워낸 창업자 겸 CEO 진 포드는 이렇게 말합니다.

"나는 절대로 'No'라고 얘기하지 않는다. 'No' 뒤에 'w' 하나만 더 붙이면 'Now'(지금)가 된다. 어떤 일이 주어졌을 때 'No'라고 말하는 대신 'Now'라고 말하며 행한다면 언젠가 반드시 그 성과를 거둘 수 있다."

여러분의 인생을 송두리째 바꿔줄, 5년!
바로 '지금'부터 시작합니다.

Five Years from 'Now'

Five Years From Now

5년 후 오늘,
당신은 어디에 있을 것인가

인생을 한 마디로 정의하면 무엇일까?

그건 바로 '전략'이다.

우리는 살아가면서 끊임없이 크고 작은 전략들을 세운다. 결혼을 할 때, 집을 장만할 때, 아이를 키울 때, 직장을 옮길 때, 노후계획을 짤 때 우리에게 필요한 것은 전략이다. 그리고 그 전략대로만 인생을 밀고 나갈 수 있다면 누구나 성공을 얻을 수 있다.

하지만 성공하는 사람은 언제나 소수다. 이를 뒤집어 말하면, 우리의 대부분이 성공하지 못하는 이유는 다음 3가지로 요약된다. 전략을 잘못 세웠거나, 전략을 실행에 옮기는 데 지지부진했거나, 처음부터 전략이 부재했거나.

따라서 성공 인생을 원한다면 무엇보다 먼저 '전략'이라는 단어가 함의한 모든 가치를 샅샅이 뒤져야 한다. 이를 위해 나는 인류역사에 위대한 업적을 남긴 인물들로부터 가장 뛰어난 기록을 달성한 스포츠 스타에 이르기까지, 타의 추종을 불허하는 성과를 낸 비즈니스맨에서부터 사법고시와 같은 최고의 시험을 통과한 전문직 종사자에 이르기까지, 그들이 갖고 있는 다양한 인생전략에 대해 2년여에 걸쳐 추적했다. 치열한 조사와 연구 끝에 마침내 나는 다음의 결론에 이르렀다.

'언제나 한 발 앞서가는 사람, 수립한 목표를 반드시 달성하는 사람, 인생의 모든 꿈을 체계적으로 실현해가는 사람, 탁월한 성과를 지속 유지하는 사람에게는 한결같은 공통점이 있다. 그들은 인생을 5년 단위로 계획하고, 그 5년 동안 자신의 모든 에너지를 집중한다는 것이다.'

좀 더 쉽게 얘기해보자.

중학교 2학년 여학생이 있다. 그녀의 5년 후 목표는 '서울대학교 합격'이다. 그런데 그녀가 학교에서 치른 중간고사를 망쳤다. 그녀의 부모는 패닉 상태에 빠진다. 과외교사를 교체하고 즐겁게 다니던 학원마저 바꾼다. 아이는 극도의 불안감에 휩싸인다. 집안 공기는 싸늘하게 변했고, 아이는 마치 죄인이라도 된 듯 숨죽이며 살아간다. 다행히 기말고사에서 점수를 올리긴 했다. 과연 그녀는 서울대학교 합격이라는 최종 목표에 한 발자국 더 다가섰을까?

내가 만난 수많은 성공자들은 단연 '아니오!'라고 외친다. 서울대학교를 목표로 삼을 정도의 수준 있는 학생이라면 그깟 시험 한 번 망친 것은 전혀 대수롭지 않은 일이라는 것이다. 중간고사 한번은 서울대 입시라는 본선에서 최고의 활약을 펼치기 위한 '평가전'에 불과하다. 평가전에서 한 문제를 더 맞히고 덜 맞히고는 중요하지 않다. 본선 전략의 완성도를 체크하며 무엇보다 더 깊고 더 넓은 공부에 눈을 뜨는 것이 중요하다. 눈앞의 실적에 연연하는 사람은 결코 원하는 목표를 달성할 수 없다.

우리의 인생전략도 이와 크게 다르지 않다. '단기적인 성취가 차곡차곡 쌓이다 보면 자연스럽게 장기적 목표를 완성할 수 있다'는 생각은 착각일 뿐이다. 먼저 내가 달성할 수 있는 최고 중의 최고의 목표를 세워야 한다. 그리고 이 목표를 향해 가는 과정에 도사리고 있는 온갖 시련과 역경은 모두 '평가전'이라고 생각하고 정면 돌파해나가야 한다. 누구도 흉내 낼 수 없는 크고 담대한 목표를 세우고, 내 모든 에너지를 집중해 일로매진해 나갈 때 비로소 인생의 전략은 완성된다. 이 수립에서부터 완성에 이르기까지 가장 최적의 시간이 곧 '5년'이다.

무조건 열심히 사는 것은 결코 미덕이 될 수 없다. 열심히 사는 동시에 전략적으로 살아야 한다. 그리고 그 전략은 낮은 목표를 조준해서는 안 된다. 인생을 완전히 바꿀 만한 터닝 포인트를 만들어내는 과감한 목표에 그 초점이 맞춰져야한다. 우리의 인생전략이 자꾸만 실패로 끝나는 이유가 바로 여기에 있다. 지금 현재 발 딛고 있는 토대를 송두리째 혁신하는 전략보다는 고작 한 뼘 앞으로 나아가는 '작은 개선'에 안주하기 때문에 우리는 자꾸 원점으로 회귀하고 마는 것이다. 같은 시기에 대리가 됐지만 5년 후, A는 사내 스타트업의 이사가 되어 모회사의 두둑한 지원 하에 독립을 준비하고 있는 반면 B는 만년대리 신세다. 과감한 목표에 도전한 자와 작은 개선에 만족한 자의 격차는 이만큼 크다.

지금도 늦지 않았다. 지금부터 5년 후의 모습을 마음껏 그려보라. 그 수많은 그림들 속에서 낭신이 가장 간절하게 원하는 모습이 무엇인지 선택해보라. 그리고 오늘부터 그 모습을 얻기까지의 전략을 짜라. 5년 후 인생의 모든 것이 달라지는 프로젝트를 출범시켜라.

미켈란젤로는 인류 최고의 걸작으로 손꼽히는 시스티나 성당 벽화를 완성하는 데 5년이 걸렸다.

셰익스피어가 인류 불멸의 문학작품으로 평가받는 4대 비극을 완성하는 데도 5년이 걸렸다.

콜럼부스가 신대륙을 발견하기까지도 5년이 걸렸다.

김연아가 시니어 대회 첫 우승에서부터 올림픽 금메달을 목에 걸기까지도 5년이 걸렸다.

사법시험에 합격한 사람들의 평균 시험 준비기간은 '4.7년'이었다.

창업 후 성공적으로 시장에 진입한 기업들은 모두 5년을 버틴 결과였다.

5년은 260주, 1,825일, 4만 3,800시간, 262만 8,000분이다. 지금 당신 앞에 이 황금 같은 시간이 선물로 주어져 있다. 이 선물을 받고 싶은가?

그렇다면 다음의 질문을 가슴에 간직하고 이 책을 읽어나가라.

5년 후 오늘, 당신은 어디에 있을 것인가?

5년 후 오늘, 당신은 어떤 사람들과 함께 있을 것인가?

5년 후 오늘, 당신은 무엇을 하고 있을 것인가?

하우석

4장 무소의 뿔처럼 가라

5장 시간을 지배하는 자가 승리한다

1장

지금부터 5년이
당신의 인생을 결정한다

지금부터 5년 후 당신의 모습을 떠올려보라. 그때도 지금과 같이 하루하루 살아가는 데 매달려 있다면 어떻겠는가? 그것보다 더 큰 두려움이 있겠는가? 5년 후에도 뻔한 삶을 살고 있다면 모골이 송연해지지 않겠는가? 예측 가능한 삶만큼 지루한 삶도 없다. 세계적인 동기부여가 찰스 존스는 다음과 같이 말했다. "지금부터 5년 후의 내 모습은 두 가지에 의해 결정된다. 지금 읽고 있는 책과 요즘 시간을 함께 보내는 사람들이 누구인가 하는 것이다."

Five Years From Now

5년 프로젝트를
기획하라

인류 역사상 가장 위대한 예술가 중 하나인 미켈란젤로. 그는 중세시대를 대표하는 조각가이자 화가로서 불멸의 작품을 여럿 남겼을 뿐아니라 무수한 미스터리에 둘러싸인 인물로도 유명하다. 그의 대표작을 하나만 꼽으라면 단연 바티칸 궁전의 시스티나 성당 천장벽화를들 수 있다. 시스티나 성당 앞에 선 사람들은 누구나 그 웅장함에 압도당한다. 하지만 진짜 압권은 성당 안에 있다. 성당의 천장을 올려다본 순간 방문객들은 탄성이 절로 나온다. 그 높고 넓은 천장에 수놓아진 그림 때문이다.

높이 20미터, 길이 41미터, 폭 13미터에 이르는 아득한 공간에는〈구약성서〉의 이야기들이 생생하게 담겨 있다. 빛과 어둠의 분리, 해와 달과 별의 창조, 땅과 물의 분리, 아담과 이브의 창조, 아담과 이브의 타락, 노아의 방주 등을 미켈란젤로는 장대한 스케일로 표현해냈다. 누구나 한번쯤 들어보았을 〈천지창조〉 〈최후의 심판〉과 같은 명작들이 바로 이 거대한 천장벽화 가운데 일부다.

무엇보다 놀라운 건 이 엄청난 그림을 조수 한 명 없이 미켈란젤로 혼자서 완성시켰다는 사실이다. 여기서 퀴즈 하나를 내보자. 미켈란젤로가 이 대작을 완성하는 데 걸린 기간은 얼마였을까?

정답은 '4년 6개월'이다. 1508년 교황 율리우스2세로부터 천장벽화를 그려달라는 부탁을 받아 처음 붓을 든 미켈란젤로는 1512년 모든 작업을 완성시켰다. 약 5년 동인 인류 예술시에 키다란 획을 긋는 위업을 달성한 것이다.

여기서 하나의 의문이 생긴다. 조각가로서 이미 높은 명성을 쌓아가고 있던 그가 왜 갑자기 회화를 그리기 위해 5년에 가까운 엄청난 시간을 쏟아 붓겠다고 결심한 것일까? 미켈란젤로는 대리석 등과 같은 돌을 다루는 데 실로 해박한 지식을 갖고 있었다. 조각가로서 대성하는 데 모든 면에서 완벽함을 갖춘 인물이었다. 그런데 돌연 그는 시스티나 성당의 천장벽화 작업에 나선다. 더군다나 그의 나이 33세 때 말이다. 33세라면 인생에서 가장 열정과 자신감에 넘치는 시절이 아닌가? 가장 전성기라 할 수 있는 30대의 약 5년에 걸친 금쪽같은 시간을 그는 새로운 프로젝트에 송두리째 바쳤다. 30대에 어떤 성공도 보장되지 않는 일에 도전한다는 건 보통사람으로서는 엄두도 못 낼 일이다.

그는 이렇게 말했다. "내 가슴 속에 밀려드는 사랑과 함께 아름다움의 빛을 경험한다면, 그 가슴에 불을 지르고 끝나지 않을 때까지 나를 태우리라. 내 눈에 빛이 뿜어져 나오는 그 순간을 어떻게든 기꺼이 즐기리라."

자신의 열정을 온전하게 불사를 수 있는 일, 그래서 온전히 즐거울 수 있는 일에 그는 5년의 시간을 불꽃처럼 태웠다. 이를 통해 그는 일생일대의 걸작을 남길 수 있었다. 그간 쌓아온 성취에 안주하는 삶을 살았더라면 불가능했을 글자 그대로 '위대한 성공'을 미켈란젤로는 남겼다. 그는 우리에게 이렇게 묻는다.

'당신에겐 5년 동안 목숨을 걸고 모든 에너지를 집중할 만한 일생일대의 프로젝트가 있는가?'

미켈란젤로가 이 위대한 작품을 완성하기 약 100년 전 이탈리아의 한 마을. 그곳에는 늘 바다를 바라보던 한 소년이 있었다. 그의 이름은 크리스토퍼 콜럼버스. 그에게는 뭇 소년과는 다른 원대한 꿈이 있었다. '저 바다 끝에서 펼쳐지는 새로운 땅을 밟겠노라'는 꿈이었다. 어른이 된 그는 마침내 에스파니아 이사벨라 여왕의 후원을 받아 대항해를 시작한다. 산타마리아호, 니나호, 핀타호라는 세 척의 배를 이끌고 그는 파로스 항을 떠난다. 그렇게 시작된 첫 항해 이후 그는 지금의 바하마, 쿠바, 북아메리카, 남아메리카를 연이어 발견하기에 이른다. 이 역사적 발견을 모두 달성하는 데 콜럼버스가 투자한 기간 또한 5년이었다. 원대한 꿈과 담대한 목표가 없었다면 그 5년은 역사에 기록되지 않았을 것이다.

이번에는 미켈란젤로 시대로부터 100년 후로 가보자. 그 시대에는 또 한 명의 세기적 인물, 윌리엄 셰익스피어가 있었다. 영국이 낳은 세계 최고의 극작가인 그는 평생 37편의 희곡을 남겼다. 그 주옥 같은 작품들 중에서도 백미는 〈햄릿〉 〈리어왕〉 〈오셀로〉 〈맥베스〉다. 이른바 셰익스피어의 4대 비극으로 꼽히는 걸작들이다. 수백 년이 지난 지금도 모든 영어권 국가의 교과서에 실려 있는 4대 비극의 문학적 가치는 인류 역사를 통틀어 단연 독보적이다. 이토록 위대한 작품을 모두 완성하는 데 걸린 시간은? 1600년 〈햄릿〉을 시작으로 1605년 〈맥베스〉까지, 그의 4대 비극은 5년 만에 완성되었다.

영국에 셰익스피어가 있다면, 우리나라에는 다산 정약용이 있다. 셰익스피어 시대로부터는 200년 후의 일이다. 조선 후기 정조대왕의 총애를 받던 정약용은 정조의 죽음과 함께 관직에서 쫓겨나 유배생활을 하게 된다. 다산초당에서 그는 혼을 담아 수많은 작품들을 집필하는데, 1813년부터 1818년까지 5년 동안 그의 대표작으로 손꼽히는 저서들(《논어》《맹자》《대학》《중용》《악경》《경세유표》《목민심서》)을 완성해낸다. 각각의 저술들이 갖고 있는 역사적 의의도 대단하지만, 그 저술의 양만 놓고 보더라도 후세 학자들이 혀를 내두를 정도다.《목민심서》와《경세유표》는 각 48권으로,《논어》《맹자》《대학》《중용》은 각각 40권, 9권, 6권, 9권으로 이뤄져 있다. 가히 괴력에 가까운 필력을 5년간 집중한 결과다.

20세기가 시작되면서 인류는 또 하나의 경이적인 사건과 마주한다. 인간의 끝없는 염원이었던 하늘을 나는 일, 그것이 가능해진 것이다.

새 역사를 연 주인공은 비행물체에 대한 해박한 지식을 갖춘 전문가도, 항공기술자도 아니었다. 작은 마을에서 고장 난 자전거를 고쳐주고 공임을 받아 생계를 유지하던 자전거 수리공 형제 윌버 라이트와 오빌 라이트였다. 1900년 라이트 형제는 처음으로 무동력 글라이더를 제작, 2년간 200회 이상의 시험비행을 가졌다. 더 나아가 엔진과 프로펠러의 힘으로 비행하는 연구를 거듭하던 그들은 마침내 1903년 12월 17일, 인류 최초로 '동력 비행'에 성공한다. 이때의 비행기록은 12초간 36미터였다. '플라이어 1호'라고 명명된 이 최초의 동력 비행기는 오직 라이트 형제의 땀과 노력의 결실로 완성된 작품이었다. 그들은 이후 플라이어 2호로 비행시간을 연장시켰고, 1905년에는 플라이어 3호로 38분 동안 40킬로미터나 하늘을 나는 대기록을 세웠다. 라이트 형제가 무동력 글라이더 제작에서부터 플라이어 3호의 비행에 이르기까지 경이적인 업적을 달성한 기간 또한 5년이었다.

평범한 자전거 수리공 청년 둘이 5년 만에 만들어낸 위업이라고 하기엔 정녕 믿기지 않는 역사다.

미켈란젤로, 콜럼버스, 셰익스피어, 다산 정약용, 라이트 형제. 그들은 서로 전혀 다른 시대, 전혀 다른 곳에서 살았지만 한 목소리로 우리에게 다음의 메시지를 던져주고 있다. '꼭 이루어야 할 꿈이 있다면, 일생에 한번쯤 모든 열정을 태워야 할 일이 있다면, 타의 추종을 불허하는 성과를 내고 싶다면, 지금 당장 시작하라. 그리고 5년은 그 일에 미쳐라.'

그렇다, 우리가 자주 실패하고 좌절하는 것은 아직 목숨을 걸고 이루어야 힐 민한 일을 시작하지 못했기 때문이다. 설령 그와 같을 일을 시작했다 할지라도 5년을 버티지 못하고 중도에서 포기했기 때문이다. 따라서 우리가 지금 당장 해야 할 일은 명확하다. 먼저 '내 인생의 대표작으로서 무엇을 남기고 싶은가?'에 대해 생각해야 한다. 그리고 내 인생의 대표작을 완성하는 '5년 프로젝트'를 세워야 한다. 물론 5년 프로젝트를 기획한다고 해서 모두 성공하리라는 보장은 없다. 하지만 이 책을 쓰기 위해 만난 수많은 성공자들은 '5년'이라는 시간의 중요성에 대해 목소리를 높여 강조했다. 어떤 일을 하든 간에 그 일을 5년 정도 포기 없이 하고 있다면, 그만큼 그 일에 성공할 확률이 매우 높아진다는 것이다.

사법고시 준비에서부터 합격까지 5년 남짓한 시간이 걸린 사람을 만난 적 있었다. 그는 인터뷰에서 다음과 같이 말했다. "5년 후 내가 어떤 모습으로 살고 있을지 생각하며 사는 사람과, 그렇지 못한 사람 사이에는 엄청난 차이가 있습니다. 성공은 물론 당연히 전자의 몫이 죠. 성공하는 사람은 한번 정한 목표를 향해 우직하게 밀고 나가는 반면, 실패하는 사람은 자꾸만 이곳저곳을 기웃거리며 철새처럼 옮겨 다닙니다. 5년간 밤낮없이 한 우물을 독하게 파다 보면 인생은 분명 터닝 포인트를 열어줄 것입니다."

이처럼 울림 깊은 메시지를 외면하지 마라. 비켜서지 마라. 정면으로 받아들여라. '나도 할 수 있다'고 한번 덤벼보라. 해보지도 않고 안 될 거라고 어떻게 장담하는가. 당신의 인생은 결코 작은 돌멩이가 아니다. 출발점 앞에 선 당신의 인생은 작은 씨앗이다. 당신이 좋은 땅에 그것을 심고, 물을 주고 햇볕을 비쳐주기만 한다면 싹을 틔우고 자라 하늘을 덮을 만큼 커다란 나무로 자라날 것이다. 이 세상에 씨앗이 아닌 돌멩이로 태어난 사람은 단 한 명도 없다. 모두가 씨앗이다. '나는 거목이 될 씨앗'이라는 자기 인식, 자기 확신이야말로 바로 당신의 인생을 바꿀 새로운 5년의 첫 걸음이 될 것이다.

5년 후 당신은 어떤 나무로 커 있을 것인가. 미래의 당신 모습을 마음껏 그려라. 어디에 있을 것인지, 무엇이 되어 있을 것인지, 무슨 일을 하고 있을 것인지 자유롭게 상상하라. 5년 후의 당신은 당신이 그리는 대로 될 것이다.

위대한 개척자의 모습을 그린 콜럼부스처럼.

최고의 예술가를 그린 미켈란젤로처럼.

불멸의 작가를 그린 셰익스피어처럼.

비록 유배된 신세였지만 후세에 길이 남을 대학자를 꿈꾸었던 다산 정약용처럼.

인류 최초로 하늘을 높이 나는 모습을 그린 라이트 형제처럼.

당신도 당신만의 '5년 후'를 그려보라. 그리고 지금 당장 5년 프로젝트를 기획하라.

출가하는 사람의 배낭에는
나이가 없다

'원대한 꿈과 담대한 목표를 세우고, 그것을 향해 최소 5년은 일로매
진하라.'

이 책의 메시지는 이 한 문장으로 집약된다. 하지만 이 문장에 두려
움을 갖는 사람이 많을 것이다. 5년이라는 시간은 결코 짧지 않은 시
간이기 때문이다. 어떻게든 먹고 살기에도 하루하루가 벅찬데, 5년
이라니? 그야말로 나와는 먼 나라의 일이 아닐 수 없다. 아직 꿈 많은
20대라면 모를까 30대나 40대, 50대에게 5년이라는 투자는 언감생
심이다. 이처럼 새로운 인생에 대한 두려움과 강박을 갖고 있는 사람
들에게 나는 언젠가 한 작은 산사(山寺)에서 만난 노스님의 가르침을
들려주고 싶다. 스님께서는 이렇게 말씀하셨다. "인생은 이어가는 것

이 아니라 끊어가는 것이다. 머리를 삭발하고 계(戒)를 받는 것을 '출가(出家)'라고 한다. 출가란 익숙한 한 세계를 떠나 전혀 새로운 세계로 들어가는 의식이다. 한 나라의 왕자로서 남부러울 것 없던 싯다르타는 보통사람들의 눈으로 보면 출가할 이유가 전혀 없었다. 하지만 그는 익숙한 자신의 세계를 벗어던짐으로써 참된 자신의 세계를 만날 수 있었다. 그러니 이어가려 애쓰지 말고 단칼에 끊어내는 삶을 살아야 한다."

나는 이 가르침을 하루하루 깊이 새기며 살아가고자 노력한다. 눈앞의 생계를 핑계로 인생의 참된 본질을 무한정 미루어두고 살아가는 것만큼 커다란 비극도 없다. 잠시 책장을 덮고 생각해보라. 지금부터 5년 후 당신의 모습을 떠올려보라. 그때도 지금과 같이 하루하루 살아가는 데 매달려 있다면 어떻겠는가? 그것보다 더 큰 두려움이 있겠는가? 5년 후에도 뻔한 삶을 살고 있다면 모골이 송연해지지 않겠는가? 세계적인 동기부여가 찰스 존스는 다음과 같이 말했다. "지금부터 5년 후의 내 모습은 두 가지에 의해 결정된다. 지금 읽고 있는 책과 요즘 시간을 함께 보내는 사람들이 누구인가 하는 것이다."

당신은 지금 어떤 책들을 읽고 있는가? 당신은 지금 어떤 사람들을 만나고 있는가?

중요한 건 '나이'가 아니다. 정말 중요하고도 중요한 건 인생에 관한 고정관념에 맞서 최고의 싸움을 벌이고자 하는 의지다. 그저 흘러

가는 대로 몸을 맡기는 삶, 대세에 순응하는 삶, 익숙한 것에 길들여져 있는 삶을 사는 사람에게 돌아오는 결과는 성공이 아니라 '추락'이다. 미래가 아니라 오늘에 집착하는 삶을 사는 사람은 결국 핑계거리만 가득 안고 무덤으로 들어가고 만다.

지금부터 5년 동안은 오직 당신만이 주도하는 삶을 계획해보라. 당신이 30대이건 40대이건, 상관없다. '30대는 이래야 하고 40대는 저래야 한다'는 어처구니없는 세상 담론에 휘둘리지 마라. 20대와 60대가 똑같은 출발선에서 대학에 입학할 수도 있다. 19세 소년도 69세 노인도 얼마든지 새로운 사업을 시작할 수 있다. 새로운 기술을 배울 수도 있고, 세계여행을 떠날 수도 있다. 당신의 머릿속에는 '서른은 이립(而立), 마흔은 불혹(不惑), 쉰은 지천명(知天命), 예순은 이순(耳順)'이라는 공식이 굳건히 자리 잡고 있을 수 있다. 하지만 왜 서른에 이립, 불혹, 지천명, 이순을 다 겸비할 수는 없는가? 나는 가능하다고 본다. 나이 예순에 이 넷을 다 갖추지 못한 사람도 얼마나 많은가?

많은 사람들은 뭔가 새로운 시작을 할 때 다음과 같은 생각을 습관적으로 떠올린다.

'이 나이 먹고 내가 그걸 시작할 수 있을까?'

'아직 어린 내가 그걸 할 수 있을까?'

즉 '너무 나이 들어서' 또는 '너무 어려서'라는 막연한 두려움을 먼저 앞세운다. 그러고는 당연하다는 듯 고개를 젓는다. 둘 다 틀린 답이다. 정답은 이것 하나뿐이다.

'그것을 하기에 가장 적당한 때는 바로 지금이다.'

7세 때 모차르트는 자신의 첫 교향곡을 작곡했다.

14세 때 바둑기사 이창호는 KBS바둑왕전에서 우승, 세계 최연소 바둑 타이틀 획득 신기록을 수립했다.

15세 때 호주의 여성 수영선수 셰인 굴드는 뮌헨 올림픽에서 금메달 3개, 은메달 1개, 동메달 1개를 획득했다.

21세 때 대학을 중퇴한 스티브 잡스는 스티브 워즈니악과 함께 애플컴퓨터를 창업했나.

21세 때 의과대학생이었던 프레드 델루카는 학비를 벌기 위해 친구에게 1,000달러를 빌려 '서브웨이'를 창업했다.

35세 때 고등학교 화학교사였던 짐 모리스는 메이저리그에 데뷔, 투수로서 마운드에 올랐다.

35세 때 컴맹 영어강사였던 마윈은 알리바바를 창업했다. 창업 후 3년 동안 단 1달러도 벌지 못했지만 그는 버텨냈고, 지금의 알리바바 제국을 건설했다.

40세 때 전업주부였던 박완서는 단편 〈나목〉을 발표하면서 소설가로 등단했다.

44세 때 샘 월튼은 월마트 1호점을 오픈했다.

45세 때 장사익은 가수로 데뷔했다. 고교 졸업 후 45살까지 15가지 직업을 전전하다 16번째 도전한 직업이 가수였다.

45세 때 복서 조지 포먼은 헤비급 세계챔피언 벨트를 되찾았다.

49세 때 수잔 보일은 아스퍼거 증후군을 이겨내고 감동의 목소리를 세상에 처음으로 선보였다.

52세 때 레이 크록은 맥도날드를 창업했다.

62세 때 커넬 샌더스는 KFC를 창업했다. 체인화 계획을 갖고 있던 그는 무려 1,009번 거절을 당하고 1,010번째 방문한 곳에서 제1호 체인점 계약을 맺을 수 있었다. 이때 그의 나이는 68세였다.

72세 때 오스카 스완은 올림픽 사격 경기에 출전해 은메달을 목에 걸었다.

90세 때 피터 드러커는 《21세기 지식경영》이라는 명저를 썼다.

다시 한번 강조하지만 새로운 인생을 위한 출가를 계획할 때는 나이는 배낭에 담지 마라. 당신이 해야 할 일은 눈앞의 목표에만 온 에너지를 집중하는 것뿐이다. 우리가 어떤 일을 시작할 때 나이에 관한 강박관념을 갖게 된 데에는 기업들의 교묘한 마케팅 활동도 큰 몫을 했다.

20대의 피부로 돌아가야 한다고? 물론 그것이 밥줄인 연예인들이라면 그럴 수 있다. 그렇지 않은 사람들은 왜 20대의 피부를 가져야 할까? 이유가 대체 뭘까? 의심하고 반문할 줄 알아야 한다. 20대 피부로 돌아가려는 그 노력과 에너지를 어디 다른 곳에 쓸 데가 없을지 돌아볼 줄 알아야 한다.

40대에는 크고 넓은 차를 타야 한다고? 왜 그래야만 하지? 경제적인 소형차를 타면 품위가 깎이는가? 젊은 사람들의 폭넓은 존경을 받는 손석희 앵커는 스타 아나운서 시절에도 경차를 타고 다녔다. 그렇다고 해서 그의 품격이 낮아진 적이 한 번이라도 있던가? 나아가 차가 없으면 또 어떤가? 나이가 들수록 우리가 갖춰야 할 것은 물질이 아니다. 20대의 피부가 아니라 20대의 뜨거운 정신을 열망해야 한다. 기존의 성공공식을 확장하는 데 집착해서는 안 된다. 세상에 없는 나만의 성공방정식을 만들어 이를 실천에 옮겨 나가야 한다.

좋은 차, 좋은 집은 모두 당신의 주머니를 노리는 세상이 쳐놓은 검은 유혹의 덫에 불과하다. 이 덫에 걸리는 순간 당신은 인생을 위한 생산적 사고와 활동을 멈추고 만다. 다른 사람의 목적에 당신의 삶을 고스란히 바치고 만다. 인생의 중심에서 주변으로 밀려나다가 결국 쪼그라들고 만다.

몇 가지 질문을 해보자.

'직장인인 당신의 로망은 사업이다. 그렇다면 사업을 하기에 가장 적합한 나이는? 스물 다섯, 서른 둘, 마흔 하나, 쉰 다섯, 예순?'

'영어를 마스터해서 영어권 국가와 비즈니스를 하려고 한다. 가장

적합한 나이는? 스물, 서른, 마흔, 쉰, 예순?'

'평범한 직장인에서 글을 쓰는 작가로 인생을 전환하고자 마음먹었다. 몇 살이 적합한가?'

그렇다, 당신은 깨달았을 것이다. 뭔가를 하는 데 더할 나위 없이 좋은 시절은 없다는 것을. 그러니 정답이 없는 질문을 끌어안고 고민하지 마라. 뭔가 끌리는 일이 있다면 시작하라. 인생은 속도가 아니라 방향이 결정한다. 눈을 돌려 새로운 '진북(眞北)'을 찾아내는 힘을 기르면, 당신의 인생은 언제나 새로운 출발선에 서 있을 수 있다. 그리고 언제나 또 다른 삶, 또 다른 세계를 향한 출발선을 가진 인생이 결국 성공에 닿는다.

새로운 출가를 결심했다면, 나는 오늘부터 5년까지를 하나의 프로젝트 단위로 계획할 것을 제안하고자 한다. 1년도 있고, 10년도 있는데 왜 하필 5년인가? 그 이유는 다음과 같다.

5년이란 시간은 비록 시행착오를 한두 번 겪더라도 꾸준한 발전을 통해 소기의 성과를 달성할 수 있는 가장 적당한 시간이다. 즉 스스로 계획을 세우고, 실행하고, 성과를 얻기까지의 하나의 단위로서 가장 적합한 기간이다. 대부분의 나라에서 대통령 임기를 비롯해 주요 행정요직의 임기를 5년으로 정한 이유도 이와 같다. 우리나라는 물론 프랑스, 브라질, 포르투갈, 남아프리카공화국 등 대통령제를 채택한 나라들 중 대다수가 대통령 임기를 5년으로 정하고 있다. 그 밖에 중국의 국가주석, 이탈리아의 총리 등도 5년 임기이고, 반기문으로 익숙한 유엔 사무총장직 역시 5년을 임기로 하고 있다. 이는 어떤 하나의 새로운 프로젝트를 완성하고 평가하는 데 '5년'이 최적의 기간임을 입증한다.

대통령에 임명되고 나서 가장 먼저 하는 일은 주요 인물의 요직 배치다. 즉 자신이 일을 가장 효과적으로 할 수 있는 환경을 조성한다. 그리고 그들과 긴밀한 협의를 거쳐 주요 정책을 입안하고 추진한다. 추진과정에서 문제가 생기면 주요 보직 인사를 단행하고, 정책의 궤도를 수정하기도 한다. 대부분의 성책은 임기 중 완료를 목표로 한다. 만일 대통령의 임기가 1년 혹은 2년이라면 어떤 일이 생길까? 아마도 요직 인선 작업을 하고 나서 이제 일을 할 만하다 싶으면 임기가 끝날지도 모를 일이다. 실행은커녕 새로운 정책에 대한 아이디어 회의만 하다가 끝날 수도 있다. 1~2년은 이렇듯 너무 짧은 기간이기 때문에 지속적이고 일관된 실행을 기대하기가 힘들다. 그렇다면 10년은 또 어떨까? 시간 대비 효율성이 크게 떨어지지 않을까? 어떤 프로젝트를 10년 후에 평가한다고 하면, 그 10년 세월 동안 비효율적이고 비경제적이고 비도덕적인 일이 얼마나 많이 일어나겠는가? 즉 건전한 의미의 긴장감과 최소한의 윤리의식이 사라질지도 모른다. 아무리 강력한 의지를 갖고 시작했다고 해도, 그 의지를 지속적으로 견지하기에는 무리가 따르는 긴 세월이다.

한 나라를 이끌어가는 대통령에게 1~2년도, 10년도 아닌 5년간 국정을 맡기는 데는 그만한 합리적 이유가 있는 것이다. 만일 온 국민이 신뢰할 만한 근거나 타당한 논리가 없었다면, 진즉에 대통령 임기는 바뀌었을 것이다. 거의 모든 나라 국회의원의 임기가 4~5년인 이유도 다 이와 같은 맥락에서다.

인생도 마찬가지다. 인생을 바꿀 만한 프로젝트를 염두에 두고 계획을 짜야 한다면, '5년'이 최적이다. 10년 단위로 인생을 계획하다가는 집중력이 떨어져 반드시 슬럼프에 빠질 것이다. 인생전략이란, 그것을 수립하고 실천해나가는 것도 중요하지만 그 결과를 얻는 타이밍도 매우 중요하다. 그저 '우공이산(愚公移山)'의 자세로 무조건 한 걸음 한 걸음 앞으로 나가는 것은 결코 미덕이 아니다. 그렇게 따지면 인생 전체를 걸고 하나의 프로젝트에 매진하는 것이 성공확률이 더 높다. 5년 후 사법시험에 합격하겠다는 목표를 세운 사람과 30년 후 합격을 하겠다고 목표를 세운 사람 가운데 시험에 합격할 가능성이 높은 사람은 당연히 후자다. 하지만 이 같은 계획이 무슨 의미가 있겠는가? 그러므로 어떤 프로젝트의 결과를 얻는 가장 최적의 기간은 '5년'이다.

한 연구 결과에 따르면, 미국에서 100만 달러 이하의 비즈니스를 시작한 창업자들 가운데 90%가 창업 후 5년 안에 문을 닫는다고 한다. 단 10%만이 5년 이상을 버텼다는 뜻이다. 그리고 5년 이상 생존한 극소수의 창업자들은 그 비결로 '5년 전략'을 꼽았다. 즉 실패한 90%는 그저 자기 사업이 언제까지나 잘 되기만을 바랐을 뿐이다. 그들이 노력을 안 한 것은 결코 아니다. 다만 그들은 '5년' 안에 승부를 내야겠다는 전략이 부재했다. 반면 성공한 10%는 어떻게든 지금 시작한 사업을 5년 후에는 반석 위에 올려놓겠다는 굳은 의지와 세밀한 실천 플랜을 갖고 있었다. 수단과 방법을 가리지 않고 5년을 기점으로 삼아 자기 사업의 터닝 포인트를 만들겠다고 결심한 사람과 그저 열심히 하면 잘 될 것이라는 생각에 매달린 사람 사이에는 이처럼 하늘과 땅 차이의 결과가 나타난 것이다. 이는 우리가 인생에서 어떤 프로젝트를 시작할 때는 5년 단위로 그 결과를 얻는 시스템을 확보하는 것이 유의미하다는 사실을 보여준다. 너무 짧으면 충분한 결과를 얻지 못하고, 너무 길면 결국 탈진해 실패할 가능성이 높다.

5년 단위 프로젝트의 예는 기업 활동에도 동일하게 적용된다.

기업을 둘러싼 가장 큰 화두는 변화, 경쟁 그리고 도전이다. 먼저 변화에 대해 살펴보자면, 최근 기업 생태계의 변화 스케일은 과거와는 비교할 수 없을 정도로 커졌음을 알 수 있다. 치열한 경쟁을 벌이던 휴대폰 시장에 전혀 다른 종(種), 즉 스마트폰이 출현해 그 시장의 판도를 송두리째 바꿔버렸다. 스마트폰은 이동통신 시장뿐 아니라 인간의 모든 행동양식까지 남김없이 바꿔버렸다. 과거에는 100년이 걸려야 바뀔 수 있는 행동양식이 이제는 불과 10년 만에 바뀐다. 미래학자들에 따르면, 이 주기는 점점 더 짧아질 것이란 예측이다. 5년 후, 현재의 스마트폰과는 또 다른 새로운 기기가 우리 손에 쥐어질지도 모를 일이다. 즉 변화에 가속도가 붙고 있다는 뜻이다. 과거에는 몇몇 기업이 변화를 이끌고, 대부분의 기업은 이 변화를 따라가는 데만도 숨이 찼다. 하지만 이제는 그 양상이 완전히 달라졌다. 세상에 존재하는 모든 기업은 모두 변화의 최첨단에 서야 한다. 그렇지 않으면 생존 가능성은 제로다. 추격자의 세상은 없다. 지배자의 세상만 있을 뿐이다.

기업들을 괴롭히는 또 하나의 요인은 피 말리는 경쟁이다. 지금 이 시간에도 기업들 간에는 신제품 경쟁, 영업 경쟁, 마케팅 경쟁, 광고 경쟁, 생산 경쟁 등 전쟁터를 방불케 하는 치열한 경쟁이 펼쳐지고 있다. 눈 뜨고 일어나면 경쟁 회사의 신제품이 출시되고, 또 그들은 끊임없이 자사의 영역을 침범해 들어온다. 내가 빼앗지 않으면, 상대가 빼앗아간다.

마지막 화두는 도전이다. 새로운 시장, 새로운 소비자, 새로운 제품, 새로운 시대에 출사표를 던져야 한다. 그리고 과감히 나서야 한다. 오늘 내 고객이 내일까지 그대로 내 고객이 되리라는 보장은 어디에도 없다. 오늘의 매출 10억이 내일의 매출 10억을 보장하지 않는다. 그래서 늘 새롭게 도전해야 한다. 비록 불명확하고, 불완전하지만 끊임없이 예측하고 점진적인 움직임을 계속해 나가야 한다.

과거에는 10년 주기로 장기사업 계획을 짜는 것이 기업 내부의 관행이었다. 하지만 위에서 살펴본 주요 화두에 입각해 최근의 추세는 5년 단위의 프로젝트 계획을 기업들은 선호한다. 5년이란 기간을 정해놓은 다음 단기적·부분적 세부목표와 전략을 수립해 나간다. 대기업은 물론이고 중소기업들 역시 5년 단위 계획 수립이 일반화되고 있는 추세다.

개인도 마찬가지 상황이다. 변화, 경쟁, 도전이라는 화두에서 자유로울 수 있는 사람은 단 한 명도 없다. 점점 개인을 보호해주는 안전징치는 사라지고 있다. 기업은 물론이고, 국가도 제대로 된 안전망을 우리 밑에 깔아주고 있지 않다. 즉 개인의 삶은 개인이 알아서 만들어가야 한다. 그래서 악착같이 주도면밀하게 자신의 인생계획을 짜야 한다. 기업이 그러하듯이 직장인도, 의사도, 변호사도, 편의점 사장도, 학생도, 주부도… 모든 개인은 자기 책임 하에, 자기 주도 하에 자신만의 인생 계획을 수립해야 한다. 그래서 우리는 모두 끊임없이 '출가'를 감행해야 한다. 생의 모든 순간에서 변화를 염두에 두어야 한다. 언제든 길을 떠날 채비를 갖추고 있어야 한다. 익숙한 모든 것을 남겨두고 즉시 떠날 수 있는 배낭을 꾸려놓아야 한다.

미국의 소설가 토머스 울프는《그대 다시는 고향에 못 가리》에서 다음과 같이 노래한다. "더 큰 사랑을 찾기 위하여 지금 가장 사랑하는 친구를 잃어버릴 것. 더 큰 땅을 찾기 위하여 지금 그대가 딛고 있는 땅을 잃어버릴 것."

길을 떠났다면 결코 고향으로 돌아오지 않아야 한다. 원점으로 돌아오지 않아야 한다.

출가의 배낭에 담겨야 할 것은 나이가 아니라 '5년'이다.

나쁘지 않은 인생은
나쁘다

직장인들을 상대로 강연을 하다보면 종종 이런 푸념을 듣곤 한다.

"월급쟁이 인생이란 게 뻔하잖아요? 아무리 계획을 열심히 짜본들 뭐 얼마나 달라지겠어요."

인정하기 싫지만 많은 직장인들이 이런 패배주의와 회의주의에 빠져 꿈쩍도 안하고 있다. 이런 이들을 만날 때마다 나는 발명왕 에디슨의 말을 빌려 단단하게 격려한다.

"물론 어떤 일이 당신의 계획대로 되지 않을 수도 있다. 그렇다고 해서 계획이 불필요한 것은 절대 아니다."

메이저리그 최고의 경영자였던 브랜치 리키 또한 다음과 같이 말했다. "인생의 행운은 모두 계획에서 비롯된다."

제아무리 상황이 좋지 않다 할지라도 계획은 중요하다. 상황을 핑계로 계획 세우기를 게을리 하는 사람의 성공 가능성은 제로다. 계획을 세우면 인생은 뻔해지지 않는다. 성공 인생을 꿈꾸는가. 그렇다면 '치밀한 계획'이라는 위대한 첫걸음을 내딛어라.

대기업에 다니는 후배로부터 충격적인 소식을 전해 들었다.

"언론에 보도되지는 않았지만 몇 년 전 우리 회사에서 5,000 명이 한꺼번에 명예퇴직을 했어요. 그런데 그 퇴직자들이 무슨 일을 시작했는지 아세요? 치킨집이에요. 모두가 부러워하는 직장을 그만둔 사람들이 닭을 튀긴다는 게 상상이나 되세요? 물론 직업엔 귀천이 없다지만 제가 놀랐던 것은, 퇴직 후 너도 나도 치킨집으로 달려갈 만큼 인생의 전략이 부재했다는 거예요. 정확한 통계는 아니지만 믿을 만한 정보통에 따르면, 그때 퇴직한 사람들 가운데 절반은 이미 창업에 실패해 문을 닫았다고 하더군요."

겨우 2년 동안에 벌어진 일이다. 2년 만에 알토란같이 모아온 적금과 퇴직금을 한방에 날려버리고 망한 사람이 절반을 웃돌았다는 것이다. 그것도 한 직장 출신의 수천 명이 말이다. 문제의 심각성은 여기서 그치지 않는다. 중년의 가장이 거의 모든 자금을 날렸다는 것은 곧 전 가족의 '하층민화'를 의미한다. 그동안 대기업에 다니던 아버지는 항상 든든한 버팀목이었지만, 명퇴에 이은 사업실패는 하루아침에 자식들을 학비 걱정, 책값 걱정을 해야 하는 비참한 신세로 전락시키고 말았다. 사회 경험이 전무한 아내는 식당으로, 마트로 비정규직 일자리를 찾아 새벽부터 집을 나서야 했다. 단란했던 가족은 어느새 해체 위기 앞에 놓인 위험한 가족이 되고 말았다.

왜 이런 예기치 못한 비극이 일어난 것일까? 나는 그 원인을 다음과 같이 분석한다.

첫째, 상상력의 부재 때문이다.

그들은 좋은 직장에서, 훌륭한 동료들과 학맥으로 얽힌 끈끈한 선후배들 사이에서 큰 갈등이나 어려움 없이 일해 온 사람들이다. 아무리 괴로운 표정을 지으며 술잔을 기울여도 다음날 아침이면, 번듯한 직장은 '어서 오세요' 하며 그들을 반겨주었다. 늘 변함없이 자기 자리가 있고, 때가 되면 올라주는 직급이 있고, 또 누구에게나 어깨를 으쓱하며 내밀 수 있는 명함이 있었다. 자기 이름은 몰라줘도, 회사 이름은 전 국민이 알아줬다. 그것은 너무나도 큰 방패막이이자 안전망이었다. 바로 이런 안락한 상황이 문제의 발단이었다. 물론 그들이라고 해서 퇴직 후의 인생에 대한 고민이 왜 없었겠는가? 하지만 그들의 고민은 그저 고민에 그쳤을 뿐이다. 불투명한 미래보다 뚜렷한 현재의 편안함에 더 기대고 싶었을 것이다. 편안함은 자신의 위치를 합리화시킨다. 그리고 합리화는 미래에 대한 상상력을 퇴화시킨다. 안전하기 때문에, 문제가 없기 때문에, 앞날에 대한 걱정이 없기 때문에 상상하지 않는 것이다. 아니 상상할 필요가 없었다. 한두 해도 아니고

10년, 20년을 그렇게 상상력 없이 늘 해오던 업무만을 쳐내면서 환경 변화에 취약하기 그지없는 유약한 신세가 되고 만 것이다.

둘째, 학습능력의 부재 때문이다.

물론 그들은 공부를 잘했을 것이다. 좋은 대학을 나왔고, 어려운 입사시험을 통과했을 것이다. 직장을 다니면서 대학원을 졸업했을지도 모른다. 그리고 '만족'했을 것이다. 자기 분야에서 석·박사 학위를 취득하고 업계에서 전문가로 점점 인정받는 것을 미래에 대한 '준비'라고 생각했을 것이다. 발품을 팔며 삶의 생생한 현장을 찾아다니기보다는 책상머리에 앉아 머리로만, 이론으로만 시대를 진단하고 미래를 예측했을 것이다. 그러다가 회사 문을 마지막으로 나서는 순간, 그 모든 것은 무용지물이었음을 깨달았을 것이다. 화려한 명함 없이 두 주먹만 가지고 살아갈 수 있는 방법이 무엇인지, 과연 그런 것들이 있기나 한 것인지, 그들은 너무나 모르는 세상에 갑자기 떨어지고 말았을 것이다. 마치 이상한 나라의 앨리스처럼.

결론적으로 그들은 새로운 세상에 대한 학습을 전혀 준비하지 못했다. 물론 대기업도 하나의 큰 사회다. 하지만 명심했어야 했다. 그곳은 모든 것이 정제되고 걸러지고 보호되는 온실과 같은 곳이라는 사실을. 온실 밖은 전혀 다른 세상이다. 모진 비바람도 이겨내야 한다. 온갖 야생동물의 습격도 물리쳐야 한다. 온실에서 알 수 없는 것들에 대한 학습이 필요했지만 그들은 또 다른 온실을 찾기 위한 학습만을 했을 뿐이다.

셋째, 예측능력의 부재 때문이다.

10년이 넘도록 큰 위기 없이 살아온 사람이라면, 보통사람보다 더 자기충족적 예언에 빠져버리기 쉽다. 즉 '내 선택은 항상 옳았어. 이번에도 마찬가지일 거야'라는 아전인수격 판단을 내리기가 쉽다는 뜻이다. 이는 마치 '내가 산 복권은 당첨될 확률이 높아'라고 믿는 것과 같이 전혀 근거 없는 어리석은 믿음일 뿐이다. 나만은 예외일 것이라는 믿음은 정확한 예측이 아니라 공상과 망상만을 불러올 뿐이다. 안 될 일은 하늘이 두 쪽 나도 안 된다.

최악의 경우도 생각해봐야 하고, 수십 가지의 변수를 미리 생각해봐야 한다. 치킨집이나 대기업이나 발생 가능한 경영상의 내외적 변수는 거의 동일하다. 작은 규모라고 문제가 적은 것은 아니다. 하지만 그들은 예측하지 못했다. 아니, 자신에게는 아무 문제가 없을 것이라고 자신을 세뇌시켰다. 그래서 예측 자체를 하지 않았을지도 모를 일이다. 예측보다는 그릇된 편견과 신념을 더 중시했을지도 모를 일이다. 그들은 모두 남들보다 빠른 명예퇴직을 신청했다. 이는 평생직장이 없는 시대에 하루라도 빨리 새로운 인생을 찾아야 한다는 자각에서 비롯된 행동이다. 남들보다 먼저 은퇴 후 삶을 살겠다는 생각은 옳았다. 하지만 준비가 되어 있지 않은 상태에서 남들보다 빨리 움직였기에 남들보다 빨리 철퇴를 맞고 말았다. 준비 없는 행동은 언제나 무모한 도전으로 그치고 만다.

넷째, 통제능력의 부재 때문이다.

아무리 뛰어난 예측력을 갖고 있는 사람이라도, 모든 상황을 100% 예견하고 대처할 수는 없다. 즉 생각지도 못한 일들이 항상 눈앞에 펼쳐지게 마련이다. 이때 누가 그 상황을 능수능란하게 헤쳐 나가느냐가 성패의 관건이다. 바로 통제능력의 유무다. 그들에게는 안타깝게도 통제능력이 없었기 때문에 쉽게 고개를 떨구고 마음을 접고 결국 문을 닫고 만 것이다.

최근 매일 같이 이슈로 떠오르는 청년실업도 사실은 이와 거의 비슷한 논리로 분석해볼 수 있다. 아무리 취업이 어렵다고 해도, 내가 아는 수많은 젊은이들은 원하는 회사에서 원하는 일을 하고 있다. 그들은 취업이 목표가 아니었다. 그들의 목표는 멋진 '성장'이었다. 멋진 성장이라는 목표 하에 취업전략을 짜고 다음단계의 액션 플랜을 수립해나간다. 이것이 곧 취업이 인생의 전부인 젊은이와의 차이다. 똑같은 20대인데, 대체 왜 이토록 큰 차이가 벌어지는 것일까? 상상력의 차이, 학습능력의 차이, 예측능력의 차이, 통제능력의 차이 때문이다.

최근 대한민국의 내로라하는 수재들만 들어갈 수 있다는 카이스트에서 잇달아 학생들이 자살한 사건이 우리 사회를 깊은 충격에 빠뜨린 적 있다. 그 즈음 나는 카이스트 학생 몇몇과 대화를 나눌 기회가 있었다. 그때 박사과정에 재학 중인 한 학생이 다음과 같은 말을 털어 놓았다. "앞으로 뭘 해야 할지 모르겠어요. 여태까지 정말 공부만 해 왔거든요. 믿지 않으시겠지만, 저는 공부에 소질이 있어 공부를 했을 뿐이지, 뚜렷한 목적을 품고 공부를 한 게 아니었습니다. 초등학교 때 부터 1등을 했습니다. 그러다보니 자연스럽게 선행학습을 하게 되었 고 명문 중학교를 거쳐 과학고에 진학하게 되었습니다. 그곳에선 오 로지 '카이스트, 서울대, 포스텍'만 생각하게 됩니다. 선생님도, 학생 도 모두 그래요. 어쩌면 '당연하게도' 저는 카이스트에 입학했습니다. 또 그곳에서 오직 공부만 했습니다. 석사를 목표로, 또 그후엔 박사를 목표로. 드디어 박사과정이 끝나갑니다. 그런데 정말 제 스스로도 믿 기지 않는 현실은 제가 무엇을 해야 할지, 남은 인생 동안 무엇을 하 고 싶은지 도무지 모르겠다는 겁니다. 선배들처럼, 친구들처럼 그냥 연구원의 길을 따라가야 하는 건지… 아니면 새로운 삶에 도전을 해 야 하는 건지… 연구원으로 살아가는 것도 나쁘지는 않겠죠. 그런데 그게 과연 제가 원하는 삶일까, 하는 질문에 저는 '그렇다'는 대답을 할 수 없습니다. 그렇다고 해서 다른 길에 대한, 새로운 삶에 대한 구 체적인 계획도 정보도 없고요. 그래서 고민입니다. 후후, 그냥 막연한 고민이죠."

애기를 경청하던 또 다른 학생이 고개를 끄덕이며 자신도 비슷한 심정이라고 거들었다.

"저는 부모님 기대가 많이 작용했던 것 같아요. 이미 초등학교 때 진로가 정해졌으니까요. 그냥 그때는 그게 편하고 익숙하고 또 다행히도 잘 진행이 됐어요. 1등을 한 번도 놓치지 않았으니까요. 그러면서 제 시야가 자연스럽게 좁아진 건 아닌가 생각해요. 달리는 말이 주변을 돌아보지 않듯이 그냥 앞만 보고 달린 거죠."

최고의 수재들이었지만, 공부보다 우선해야 할 자신의 인생 설계에는 너무나 취약하고 서툴러 보여 나는 그들에게 연민의 정을 느끼지 않을 수 없었다. 수단과 목적이 전도된 느낌을 시종일관 지울 수 없었다. 공부는 수단일 뿐인데, 그 청년들에게 그것은 어느 순간부터 수단이 아닌 목적이 되어버린 것이다.

대학에서 지금껏 10년 넘게 취업지도를 한 경험에 비춰볼 때 요즘 젊은 친구들은 사회 진출을 앞둔 사람이라고 보기에는 앞날에 대한 대비가 너무나도 허술하다.

수십 군데 원서를 넣고, 겨우 한두 곳에서 면접을 보고, 그나마 큰 기대를 품고 면접을 가봐야 바로 탈락하고 마는 학생들은 역시 자신의 미래를 세밀하게 그려보지 않는다. 그들에게 미래에 대해 진지하게 물어보면 대부분 두세 마디를 넘기지 못한다. 이런 식이다.

"5년 후 뭘 하고 있을 거니?"

"저요? (단 둘이 있는 상황임에도 그들은 이처럼 습관적으로 되묻는다.)

"그래, 5년 후에 어떤 회사에서 어떤 일을 하고 있을 건지 생각해본

적 있니? 머릿속에 한번 그려보렴."

"그려보라고요?" (그렇다, 그들은 쉽게 대답하지 못한다. 최대한 시간을 끌기 위한 되물음을 지루하게 늘어놓는다. 그러면 상담자인 나는 침을 한번 꿀떡 삼킨다.)

"어, 그래. 니의 미래 모습, 멀리도 아니고 딱 5년 후 모습을 생각해 보는 거야."

"어떤 식으로요?"

"음… 이를테면 강남역 한 빌딩에 있는 광고 에이전시에서 A자동차 회사의 홍보와 프로모션을 맡아 기획서를 열심히 쓰고 있는 모습?"

"아, 네… 그런 것도 좋겠네요."

"아니, 그건 내가 그냥 예를 든 거고. 네 생각, 네 꿈, 네 미래를 늘고 싶은 거야."

"솔직히 아무 데나 괜찮아요. 취직만 된다면 나쁠 게 전혀 없죠."

이쯤 되면 더 이상 물어볼 힘도 없어진다.

그런데 더 큰 아이러니가 무엇인지 아는가? 분명히 그 학생은 한 달 전에 과제로 '나의 5년 후 모습, 10년 후 모습'에 대한 에세이를 써서 제출했다는 사실이다.

역시 이런 학생들에겐 상상하는 능력, 학습능력, 예측능력, 통제능력을 찾아보기 힘들다.

이제 질문의 화살표를 당신에게 향해본다.

'당신은 5년 후 과연 어디에서, 어떤 모습으로 살아가고 있을 것인

가?'

당신이 대기업 사원이든 명문대학생이든 백수이든 상관없다. 이 질문의 답변을 위한 뚜렷한 그림을 갖고 있지 않다면, 당신의 현재 삶이 5년 후에도 그대로 이어지고 있어도 상관없다면, 당신의 인생은 매우 위험해진다. 혹시라도 특별하게 만족스럽지 않아도 그럭저럭 나쁘지 않은 인생을 살고 있다고 생각한다면, 지금 즉시 그 생각을 버려라. '나쁘지 않은 인생'의 끝은 결국 나쁘다.

'공부를 잘하니 나쁘지 않을 것이다, 대기업에 다니고 있으니 나쁘지 않을 것이다, 취업만 되면 나쁘지 않을 것이다' 등의 생각을 갖고 있으면 결국 단 한 번도 좋은 인생, 탁월한 인생, 가슴 뛰는 인생을 살지 못하게 된다. 나쁘지 않은 인생이 아니라 정말 좋은 인생을 살아야 한다. 그래야 인생은 위험에서 벗어나 강건해진다. 나쁘지 않은 인생은 나약한 타협을 불러올 뿐이다. 인생에 대한 정확한 통찰 없이 막연한 기대만 부풀릴 뿐이다. 그러다가 마침내 인생의 문을 닫고 만다.

'붉은 여왕 가설'을 아는가.

어느 한 종(種)이 발전할 때 다른 종들 역시 더불어 발전하기 때문에 아무런 개선의 노력 없이 가만히 자리만 지키고 앉아있는 종은 결국 경쟁에서 밀려나 멸종하고 만다는 것이다. 동화 속 여주인공이 열심히 달려보지만, 계속 제자리에 머물러 있자, 붉은 여왕에게 묻는다. "나는 분명히 달리고 있는데 왜 계속 제자리인거죠?" 그러자, 붉은 여왕이 답한다. "이 곳에선 열심히 달려야 자기 자리를 유지할 수 있어. 어딘가를 꼭 가고 싶니? 그렇다면, 아까의 두 배만큼 빠르게 달려야 해." 동화에서 유래한 이 '붉은 여왕 가설'을 우리 삶에 한번 적용시켜 보자. 누군가는 지금 두 배의 속도로 원하는 인생을 향해 달려가고 있는 반면, 다른 누군가는 지금 '나는 적어도 걷고 있는 중'이니 나쁘지 않다며 자족하고 있다. 당신은 전자 쪽인가? 아니면 후자 쪽인가?

탁월한 인생, 정말 멋지고 좋은 인생을 살겠다는 굳은 의지를 기반으로 지금부터 5년 계획을 짜라. 5년 후, 나쁘지 않은 인생이 아니라 정말 좋은 인생, 최고의 인생을 살고 있을 당신의 모습을 언제 어디서나 뚜렷하게 그려라. 그리하면 당신의 인생은 180도 바뀔 것이다.

능력이 아니라
목표가 없어서 실패한다

100세 생일을 맞은 한 노인의 집에 많은 하객들이 몰렸다. 그 중 한 사람이 물었다.

"선생님께서 살아오신 100년 세월 동안 정말 많은 변화들이 있었겠습니다. 선생님은 그런 변화들에 어떻게 대응하셨는지요?"

노인은 희미하게 미소를 지었다.

"맞네. 말도 말게나. 정말 고생 많았지. 그 수많은 변화들을 물리치느라고 얼마나 힘들었는지 모른다네."

인간의 내면에는 어쩌면 이런 노인이 하나씩 자리잡고 있는지도 모른다. 변화는 외부에서 오는 것이고, 그런 변화는 나를 힘들게 하는 것, 그래서 웬만하면 물리치거나 피해야 하는 것이라 여긴다. 이런 생각을 하는 이유는 간단하다. 변화의 주체가 아니라 변화에 대응하는 삶을 습관적으로 살아왔기 때문이다. 우리가 변화의 주체가 되지 못할 이유는 없다. 누군가 변화의 바람을 일으킨 다음에야 허둥지둥 그 것을 따라가느라 바쁜 삶을 산다면 우리 삶의 주인공은 언제나 타인일 수밖에 없다. 앞으로 5년 후 정녕 다른 삶을 살고 싶다면, 가장 먼저 그 다른 삶을 만들어가는 변화의 주체로 자신을 당당하게 세울 수 있어야 한다.

오늘날 최고의 도시로 손꼽히는 워싱턴, 샌프란시스코, 시카고, 볼티모어 등의 도시계획을 이끈 다니엘 번햄은 다음과 같이 조언한다. "작은 계획을 세우지 마라. 작은 계획에는 사람의 피를 끓게 하는 마법의 힘이 없다. 보다 큰 계획을 세우고, 소망을 원대하게 한 후에 일을 하라."

짐 콜린스의 《좋은 기업을 넘어 위대한 기업으로》를 살펴보면, 위대한 기업을 일군 리더들은 한결같은 공통점이 있었다. 그건 바로 누구도 흉내조차 내지 못할 '담대한 목표'를 갖고 있었다는 것이다. 따라서 지금부터 5년 후의 인생을 계획할 때는 지금보다 좀 더 나은 삶이 목표가 되어서는 안 된다. 떠올릴 때마다 가슴이 뛰고 피가 끓는 담대한 목표를 가져야 한다. 우리가 실패하는 가장 큰 이유는 능력이 보잘것없어서가 아니다. 목표가 보잘것없어서다.

피겨퀸 김연아가 성인무대인 시니어 대회에서 첫 우승했을 때가 언제인지 아는가? 2006년이다. 당시 김연아는 인터뷰에서 "더욱 정진하여 올림픽에서 반드시 금메달을 따겠다"는 당찬 포부를 밝혔다. 하지만 그때 김연아가 정말 올림픽에서 금메달을 목에 걸 것이라고 생각한 사람은 거의 없었다. 레슬링이나 태권도 등의 우리나라가 초강세를 보이는 종목도 아닌 피겨 스케이팅 싱글 부문에서 금메달이라니? 변변한 실내 아이스링크 하나 없는 피겨의 불모지에서 어디 가당키나 한 일이겠는가? 하지만 5년 후 그녀는 밴쿠버 올림픽에서 우승하며 시상대에서 뜨거운 눈물을 흘렸다. 그야말로 기적의 5년이 아닐 수 없었다. 김연아가 아시안 게임 우승 정도를 목표로 삼았다면, 그녀는 그저 기억에 남을 만한 선수가 되었을 것이다. 하지만 그녀는 담대한 목표를 세움으로써 그녀의 삶을 위대한 것으로 승화시켰다.

동계올림픽에 김연아가 있었다면 하계올림픽에는 마린보이 박태환이 있었다.

먼저 그의 아픈 과거부터 따라가 보자.

2004년 아테네 올림픽 남자 수영 400미터 예선전. 자국민에게조차 별로 알려지지 않은 무명의 작은 동양 소년 하나가 출발 신호가 울리기도 전에 물 속으로 퐁당 뛰어든다. 부정출발이었다. 대부분의 관중들은 소년의 실수를 안타까워했지만, 몇몇 관중은 소리 내어 웃었다. 그렇게 15세 소년은 시합다운 시합 한번 못해보고 쓸쓸히 짐을 싸야 했다. 하지만 소년은 좌절하지 않았다. 바닥을 경험한 그에겐 위로 튀어오를 일만 남아 있었다. 2006년 드디어 박태환의 시대, 박태환의 '기적의 5년'이 시작된다. 2006년 카타르 도하에서 열린 아시안 게임에서 그는 자신의 주종목인 자유형 400미터는 물론, 200미터 1,500미터에서 모두 금메달을 차지, 3관왕에 올랐다. 거기서 그치지 않았다. 100미터 은메달과 계영 부문에서 동메달 3개를 추가, 그가 돌아올 때 목에 걸린 메달 수는 무려 7개였다. 이듬해 그는 멜버른 세계선수권대회에서 400미터 금메달을 차지함으로써 드디어 세계 최고의 자리에 오르게 된다. 그리고 대망의 2010년 베이징 올림픽, 그의 최종 목표였던 400미터 금메달을 목에 걸면서 기적의 드라마는 그 화려한 대미를 장식한다.

시상대 가장 높은 곳에 올라서도 2~3등 선수들과 키가 비슷해 보이는 그다. 즉 그는 작은 키(183센티미터), 짧은 팔다리라는 수영선수로서는 취약한 핸디캡을 갖고 있다. 주요 라이벌인 아넬(202센티미터), 쑨양(198센티미터), 마이클 펠프스(193센티미터) 파울 비더만(193센티미터) 같은 선수들 옆에 서면 거의 목 하나가 차이 난다. 팔다리가 길수록 추진력이 좋고, 마지막 터치패드에 손을 뻗을 때도 팔이 길면 그만큼 유리한 게 수영이다. 하지만 담대한 목표를 갖고 있는 그에게 핸디캡이란 없었다. 아시아를 넘어 세계 최고의 승자에 오를 때까지 그는 매일 10시간 가까이 연습에 매달렸다. 그가 하루에 수영하는 거리는 무려 1만 4,000미터. 50미터 레인을 140회나 왕복하는 엄청난 거리다. 이 정도 연습을 마치려면 하루 5시간 정도는 꼬박 물 속에 있어야 한다. 그렇게 자신의 목표에 모든 에너지를 쏟아 붓는 대신 그는 다른 또래 친구들이 누리는 모든 것을 포기해야만 했다. 하지만 그에겐 5년 후의 놀라운 보상이 기다리고 있었다. 세계 최고의 선수, 대한민국 역사에 영원히 기록될 위대한 영웅이 된 것이다.

각본 없는 위대한 드라마를 쓴 김연아와 박태환을 두고 혹자들은 이렇게 말한다. '김연아와 박태환은 보통사람이 갖지 못한 천부적 재능을 가진 사람들이다. 그러니 성공은 어쩌면 당연한 결과다.'

이 같은 반응을 보이는 사람들에게 나는 전업주부에서 수천 명의 직원을 거느린 회사의 CEO로 변신한 박형미 파코메리화장품 회장의 메시지를 들려주고자 한다. 그녀는 이렇게 말한다.

"실패하는 사람은 능력이나 소질이 없어서가 아니다. 목표가 없기 때문에 실패한다."

평소 존경하는 어느 대기업 임원과 인터뷰를 할 기회가 있었다. 그는 내게 다음과 같이 말했다.

"나는 대학을 나오지도 못했고, 공부도 썩 잘하지 못했다. 하지만 그런 내게도 신께서는 좋은 재능을 선물해주셨는데, 바로 '목표를 세우고 거기에 모든 열정을 집중하는 자세'를 주셨다. 나는 그 선물을 잃지 않기 위해 노력하고 노력했다. 아무도 믿지 않았던 대기업 입사를 해냈고, 누구도 예상하지 못했던 임원 자리에 올랐다. 목표를 세우고 그곳에 도달하기 위해 모든 에너지를 남김없이 바치는 것, 그것은 누구나 갖고 있는, 그러나 세상에서 가장 위대한 재능이다. 다만 그것을 쓰고자 하지 않는 사람에겐 무용지물이다. 나는 기회가 있을 때마다 후배들에게 묻는다. '왜 당신은 임원이 되려고 하지 않는가?' 임원이 되는 사람의 씨앗은 따로 있는 게 아니다. 임원이 되고자 하는 목표가 없기 때문에 되지 못하는 것이다."

김연아와 박태환은 천재였기 때문이 아니라 목표를 끝까지 밀고 나가는 '달란트'를 갖고 있었기에 정상에 올랐다. 그 달란트를 아껴두지 마라. 벤저민 프랭클린의 말처럼 달란트는 쓰라고 주어진 것이다. 다시 한번 묻는다.

당신의 5년 후 목표는 무엇인가?

뼛속까지 바꿔라

내가 지금 이 책을 쓰고 있는 이유는 거창한 인물들의 업적을 찬양하기 위해서가 아니다. 미처 당신이 발견하지 못한 당신 주변의 영웅들을 소개함으로써 당신의 5년 후 인생에 획기적인 자극과 변화를 주기 위해서다. 평범해 보이지만 자기 인생에 뚜렷한 터닝포인트를 만들어낸 사람들의 이야기를 통해 당신의 오늘을 특별한 날로 만들어주기 위해서다.

그래서 나는 수많은 평범한 이웃들과 깊은 대화를 나누었다. 그리고 마침내 당신에게 들려줄 놀라운 이야기를 찾아냈다. 자, 지금부터 소개해보도록 하자.

45세의 옆집 남자를 알게 된 것은 우연이었다.

그를 처음 만난 건 작은 공원의 배드민턴 코트에서였다. 후줄근한 트레이닝복 차림의 그는 전혀 눈에 띄지 않는 평범한 아저씨였다(물론 그의 눈에도 내가 그렇게 보였을 것이다). 아침 운동을 하면서 서로 마주칠 때마다 간단한 눈인사만 나누던 사이였는데, 어느 날 우연한 기회에 우리는 대화를 시작했다. 그는 작은 식당을 운영한다고 자신을 소개했다. 나는 별 생각 없이 식당이 어디에 있는지 물었고, 그는 대답했다. 그런데 그 식당은 결코 작은 식당이 아니었다. 아침부터 저녁까지 주차장이 꽉꽉 들어차는 그야말로 대박 식당이었다. 물론 나도 그 식당의 단골이었나. 주요 메뉴는 해장국이었다.

그후 나는 틈나는 대로 그의 인생 이야기를 들을 수 있었다.

한창 일할 나이인 38세 때 그는 다니던 회사에서 해고당하고 말았다. 탄탄한 중소기업이었지만 지속되는 불황을 견디지 못한 결과였다. 그에겐 아내와 두 아이가 있었다. 모아놓은 돈도 별로 없었고, 배운 기술도 없었다. 재취업을 위해 열과 성을 다해 뛰었지만 그를 환영하는 회사는 없었다. 몇 달의 궁리 끝에 그는 작은 식당을 차리기로 결정했다. 그것만이 그가 선택할 수 있는 유일한 길이었다. 자금이 넉넉하지 않은 터라 그는 임대료와 인테리어 비용을 최소화할 수밖에 없었다. 다시 말해 그의 식당은 사람들의 눈에 잘 띄는 이른바 '목이 좋은 곳'에 차려질 수가 없었다. 이 같은 핸디캡을 극복할 수 있는 단

하나의 승부수는 음식의 '맛'이라고 생각했다. 맛있다는 입소문만 나면 어떻게든 손님들이 찾아올 것이라고 그는 믿었다. 그러고 나자 그가 해야 할 일은 매 순간 단순명료했다. 한 번 맛보면 다시 찾지 않고는 못 배길, 최고의 맛을 찾아내는 것이었다. 수십 가지 재료를 넣었다 뺐다를 반복하고, 일가친척들에게 시식하기를 수백 차례, 드디어 그는 어떤 까다로운 입맛도 사로잡을 수 있는 최적의 조합을 찾아냈다. 그는 이렇게 말했다. "무수한 시행착오 끝에, 최고의 맛은 최고의 식재료에서 나온다는 사실을 깨달았죠. 제아무리 뛰어난 요리사라 할지라도 식재료가 시원치 않으면 속수무책입니다. 식당에 가장 필요한 건 요리사가 아니라 식재료였습니다."

손해를 보더라도 식재료만큼은 최고를 쓰겠다는 그의 고집을 알아봐주는 손님들이 점점 늘어나기 시작했다. 해장국 한 그릇을 먹기 위해 한 시간씩 차를 타고 오는 손님들도 많았다. 마침내 그의 식당은 경기 한파 속에서도 손님들의 변함없는 사랑을 받는 소문난 맛집으로 자리를 잡았다. "많은 식당들이 문을 열기가 무섭게 간판을 내리고 마는 이유가 뭔지 아십니까? 단기승부에 집착하기 때문입니다. 1~2년 안에 승부가 나는 식당은 없습니다. 그런데 열에 아홉은 가진 돈 다 쏟아 붓고 곧바로 수익이 나기를 기대하죠. 그건 도박이지 장사가 아닙니다. 대부분의 식당이 망하는 수순은 이렇습니다. 가진 돈 몽땅 투자해서 목 좋은 곳에 자리 잡고 멋지게 인테리어도 합니다. 광고도 열심히 합니다. 그런데 장사가 뜻대로 잘 안 됩니다. 처음부터 장사가 잘 되는 곳은 100곳 중 하나 있을까 말까니까요. 그때부터 문제가 생깁니다. 온갖 비용들이 아깝게 느껴지기 시작합니다. 직원을 줄입니다. 당연히 서비스가 안 되죠. 손님이 갑자기 몰리기라도 하면, 아무리 불러도 종업원이 안 옵니다. 더 큰 문제는 식재료입니다. 유효기간을 지키지 않게 됩니다. 버려야 할 재료를 그냥 씁니다. 단가를 낮추기 위해 질을 떨어뜨립니다. 회전이 안 되는 메뉴는 아예 맘대로 빼버립니다. 메뉴판에는 버젓이 적혀 있는데도 손님이 주문하면, '아, 그건 안 되는데요' 합니다. 이러고 무슨 장사가 될까요? 망하는 지름길이죠."

그가 자신의 식당을 탄탄한 반석 위에 올려놓기까지는 5년의 시간이 걸렸다. "재래시장에서 좌판을 벌여놓고 수십 년씩 장사를 하는 할머니들 있죠? 그분들은 타고난 장사꾼입니다. 뼛속까지 장사꾼들이기 때문에 그 오랜 세월을 버틸 수 있었던 거죠. 그런데 요즘 새로 창업하는 식당 주인들은 대부분 직장생활을 하다가 장사에 나선 사람들입니다. 그들을 살펴보면 '나 이런 거 할 사람 아닌데' 하는 의식이 어딘가 모르게 배어 있습니다. 그거, 쉽게 안 빠집니다. 뜨거운 여름에도 가마솥 옆에서 10시간씩 버텨낼 독기가 있어야 합니다. 쉴 새 없이 흘러내리는 땀에 전 모습이 내게 가장 잘 어울리는 모습이라고 자랑스럽게 여길 수 있어야 합니다. 그렇지 않으면 속으로 '오늘 누가 나

불러내주는 사람 없나' 하며 전화통만 바라보게 됩니다. 자신이 꼭 지키고 있어야 할 자리인데도 틈만 나면 도망칠 궁리를 하는 거죠. 옛날 회사동료들이 가끔 가게를 찾아와서 제게 이렇게 말하곤 합니다. '와우, 장사꾼 다 됐는걸!' 이런 소리를 듣기까지 5년이 걸렸네요. 처음 식당을 열었을 때는 막연히 5년만 버티자고 생각했죠. 그런데 시간이 흐를수록 5년을 버티는 것이 정말 중요하다는 사실을 자연스럽게 깨달았어요. 5년을 버틴 식당은 10년을 버티고, 10년을 버티면 평생을 버티는 것 같습니다."

어떤 사업을 하든지 위기는 늘 찾아온다. '최고의 식재료'를 고집하는 그에게 위기란 소고기나 배추, 고추 등의 가격 파동이다. "하루가 다르게 가격이 치솟으면 지금도 사실 장보기가 좀 무서워집니다. 그럴 때마다 가장 먼저 떠올리는 게 단골손님들의 얼굴입니다. 그분들 얼굴을 떠올리면, 내가 무엇을 어떻게 해야 할지 명확한 답이 나옵니다. 그분들이 찾는 맛, 그분들이 원하는 재료를 변함없이 그대로 쓰는 거죠. 저는 폭등한 재료를 그대로 쓰되 도저히 감당이 안 될 때는 영업시간을 단축했습니다. 맛을 지키기 위해 어쩔 수 없는 선택이란 것을 손님들이 먼저 알아주셨습니다. 단골손님들은 그런 저를 지금까지 지켜주고 계십니다."

그는 예비창업자들에게 '위기를 친구처럼 여기라'고 조언한다. 위기는 싫든 좋든 반드시 찾아오기 때문에 항상 친구처럼 맞이해 이를 어떻게든 기회로 승화시킬 줄 알아야 한다는 설명이다. 물론 이는 말처럼 쉬운 일이 아니다. 그래서 5년 정도는 항상 위기를 대접할 비용과 마인드를 갖고 있으라는 주문이다. 장사를 하려면 뼛속까지 장사꾼이 되어야 하고 사업을 히려면 뼛속까지 사업가가 되어야 한다. 이도저도 아닌 모호한 포지셔닝은 결국 실패를 불러오고 만다. 이처럼 완전히 체질을 바꾸는 것, 그것이 곧 새로운 삶을 살고자 하는 당신이 가져야 할 5년 전략의 핵심이다.

내가 사는 동네에는 또 한 명의 작은 영웅이 있다.

결혼 후 10년 넘게 전업수부로 살다가 남편의 갑작스런 사업 실패로 생계를 위해 사업전선에 나선 경우다. 물론 지금은 웃으면서 지난 세월을 얘기하지만 그 파란만장한 스토리에는 결코 녹록치 않은 삶의 비애가 담겨 있다.

"남편은 결혼할 당시부터 사업을 하고 있었어요. 경기라는 게 워낙 부침이 심하잖아요. 늘 아슬아슬하다가 결국 완전히 넘어졌죠."

그녀는 생업 전선에 뛰어들었다. 그녀가 선택한 사업은 '어린이 전문서점'이었다. 물론 부족한 돈은 여기 저기서 융자를 얻었다. 사회 경험이 전무한 주부가 갑자기 장사를 하려고 나서자 가슴이 콩당콩당 뛰고 입이 떨어지지 않았다. 책을 팔려면, 이 책이 어떤 아이들에게 어떻게 왜 좋은지 시시콜콜한 이야기를 끊임없이 해야 하는데, 그게 너무나도 힘들었다. 어디서 배울 수 있는 기술도 아니고, 배울 데가 있다 해도 그럴 여유가 없었다. 당장 오늘부터 책을 팔아야 했으니까.

그녀는 이때 놀라운 창의력을 발휘했다. 마케팅과 광고를 평생 업으로 삼아온 나도 무릎을 칠 만한 아이디어였다.

"제가 마음속으로 그린 건 책을 파는 곳이 아니라, 아줌마들이 모이는 사랑방이었어요."

유레카. 정말 멋진 빅 아이디어였다. 그녀는 초보 장사꾼이었지만, 탁월한 네트워커였다. 그녀의 가게에는 늘 아이 엄마들이 모여들었고, 놀라울 정도로 유용한 정보들이 활발하게 유통되었다. 어떤 학교에서 어떤 일이 있었는지, 어느 수학학원의 어떤 선생이 잘 가르치는지, 어떤 미술학원이 좋은지, 어떤 제과점 케이크가 신선하고 맛있는지, 어느 미용실이 퍼머를 싸게 잘하는지… 그곳에서는 온갖 교육과 육아, 생활정보들이 넘쳐났다. 당연히 아이 엄마들은 그녀의 가게를 좋아했고, 하루가 멀다 하고 드나들었다. 어느덧 그녀의 가게는 엄마들 사이에서 랜드마크가 되었던 것이다. 그러다보니 엄마들은 자연스럽게 가게 안에 쌓여 있는 책들에게 눈길을 주기 시작했다. 매출곡선은 가파르게 올라갔다. 그러던 어느 날 거래하는 총판에서 놀라운 뉴스를 들려주었다. "이번 분기에 가장 좋은 실적을 올리셨습니다."

거기서 만족할 수 없었던 그녀는 또 다른 그림을 그리기 시작했다.

사업을 시작한 지 만 2년째 되던 해였다. 서점의 거의 모든 공간은 책들이 차지하고 있었다. 그녀의 눈에 그 공간이 들어온 것이다.

"무언가 아이디어가 스치고 지나갔습니다. '그래, 저 공간을 그냥 책으로 쌓아두지만 말고 활용하자. 조그만 교실을 꾸며서 책을 읽고 공부하는 곳으로 만들면 어떨까?'"

그녀는 곧바로 시장조사에 돌입했고 가능성을 확인했다. 그동안 축적한 엄마들과의 네트워크만으로도 충분히 고객확보는 되겠다 싶었다. 결과는 대성공이었다. 그녀가 제공하는 책을 읽고 공부하는 '독서교실'은 새로운 형태의 비즈니스 모델로서 자리를 잡았다. 나아가 그녀는 엄마들을 대상으로 한 문화예술 프로그램들을 기획, 이 또한 사업으로 성공 론칭했다. 창업한 지 5년을 맞은 그녀는 현재 복합문화공간을 위한 아트센터를 건립 중에 있다. 그녀는 자신의 성공비결에 대해 다음과 같이 말한다.

"정말 힘들긴 했지만 한번도 실패할 거란 생각은 안 했어요. 어떻게든 잘하고 싶었죠. 실패하지 않으려고 발버둥 치면 결국 실패하죠. 성공하려고 발버둥 쳐야죠. 똑같은 말 같지만 전혀 달라요. 잘하려고 애쓰는 사람과 잘못하지 않으려고 애쓰는 사람 사이에는 본질적인 차이가 있는 것 같아요. 저는 전자였죠."

직장에 다니는 사람도 마찬가지다. 잘리지 않으려고 노력하는 사람과 승진하려고 노력하는 사람은 질적으로 다르다. 우리가 세워야 할

5년 전략의 본질이 여기에 숨어 있다. 양적 팽창이 아니라 질적 전환을 이루는 인생을 목표로 삼아야 한다. 단지 많은 연봉, 보다 안정적인 지위를 위한 전략을 세워서는 안 된다. 지금까지와는 전혀 차원이 다른 인생을 계획해야 한다. 그래야만 5년이라는 짧지 않은 세월을 바친 진정한 대가를 얻게 된다. 요즘 세상에 책을 읽는 사람이 어디 있느냐며 모두가 뜯어말렸던 서점으로 시작한 그녀가 대형 아트센터의 첫삽을 뜨게 될 줄 그 누가 알았겠는가? 인생의 묘미란 바로 그런 것이다. 상상도 못한 일을 이루어내는 것. 그것은 우리가 살아가는 가장 중요한 이유이기도 하다.

전국소상공인 실태조사(소상공인진흥원, 2013) 결과를 보면 우리나라 자영업자들의 현실은 가히 충격적이다. '월평균 순이익이 100만 원 미만'이라고 답한 이들이 17.8%이고, 이보다 열악한 '적자 및 무수입' 비율이 9.2%였다. 이 둘을 합하면 27%이고, '순이익 100~200만원 미만(29.7%)'까지 누적합산하면 56.7%가 된다. 우리나라 전체 자영업자 중 열에 여섯이 월 200만원 이하의 수입으로 생계를 이어나가고 있단 얘기다. 보통 자영업 형태의 특성상 부부 또는 가족이 함께 운영하는 경우가 많으므로, 이 금액을 가족 숫자로 쪼개면 상황은 훨씬 더 나빠진다.

그뿐 아니다. 소상공인 1개 사업체당 부채는 평균 5,308만원으로 나타났다. 빠듯한 수입에서 대출이자가 가장 먼저 빠져나가는 구조다.

이런 조사결과를 우리는 어떻게 받아들여야 할까? 우선 명확한 상황 인식이 필요하다. 자영업자들이 이렇게 어려워진 이유는 우리나라 경제활동 인구 중 자영업자의 비율이 지나치게 높기 때문이라는 것이 일반적인 분석이다. 우리나라 자영업자의 비율은 OECD 국가 평균수치에 비해 두 배가 넘는다. 너도 나도 '묻지 마 창업'에 나선 부작용이다.

전혀 이해를 못할 일은 아니다. 자영업자 비율이 지나치게 높다는 것은 우리 사회가 갖고 있는 대안적 삶의 유형이 너무나 빈약하다는 반증이다. 원하든 원하지 않든, 직장생활을 접고 나면 자영업 외에 선택할 마땅한 업이 없다. 하지만 벼랑 끝에 몰린 신세이리 할지라도 실패를 당연하게 받아들이면 결국 벼랑 끝으로 떨어지고 만다. 하늘이 무너져도 솟아날 구멍을 만들어야 한다. 그 구멍을 만드는 전략이 바로 5년 전략이다.

상황적·환경적 핑계를 대지 마라. 실패를 합리화하지 마라.

당신이 가져야 할 전략은 단 하나다.

뼛속까지 체질을 바꾸고, 잘하기 위해 발버둥 쳐라. 그리고 지금 그렇게 하고 있는 사람을 곁에 두고 오랫동안 바라보라. 소리 없이 인생의 차원을 바꾸고 있는 작은 영웅들을 발견해나가다 보면 어느덧 당신도 그 대열에 합류해 있을 것이다.

나무를 베려면
도끼부터 갈아라

옛날 어느 영주의 대저택에 젊은 정원사가 새로 들어왔다. 영주는 저택의 가장 높은 테라스에 앉아 넓고 아름다운 정원을 바라보며 시간을 보냈다. 유럽 여러 나라에서 들여온 온갖 꽃들이 저마다 화려함을 뽐내고 있었고, 그 주변에는 크고 작은 나무들이 푸른 벽처럼 둘러서 있었다. 그러던 어느 날, 영주는 정원사로 들어온 청년이 퇴근 시간 이후임에도 뭔가를 열심히 하고 있는 광경을 발견했다. 분명 자신이 지시한 일은 아니었다. 사뭇 궁금해진 영주는 며칠 동안 청년이 대체 무슨 일을 하고 있는지 가만히 지켜보았다. 드디어 영주는 청년을 가까이 불렀다.

"퇴근시간이 지났는데, 무슨 일을 그리도 열심히 하고 있는 건가?"

"아, 예… 정원에 있는 화분에 조각을 하고 있었습니다. 제 꿈이 조각가이거든요."

청년은 혹시나 자신의 행동이 영주를 화나게 한 건 아닐까 하는 마음에 고개를 떨궜다.

"하하. 이보게, 걱정 말게나. 나는 자네의 조각 솜씨에 감탄해 마지 않고 있었다네. 꿈을 이룰 만한 충분한 재능과 열정을 갖고 있는 것 같군. 자넨 틀림없이 훌륭한 조각가가 될 수 있을 거야."

청년의 재능과 열정을 높이 산 영주는 그를 미술학교에 보내 전문 교육을 받도록 배려해주었다. 그렇게 미술에 정식 입문한 청년이 바로 훗날 시스티나 대성당 벽화를 남긴 미켈란젤로였다.

이 이야기는 우리에게 어떤 가르침을 전해주는가? 가치 있는 인생을 포기하지 않으면, 누군가 반드시 돕는다. 신이 돕고 운명이 돕고 기회가 돕는다.

강남의 부유한 가정에서 태어나 명문대학을 졸업한 후 최고의 직장이라고 손꼽히는 대기업에 다니는 청년, A군.

경상도 산골 가난한 집에서 태어나 보육원에서 성장했고, 검정고시를 거쳐 지방 전문대에 들어간 청년, B군.

이 두 사람은 모두 내 제자다. A군은 그가 다니던 기업의 초청으로 강연을 나갔다가 인연을 맺었다. B군은 내가 재직 중인 대학에서 직접 가르친 친구다.

두 사람을 처음 만난 건 지금으로부터 5년 전이었다. 과연 그들의 운명은 지금 어떻게 되었을까? 5년 전 상황에서는 A군이 너무나 앞선 인생을 살고 있었다. B군 입장에서 보면 A군의 삶은 감히 넘볼 수 없는 높은 곳의 삶이었다.

먼저 A군의 지난 5년을 추적해보자.

모그룹의 대리급 직원 교육 강의장에서 처음 만난 그는 유난히 나를 따랐다. 그 이유는 내 사업경력 때문이었다. 그는 내게 조만간 회사를 그만두고 사업을 시작할 계획이라고 말하며 기회가 있을 때마다 조언을 구했다. 그는 메일을 통해 지속적으로 이런 저런 사업상의 자문을 구했다. 비즈니스 모델 특허에서부터 자금 조달, 회계, 영업, 마케팅에 이르기까지. 그렇게 그는 사업에 모든 것을 걸고 있었다. 그의 소식을 접한 건 그로부터 2년 후였다. 어느 날 그에게서 메일이 한 통 왔다. 놀랍게도 그는 이미 한 번의 사업 실패를 겪었고, 다시 두 번째 사업을 계획하고 있었다. 글이란 것은 좀처럼 자신의 마음을 숨길 수 없는 법. 메일을 통해 전해진 그의 글 속에서 조급함을 쉽게 읽을 수 있었다. 그의 시야는 이미 좁아질 대로 좁아져 있었다. 그의 눈에 보이는 거라곤 오직 돈뿐이라는 생각을 지울 수 없었다. 그런 낌새를 알아차린 이상 더 이상 조언을 해주는 것이 썩 내키지 않았다. 나는 중립적인 입장에서 좀 더 넓고 길게 보고 사업에 임할 것을 주문했다. 하지만 그는 내 조언을 무의미하게 받아들였다. 그는 무리한 투자유치에 나섰고, 무리한 시도는 비극적인 결말로 끝이 났다. 얼마 전 그가 다니던 회사 사람을 우연히 만났는데, 그가 결국 경제사범이 되고 말았다는 씁쓸한 소식을 들었다.

그렇다면 B군의 5년은 어떠했을까?

그에게는 넓은 세상에 대해 알고 싶고 경험하고 싶은 강렬한 열망이 있었다. 그래서 나는 그에게 해외에 나갈 수 있는 교내 장학 프로그램을 소개해주었다. 그 첫 번째가 단기 어학연수 프로그램이었다. 그는 직장생활을 하는 누나의 경제적 도움을 받아 필리핀으로 향했다. 비록 짧은 시간이었지만 그 경험은 그에게 새로운 세상으로 향하는 커다란 관문이 되어주었다. 돌아와서도 그는 영어 공부에 매진했다. 나는 그에게 또 하나의 새로운 제안을 했다. 교환학생 프로그램이었다. 그는 기꺼이 중국으로 날아갔다. 귀국 후 중국에서의 경험을 살려, 꾸준히 중국어를 공부하는 동시에 중국인을 위한 한국어 교사에 도전했다. 그러다가 좋은 기회가 찾아왔다. 모교와 자매결연을 맺은 중국의 한 대학으로부터 한국어 교사를 추천해 보내달라는 연락이 온 것이다. 물론 그 기회는 준비된 B군의 차지가 되었다. 그리고 졸업과 동시에 그는 중국 대학의 강사로 취업했다. 낮에는 중국 학생들에게 한국어를 가르치고, 밤에는 학원에서 중국어와 영어를 배웠다. 그에 따르면, 한국보다 훨씬 저렴한 가격에 원어민으로부터 중국어와 영어를 배울 수 있었다고 한다. 영어와 중국어를 마스터하기에 그보다 더 좋은 조건은 없었다.

그렇게 5년을 보내고 난 후 그는 한국으로 돌아왔다. 강남의 유명 어학원에서 당당히 중국어를 가르치는 강사로 금의환향한 것이다. 지금도 그는 퇴근 후에는 영어공부에 매진하고 있다. 더 높은 목표가 있기 때문이다.

최근에 나는 그를 만나 앞으로 5년간의 목표를 물었다. 그러자 그는 빙그레 웃으며 대답했다. "5년 전에도, 지금도, 5년 후에도 목표는 동일합니다. '언제 어디서나 눈에 띄는 사람이 되라.' 이게 제 한결같은 목표입니다. 눈에 띄는 사람이 되려고 노력하면 반드시 그 누군가가 그런 나를 발견하고 도와준다는 사실을 깨달았기 때문입니다. 교수님께서 제게 더 넓은 세상으로 갈 수 있는 기회를 열어주신 것처럼 말입니다."

순간 나는 무릎을 치지 않을 수 없었다. "나무를 베어 쓰러뜨리는데 한 시간이 주어진다면, 나는 도끼를 가는 데 45분을 쓰겠다"는 에이브러험 링컨의 명언이 떠올랐기 때문이다. 물론 이 말은 늘 노력하는 자세를 견지하라는 취지를 갖고 있다. 하지만 나는 이 말을 달리 해석해보고자 한다.

앞에서 예로 든 A군과 B군에게는 나무를 베어 쓰러뜨리는 데 각각 5년이란 시간이 주어졌다. 하지만 A군은 도끼를 갈기보다는 무조건 하루라도 빨리 나무부터 베고 싶어 안달했다. 그래서 그는 어쩐지 불안하고 위험해보였다. 그래서 사람들은 그를 돕는 데 썩 내켜하지 않았다. 반면에 B군은 목표 달성에 조급함을 보이는 대신 자신의 도끼를 가는 데 집중했다. 그러자 그토록 성실하고 열정적으로 노력하는 그의 모습을 발견한 사람들이 그에게 나무를 쓰러뜨릴 수 있는 기회들을 제공하기 시작했다. 낮에는 성실하게 일을 하고 퇴근 후에는 자신의 꿈을 조각하는 데 몰입했던 미켈란젤로를 발견한 영주처럼 말이다.

결국 나무를 쓰러뜨리는 데 성공한 사람은 B군이었다. 그는 이 같은 귀중한 깨달음을 바탕으로 더 큰 나무를 베기 위해 오늘도 성실하게 도끼를 갈고 있다.

사랑을 얻으려면 사랑의 눈에 띄어야 한다. 기회를 얻으려면 기회의 눈에 띄어야 한다. 성공을 얻으려면 성공의 눈에 띄어야 한다. 운명을 얻으려면 운명의 눈에 띄어야 한다.

앞으로 5년, 당신은 누구의 눈에 띄기 위해 도끼를 갈 것인가?

2장

오래된 나를
떠나라

지금껏 정해진 레일 위를 달려왔다면, 그래서 그 종착역이 너무 뻔하다면, 지금이라도 당장 그 레일 위에서 내려와야 한다. 진짜 인생은 어쩌면 레일 밖에 있을지 모른다. 정해진 레일 위를 달리기보다는, 돌아볼 때마다 아름다운 레일이 만들어지고 있는 삶을 살라. 더 멋지고 황홀한, 더 자유롭고 행복한 인생을 향해 새로운 레일을 놓아라. 5년 후 당신은 그 가슴 뛰는 역에 도착해 있을 것이다.

Five Years From Now

파괴적으로
상상하라

당신은 지금 유명 미술관 안에 있다. 물론 훌륭한 예술작품을 감상하기 위해서. 그런데 맙소사! 미술관의 전시 공간 중 가장 좋은—이를테면 다빈치의 모나리자가 걸려있을 법한—자리에 남자화장실에 박혀 있어야 할 소변기가 하나 떡하니 놓여있는 거다. 그것도 멋진 조명을 한 몸에 받으면서 말이다. 이는 지어낸 얘기가 아니다. 역사적인 예술작품 '샘'(1917년 作)이 전시되었던 실제 현장이다. 프랑스 예술가 마르셀 뒤샹의 이 작품은 무려 100년이 지난 오늘까지도 미술계는 물론 모든 분야를 통틀어 인류의 가장 독창적인 창작물의 대명사로 군림하고 있다.

미술관에는 아름다운 그림과 조각만 있어야 한다는 상식 과감히 파괴. 또 소변기는 화장실에만 있어야 한다는 상식 역시 파괴. 그 파괴적 상상의 산물인 '샘'은 우리에게 이렇게 웅변하고 있다.

'파괴적 상상은 이토록 힘이 세다.'

그림 그리기를 좋아하는 가난한 청년이 있었다. 그의 이름은 월트 디즈니. 좋아하기는 했지만 썩 잘 그리는 그림은 아니었다. 그의 그림은 늘 이런 핀잔을 들었으니까. "이봐 젊은 친구. 자네 그림은 형편없네. 이 얼굴 꼴 좀 봐. 기본적인 균형도 안 맞잖아."

그는 출판사에서 주문하는 대로 그림을 그려주는 삽화가 일로 근근이 생계를 꾸려나가고 있었다. 그러던 어느 날 그는 영화 한 편을 관람한 후 불현듯 다음의 생각이 떠올랐다. '만화로도 저렇게 영화를 만들 수 있지 않을까? 그래, 만화영화라면 관객들에게 정말 재미와 감동을 줄 수 있을 거야!'

그후 그는 최고의 만화영화 제작자로 변신한 자신의 미래를 상상할 때마다 너무나 행복했다. 현실은 삼류 삽화가였지만, 벅차고 간절한 꿈을 갖고 난 후로는 결코 가난하지 않았다. 그리고 마침내 미키 마우스 캐릭터를 주인공으로 내세운 만화영화를 만들어낸다. 상상 속의 일이 현실이 된 것이다. 만일 그가 한 시간에 한 장 그려내던 삽화를 두 장 그려냄으로써 돈을 좀 더 받는 삶을 사는 데 치중했더라면, 그의 꿈은 한낱 일장춘몽에 불과했을 것이다. 그는 이렇게 말했다. "당신이 그것을 꿈꿀 수 있다면, 당신은 그것을 할 수 있는 것이다."

'혁신'의 대가 클레이튼 크리스텐슨 하버드 경영대학원 교수는 혁신을 크게 두 가지로 구분한다. 하나는 존속적 혁신이고 다른 하나는 파괴적 혁신이다. 존속적 혁신이란 1초에 한 장 인쇄할 수 있는 프린터를 1초에 10장 인쇄할 수 있는 프린터로 만드는 것을 의미한다. 반면에 파괴적 혁신이란 기존 시장에 통용되는 것과는 전혀 다른 차별화된 요소로 그 시장에 잠재해 있는 새로운 소비자층을 공략하는 것을 의미한다. CEO계의 신성 앨런 머스크가 지휘하는 테슬라는 전기 스포츠카를 선보임으로써 전기차 경쟁사는 물론 BMW등 메이저 자동차 회사들을 잔뜩 긴장시키고 있다. 기존의 전기차들은 전부 조그맣고 동글동글한 외관에 알록달록한 색상이었다. 20대 여성이라면 모를까 3,40대 남성 직장인이라면 왠지 타기 민망할 수도 있는 차. 시장 확대가 어려운 상황. 그러나, 앨런 머스크는 기존의 어떤 스포츠카보다도 날렵하면서 도회적 느낌을 살린 전기 스포츠카를 만들어냈다. 기능도 탁월했다. 시동 걸고 3.5초만에 시속 100Km를 달릴 수 있을 정도니까. 1억이 훌쩍 넘는 이 차 앞에 팬들이 줄을 서는 건 당연한 일. 이는 파괴적 혁신의 대표적 사례라 할 수 있다.

미국 뉴욕에 새롭게 떠오른 관광 코스가 하나 있다. 바로 하이라인 파크(High Line Park). 이름에서 연상되듯이 지면으로부터 10여 미터 위에 놓인 고가철로를 개조해 만든 공중정원이다. 1934년 개통되어 한때는 뉴욕의 물류를 책임지던 철로였지만, 대형트럭의 물결에 밀려

철로는 결국 퇴물로 전락하고 말았다. 용도폐기된 철로를 끼고 주변은 점점 슬럼화 되어갔고, 결국 뉴욕시는 이 골칫거리를 철거해버리고자 마음먹었다. 그러나 한 시민단체의 감탄할만한 제안으로 말미암아 이 철로는 환골탈태했다. 뉴욕 시민들은 오늘도 이 공중공원에서 산책하고, 달리고, 휴식을 취하며 뉴요커의 삶을 한껏 누리고 있다. 도시환경 영역에 있어서만큼은 타의 추종을 불허하는 파괴적인 혁신 사례로 꼽을 수 있다.

당신이 5년 전략을 세울 때는 이 같은 파괴적 혁신을 반드시 염두에 두어야 한다. 월트 디즈니는 그림을 좋아했지만 삽화가로서는 대성하기가 불가능했다. 만일 그가 그저 삽화가로서 좀 더 많은 그림을 그려 돈을 벌기를 원하는 존속적 혁신을 인생전략으로 선택했다면, 그는 결코 인정받는 삽화가가 되지 못했을 것이다. 이미 월트 디즈니보다 더 뛰어난 삽화가들이 출판시장에는 넘쳐나고 있었으니까 말이다.

인생에 꿈과 상상이 중요한 이유는, 그것만이 파괴적 혁신을 가능하게 만들기 때문이다. 따라서 현실은 시련의 연속이라 할지라도 마음껏 상상하고 끊임없이 꿈을 꾸는 사람이 되어야 한다. 그런 사람만이 파괴적 혁신가로 성공한다.

세계적인 심리학자 맥스웰 몰츠 박사의 흥미로운 실험 하나를 소개해보자.

그는 농구선수들을 무작위로 두 그룹으로 나눈 후 A집단에게는 상상 속에서 계속 슛을 던져 넣어 백발백중 성공시키는 상상력훈련을 시키고, B집단에게는 전혀 그런 훈련을 시키지 않았다. 그러고 나서 실제 코트에서 슈팅을 시켜보니 A집단이 B집단보다 성공률이 월등히 높았다. 이는 곧 상상력이 성과 창출을 증진시킨다는 사실을 증명한다.

존속적 혁신은 결국 파괴적 혁신에 먹히고 만다. 따라서 지금 현상을 유지하면서 그보다 좀 더 발전된 전략을 찾고자 하는 사람은 굳이 5년 전략을 세울 필요가 없다. 또한 전략을 세운다 해도 존속에 방점을 더 찍는 한 인생은 원점으로 돌아올 공산이 크다. '파괴적인 상상.' 그것이 우리에게 무엇보다 필요하다. 그럼에도 우리는 상상조차 하기를 두려워한다.

미국 에모리 대학교의 신경경제학 교수 그레고리 번스는《상식파괴자》에서 다음과 같이 말했다. "두뇌는 본질적으로 하나의 게으른 고깃덩어리다. 두뇌는 에너지 낭비를 좋아하지 않는다."

다시 말해 인간의 두뇌는 본질적으로 익숙한 일만 처리하고자 하는 경향을 갖고 있다. 생각지 못했던 것을 만들어내는 데 거부감을 갖고 있다. 그래서 새롭고 파괴적인 상상을 하는 사람이 많지 않은 것이다. 하지만 결국 성공은 파괴적 상상에서 비롯된다.

5년 동안 일로매진할 목표가 있다면 먼저 당신은 당신의 두뇌와 일전을 각오해야 한다. 게으른 당신의 두뇌를 팽팽 돌아갈 수 있게 훈련시켜야 한다. 거기서 상상력이 생겨나고, 5년 후 인생이 달라진다. 죽을 때까지 우리는 우리 두뇌의 10~15% 정도밖에 사용하지 않는다고 한다. 악착같이 두뇌 가동률을 높여야 한다. 그 방법은 바로 파괴적 상상력을 키우는 것이다.

이를 위해 당신이 해야 할 일은 단 하나다.

당신의 머릿속을 새로운 것, 낯선 것들로 가득 채우는 것이다. 익숙한 것, 편안한 것, 당연한 것들은 이제 머리에서 슬슬 들어내라. 대신 그 자리에 익숙지 않은 것, 불편한 것, 당연하지 않은 것, 심지어는 당혹스러운 것, 황당한 것들을 집어넣어라. 머리에 넣는다는 것은 정보 수집기관, 즉 '오감'을 활용하란 얘기다. 보고, 듣고, 만지고, 느끼고…

매일 만나는 직장동료들 말고 전혀 새로운 만남을 시도해보라. 이를테면 사진동호회라든지, 마케팅스터디 동호회 등에 가입해 낯선 사람들과 교류해보는 거다. 물론 처음에 '뭐 이런 사람들이 다 있어?' 하는 생각이 들지도 모른다. 바로 그것이 당신이 노려야 할 파괴적 효과다. 생소한 느낌을 흠뻑 느껴보는 것이다. 물론 그들과 함께 지내다 보면 그들의 삶으로부터, 그들의 이야기로부터 많은 정보를 얻을 수도 있을 것이다.

미술이나 음악에 문외한이라 해도 좋다. 미술전시회에 가보는 거다. 음악회에도 가야 한다. 앤디 워홀의 깡통을 보며 '뭐 이런 것도 예술이야?' 하며 코웃음을 쳐도 좋다. 차이코프스키의 교향곡을 들으며

'잠자기 딱 좋은 곡인걸' 하며 눈을 비벼도 좋다.

처음 보는 풍경, 낯선 도시, 난해한 그림, 웅장한 건축물, 희한한 나무, 탄성이 절로 나는 사진, 생소한 분야의 책 등 당신이 찾고자만 한다면 이 세상에는 당신에게 새로움을 줄 것들로 가득 차 있다. 제아무리 인터넷으로 연결된 세상이라 할지라도 우리가 세상에 대해 아는 건 0.1%도 안 된다. 그 눈에 보이지도 않는 작은 세상 속에서 안주하고 살아간다는 건 너무 억울하지 않은가?

99.9%의 세상에 당신의 몸과 마음을 힘차게 밀어 넣어야 한다. 그러다 보면 당신의 두뇌는 어느덧 새로운 곳에 길을 내기 시작한다. 익숙지 않은 것과 충돌하는 순간 당신의 두뇌는 크게 각성한다. '새로운 일을 하자.' '뭔가 색다른 일을 해보자.' 한껏 심기일전한다. 그 결과 당신의 두뇌는 당신에게 새로운 사업 아이템을 스치듯 내놓을지도 모른다. 놀라운 특허 아이디어를 선물할 수도 있다. 전혀 예기치 못했던 환상적인 인생으로 당신을 안내할 수도 있다. 당신의 두뇌가 당신을 위해서 적극적으로 서비스할 수 있게, 최고의 가이드가 될 수 있게 해야 한다. 그 책임과 의무는 전적으로 당신에게 달려 있다.

오늘 이후부터, 하루를 시작하는 당신의 다이어리 첫 줄에 '파괴'라는 키워드를 적어 넣어라.

5년 전략은 그렇게 시작된다.

70억 분의 1에
도전하라

미국의 젊은 대학생 셋이 모여 이런저런 대화를 나누다 문득 다음과 같은 주제를 떠올린다. "뮤직비디오 같은 동영상을 온라인상에서 여러 친구들과 공유할 수 있는 좋은 방법이 없을까?"

그들은 마침내 누구나 쉽게 웹상으로 동영상을 올리고 또 누구나 쉽게 그 동영상을 볼 수 있는 방법을 고안해냈다. 그리고 이렇게 이름을 붙였다. '유튜브(Youtube).' 그로부터 불과 1년 후 청년들의 회사는 세계 최대 인터넷 기업인 구글에 팔렸다. 얼마에? 무려 16억 달러였다. 1년 만에 완전 제로에서 16억 달러를 만들어낸 원동력은 과연 무엇이었을까? 가장 큰 역할을 한 것은 다름 아닌 상상력이었다. 〈타임(Time)〉지는 그들의 아이디어를 높이 사 '올해의 발명'으로 선정하기도 했다. 이로써 세 청년은 남다른 아이디어 하나로 상상을 초월하는 부와 명예를 거머쥘 수 있었다.

독일의 철학자 니체는 이렇게 말했다. "젊은이를 타락으로 이끄는 확실한 방법은 다르게 생각하는 사람 대신 같은 사고방식을 가진 사람을 존경하도록 지시하는 것이다."

이는 단지 젊은이들에게만 해당되는 교훈은 아닐 것이다. 40대의 중년에게도 70대의 노년에게도 마찬가지다. 스티브 잡스 또한 '다르게 생각하는 것'의 중요성에 대해 강조한다. "미친 자들을 위해 축배를! 세상을 다르게 바라보는 사람들, 그들이 세상을 바꾸고 인류가 앞으로 나아가게 한다."

파괴적 상상력의 핵심은 '자유'다. 즉 얽매임이 없는 것이다. 비록 현실은 경제적 환경의 압박을 받고 있다 할지라도 틈나는 대로 10분, 20분도 좋다. 눈을 감고 마음껏 비상하는 상상을 하는 습관을 가져라. 물질적으로 가난하다고 해서 꿈조차 가난해선 결코 안 된다.

여기 한 청년이 있다.

그는 그저 평범한 시골 청년일 뿐이다. 이른바 스펙 면에서는 크게 내세울 게 없다. 하지만 그에게는 꿈이 있었다. 자나 깨나 늘 마음속으로 이런 다짐을 해왔다. '난 유명한 사람이 될 거야. 내 이름을 걸고 책을 내고 싶고, 수많은 사람들 앞에서 강연도 하고 싶어.'

그는 시간이 날 때마다 자신의 미래를 그리는 데 몰입했고, 그 순간 만큼은 누구보다 행복했다. 물론 짧은 상상을 끝내고 다시 현실로 복귀하면 현재의 모습은 초라했다. 몇몇 이웃을 제외하면 동네에서조차 그를 아는 이가 없었다. 그런 그가 유명한 사람이 될 확률은 아마도 낙타가 바늘귀를 통과할 확률만큼이나 낮았을지도 모른다. 과연 그는 자신의 꿈을 이뤄낼 수 있을까?

정답부터 말하자면 '예스'다. 실존 인물인 그는 자신의 꿈을 이뤘다. 어떻게? 그에 관한 정답은 잠시 후에 공개하겠다(궁금하더라도 조금만 참아주시기를).

먼저 당신의 생각을 말해보기 바란다.

당신이 그 청년이라면 유명해지기 위해 무엇을 먼저 해야 할까?

(절대로 이 답만은 안 된다. '글쎄, 모르겠는데요.')

어떤 해괴망측한 답이라도 좋다.

아래 빈 줄 위에 당신의 아이디어를 간략하게 적어보라.

자, 위에 적은(혹은 머릿속에 떠올린) 당신의 아이디어는 정말 독특한 것인가? 지구상에 존재하는 70억 명 가운데 오직 당신만이 생각해낼 수 있는 아이디어인가? 만일 정말 그렇다면, 당신은 세계적인 유명인

사가 될 수 있을 것이다. 돈을 원한다면 백만장자가 되는 것도 시간문제다.

당신이 지금 직장인이라면, 거의 매일 아이디어를 강요당하고 있을 것이다. 끊임없이 기획안을 제출해야 하고, 아이디어 회의에서 무슨 말이라도 내뱉어야 할 것이다. 가만히 앉아 있으면 무능력자 취급을 당할 테니까 말이다.

당신이 사업가라면 더더욱 아이디어에 시달릴 것이다. 아이디어는 곧 자신을 포함한 회사와 직원들의 생존이 걸린 문제이니까.

하지만 무엇보다 당신은 당신의 새로운 인생을 위한 아이디어를 낼 수 있어야 한다. 그것이 우스운 것이든, 쓸모가 없는 것이든 상관없다. 중요한 건 자유로운 상태에서 당신이 아이디어를 짜낼 기회를 가졌는지의 여부다.

어떤 것이든 간에, 당신의 아이디어는 항상 '70억 분의 1'에 도전해야 한다. 즉 세상에서 유일무이한 것이어야 한다. 물론 쉬운 일은 아니다. 하지만 도전해볼 만하다. 앞에서 내가 낸 퀴즈, 즉 아무것도 가진 것 없었음에도 자신의 꿈을 이룬 그 가난한 청년이 당신의 롤 모델이 되어줄 것이다. 그의 이름은 바로 '스콧'이다.

영국 청년 스콧은 자신의 꿈을 실현하기 위한 아이디어 하나를 생각했다. 실로 매우 단순한 것이었다.

스콧은 우선 자신을 알릴 수 있는 것들을 찾아보았다. 하지만 앞에서 말했듯이 그에게는 내세울 만한 게 아무것도 없었다. 하지만 스콧은 자신이 갖고 있는 단 하나의 것을 기발한 아이디어로 연결시켰다. 그건 바로 그의 '이름'이었다. '그래, 나에게는 소중한 이름, 자랑스러운 이름, 부모님이 지어주신 사랑스러운 이름이 있어. 그래! 바로 이걸 알리는 거야!'

스콧은 자신의 모든 옷 왼쪽 가슴팍에 이름표를 덧붙였다. 큼지막한 글씨로 'Scott'이라고. 외투에도 'Scott', 외투를 벗으면 티셔츠에도 'Scott', 티셔츠를 벗으면 속옷에도 'Scott', 속옷을 벗으면? 빙고! 맨살에도 'Scott'이라는 문신을 새겨 넣었다.

그러고는 만나는 사람마다 자신의 자랑스러운 이름에 대해 말하기 시작했다.

이 작은 아이디어 하나로 그는 '이름표 사나이(The Nametag Guy)'라는 별명을 얻게 되었고, 동네를 넘어 나라를 넘어, 전 세계에까지 유명세를 떨치게 되었다. 물론 그렇게 된 데는 그의 아이디어와 상상력이 핵심 동력으로 작용했다. 또한 이처럼 독특하고 유별난 사건은 언론에서 먼저 주목하게 마련이다. 처음에는 별난 청년으로 작은 지역 신문에 소개가 되었는데, 곧바로 중앙신문과 전국 방송에 출연하게 되었고, 영국은 물론 세계의 수많은 언론들이 그를 다루기 시작한 것이다.

그리고 그는 자신의 독특한 아이디어에서 생겨난 수많은 에피소드

와 교훈들을 담은 책을 출간하기에 이른다. 《안녕, 내 이름은 스콧입니다(Hello, My name is Scot)》라는 책은 단숨에 글로벌 베스트셀러 반열에 올랐다. 이를 통해 그는 더욱 유명해졌다. 그의 도전정신, 창의적 실험정신을 배우고자 하는 수많은 기업과 단체로부터 강연 의뢰가 쇄도하기 시작했다. 마침내 그는 6개의 사업체를 거느린 CEO가 되었고, 세인트루이스 시정부로부터 '젊은 기업가상'을 받기도 했다. 지금껏 12권의 책을 펴낸 그는 세상에서 가장 바쁜 강연가와 작가로서 활발한 활동을 펼치고 있다. 그의 꿈은 결국 남김없이 이루어졌다. 스티브 잡스가 살아 있었다면 기꺼이 축배를 건넸을 미친 사람이 바로 청년 스콧이었다.

이 '스콧 이야기'를 통해 우리는 많은 깨달음을 얻을 수 있다.

첫째, 현실이 아니라 꿈에 매달리면 끝내 그 꿈을 이룰 수 있다는 것이다.

둘째, 꿈을 이루기 위해서는 끊임없이 창의적인 사고를 해야 한다는 것이다.

혹자들은 '꿈을 꾸면 반드시 이루어진다'고 주장하지만, 내 견해는 조금 다르다. 꿈을 꾸기만 하면 안 된다. 꿈을 구체화할 수 있는 결정적인 아이디어, 즉 상상력이 필요하다. '70억 분의 1'의 주인공 스콧처럼 말이다.

아인슈타인은 모든 결과물이 자신의 상상력에서 나온다고 말했다.

"지식보다 중요한 것은 상상력이다. 지식에는 한계가 있다. 하지만 상상력은 세상의 모든 것을 끌어안는다."

스콧처럼 엉뚱한 청년에게만, 아인슈타인 같은 천재 물리학자에게만 상상력이 필요한 것은 절대 아니다. 자신에게 주어진 삶을 보다 풍요롭게, 또 보다 나답게 살아가길 원하는 모든 사람에게도 상상력은 절대적으로 필요하다. 상상력이 부족하다는 것은 그만큼 풍요롭지 못한, 나답지 못한 삶을 허락하는 것과 같다. 한 평생을 내 마음과 다르게, 내 뜻과 다르게, 내 이상과 다르게 산다는 것. 하루하루를 불만과 회한 속에 산다는 것. 얼마나 비참한 일인가?

미국의 유명 실업가인 찰스 케터링(세계 최초의 자동시농기 발명가, 델코 창업자) 또한 이러한 관점에 입각해 일상 속에서도 상상력을 발휘할 것을 주문한다. "우리가 미래에 갖고 싶어 하는 것을 제한하는 것은 상상력뿐이다. 상상력이 모자라서 미래에 뭘 갖고 싶은지 제대로 말 못할 뿐이다."

우리가 새로운 인생의 터닝 포인트를 만들어내지 못하는 건 '상상력의 빈곤' 때문이다. 어려서부터 우리는 이런 말을 듣고 자랐다. '쓸데 없는 생각 말고 공부나 열심히 해.' 명문대학을 나오지 못하면, 판검사나 의사가 되지 못하면 실패한 인생이란 콤플렉스를 무의식 중에 받아들이며 성장했다. 그런 환경에서 나무 밑에 누워 마음껏 상상에 잠기는 모습을 그리기란 불가능했다. 상상은 곧 망상에 불과했다. 상상은 곧 죄의식과도 같았다. 그럴 시간에 영단어 하나라도 더 외우는 게 시간을 가치 있게 쓰는 것이라고 여겼다. 상상을 좋아하는 사람은 게으름뱅이에 다름 아니었다.

그 결과, 우리의 인생 토양은 척박할 수밖에 없었다. 기계적으로 공부하고 일해 세계 최고의 IT 강국을 건설했지만 그 안에는 영혼도 철학도 없었다. 스티브 잡스는 이렇게 말했다. "소크라테스와 단 10분만이라도 대화할 수 있다면 애플을 통째로 바쳐도 좋다."

남들과 동일한 성공방정식을 갖지 않으면 낙오하고 만다고 가르치는 사회는 경직된 사회다. 경직된 사회에서는 타인의 목표가 곧 나의 목표가 된다. 남들이 가장 많이 쓰는 다이어리를 골라야 하고, 남들이 가장 많이 읽는 책을 읽어야 하고, 남들이 가장 좋아하는 목표를 내 목표로 삼아야 하고, 남들이 가장 많이 선택하는 전략을 내 전략으로 삼아야 한다. 그래서 우리는 너나 할 것 없이 상상력 빈곤에 시달리고 있다. 하지만 지금도 늦지 않았다. 문제를 발견한 것만으로도 새로운 변화에 커다란 에너지를 불어넣는다.

상상력이란 특별한 사람들의 전유물일까? 그렇다. 그리고 이미 당신은 특별하게 태어났다. 당신이 지금 무슨 생각을 하든 간에, 그것은 70억 분의 1만큼의 희소가치가 있는 것이다. 사람 사는 게 다 거기서 거기일까? 천만에다. 절대 똑같을 수 없다. 똑같이 배고픔을 느낀다 할지라도 사람마다 먹고 싶은 음식이 다르고, 레시피가 다르고, 함께 먹는 반찬이 다르다. 누구와 어떤 곳에서 얼마큼을 먹고 싶은지 저마다 다르다.

당신의 아이디어는 '어떻게 하면 햇빛을 가릴까?' 하는 아주 사소한 것일 수도 있다. 하지만 그 결과는 제2의 유튜브일 수도 있다. 상상력을 발휘하면 당신이 제2의 스콧이 될 수도 있다. 이런 가능성을 그 누가 어떤 근거로 부정할 수 있겠는가? 아무리 작은 아이디어도 당신의 삶이 편해지는 데, 재밌어지는 데, 나아지는 데 충분히 기여할 수 있다. 어떤 것이라도 좋으니 마음껏 생각하라. 그리고 적어두어라. 1주일에 하나씩의 아이디어만 기록해도 5년 동안 무려 260개의 새로운 아이디어가 축적된다. 그 가운데에는 지금 당장은 아니더라도 언젠가 분명 황금알을 낳는 거위가 숨어 있다.

지금 당신이 세우고 있는 5년 전략의 영혼은 바로 '상상력'이다.

09

내인생 5년후

아무것도 하지 않기 때문에 실패한다

당신이 밀고 나가야 할 5년 전략의 가장 큰 적은 '냉소'다. 당신 자신을 향해 습관적으로 던지는 차가운 비웃음. 냉소는 도약하려는 인생의 발목을 끊임없이 붙잡고 늘어진다. 무심코 방치하면 냉소는 엄청나게 빠른 속도로 인생을 먹어치우는 무서운 공룡이 되고 만다. 무서운 적이 되기 전에 단칼에 베어내야 한다.

아침에 늦잠을 잔다. '또 지각이군. 내가 그렇지 뭐.'

플랫폼에 내리기 직전 지하철 문이 닫힌다. '난 늘 그래.'

출근시간을 넘겨 조심조심 자리로 가는데, 부장과 맞닥뜨린다. '운도 지지리 없는 인간이야, 난.'

사내 아이디어 공모전 소식이 그룹웨어에 뜬다. '설사 응모를 해본

들 내가 되겠어?'

퇴근 후 동창 모임에서 만난 한 친구가 주식으로 돈을 벌었다며 너스레를 떤다. '좋겠다. 나도 한번 해봐? 흠… 주식이 오를 만큼 올랐는데, 지금 들어간다고 뭐 되겠어? 그나저나 저 녀석, 참 운 좋네.'

5년 전 사업을 시작한 친구 하나가 제법 사장티를 내면서 식사비를 계산하기 위해 카드를 척 꺼내든다. '처음에는 힘들어 죽겠다고 난리치더니, 이제 자리를 잡은 모양이네. 아, 나도 사업이나 해볼까? 그런데 무슨 돈으로? 무슨 아이템으로? 휴우, 사업은 아무나 하나…'

그러지 않길 바라지만 혹시 이 같은 이야기들에 공감되는 부분이 있는가? 여전히 의심되는가? 무엇에 대한 의심인가? 자신의 능력? 당신에 대한 세상의 호의?

톨스토이는 이렇게 말했다. "모두가 세상을 변화시키려고 생각하지만, 정작 스스로 변하겠다고 생각하는 사람은 없다."

스스로 자신을 의심하고 주저하고 결국 모든 변화와 시도를 끝없이 내일로 미루고 마는 사람들에 대한 따끔한 충고다.

〈하버드 비즈니스 리뷰(Havard Business Review)〉의 편집장을 거쳐 〈패스트 컴퍼니(Fast Company)〉를 창업해 세계적인 경제 매거진으로 성장시킨 앨런 웨버 또한 다음과 같이 조언한다. "질문은 유용하다. 기업가와 혁신가들은 새로운 것, 더 나은 것을 내놓으려고 몸을 움직일 때 '이렇게 하면 어떨까?'라거나 '왜 안 된다는 거지?' 등과 같은 질문에서부터 일을 시작한다.”

그렇다, 지금 당신에게 필요한 것은 냉소를 끊어내고 질문을 시작하는 것이다. 파괴적 상상력을 구현할 수 있는 질문들을 꽃 피울 수 있는 묘목을 심는 것이다. 여기, 자신의 상상력을 과감하게 실천에 옮김으로써 놀라운 결과를 얻어낸 사례가 있다.

캐나다의 26세 청년 카일 맥도널드는 ‘이렇게 하면 어떨까?’라는 질문에서 출발해 재미있는 상상 하나를 일생일대의 프로젝트로 만들어냈다.

일명 ‘물물교환 프로젝트.’ 작고 사소한 물건 하나로 시작해 크고 값비싼 물건으로 만들기. 그는 작은 클립 하나로 이 흥미진진한 프로젝트를 시작한다. 글쎄, 책상에 굴러다니는 클립 하나에 가격을 매긴다면 얼마나 할까? 흠, 계산의 편의를 위해 10원이라고 하자.

자, 이 10원짜리 클립 하나가 계속되는 물물교환 속에서 무엇으로 어떻게 바뀌어갔는지를 순서대로 쫓아가보자(기가 약한 분은 주의하시길. 그야말로 ‘기가 막힌’ 결말이 기다리고 있다).

첫 번째 거래, 7월 14일 밴쿠버.

카일은 ‘클립 한 개와 물건을 맞교환 합니다’라는 제안을 인터넷에 올린다. 곧바로 연락이 왔다. 상대는 물고기 모양의 펜을 제시했다. 첫 교환.

두 번째 거래, 같은 날 미국 시애틀.

밴쿠버에서 3~4시간 걸리는 시애틀로 가서 물고기 모양 펜을 수제품 도어 손잡이와 교환.

세 번째 거래, 7월 25일 메사추세츠.

수제품 도어 손잡이를 캠핑용 스토브와 교환.

네 번째 거래, 9월 24일 캘리포니아 센클레멘트.

한 해병대원를 만나 스토브를 발전기와 교환.

다섯 번째 거래, 11월 16일.

발전기를 '즉석 파티 참석권'과 교환.

여섯 번째 거래, 12월 8일.

'즉석 파티 참석권'을 한 코미디언의 스노 모빌과 교환.

일곱 번째 거래, 12월 14일.

스노 모빌을 캐나다의 브리티시 콜럼비아 주로 가는 2인용 여행권과 교환.

여덟 번째 거래, 이듬해 1월 7일.

여행권을 큐브 밴(일명 박스 트럭)과 교환.

아홉 번째 거래, 2월 22일.

큐브 밴을 토론토에서 '레코딩 계약'과 교환.

열 번째 거래, 4월 11일.

'레코딩 계약'을 '피닉스 아파트의 1년 무료 임대권'과 교환.

열한 번째 거래, 4월 26일.

'피닉스 아파트 1년 무료 임대권'을 유명 록 가수인 엘리스 쿠퍼와 반나절을 보낼 수 있는 권리로 교환.

열두 번째 거래, 5월 26일.

그 권리를 미국 유명 록밴드 KISS의 로고가 들어 있는 전동 스노 글로브와 교환.

열세 번째 거래, 6월 2일.

스노 글로브를 'Donna on Demand'라는 영화에서 한 배역을 받는 조건과 교환.

드디어 열네 번째 마지막 거래, 7월 5일.

영화 배역 권리를 캐나다 사스카치완 주 키플링에 있는 2층짜리 저택과 교환.

위 과정을 간단하게 정리하면 이렇다.

불과 1년 만에 열네 번의 거래를 통해 청년은 고작 클립 한 개를 2층짜리 저택으로 바꾸게 된 것이다.

카일은 이 물물교환 프로젝트를 자신의 블로그에 공개했다. 그의 프로젝트는 많은 사람들의 흥미를 끌기에 충분했고, 실제로 경이로운 결과를 만들어냈다.

놀라울 뿐이다. 이것이 바로 '해보자'의 힘이다. '되겠어?'라는 부정적인 생각이 아니라 '혹시 모르잖아? 해보자!' 또는 '해낼 수 있어. 그러니 정말 한 번 해보자고!'와 같은 긍정적이고 희망적인 태도의 힘이다.

청년 카일은 우리에게 깊은 教훈을 주는 한 마디를 남겼다. "이디선가 들어본 듯한, 누구나 다 아는 듯한 아이디어도 다시 꺼내 적용시켜보면 새로운 인생을 만들 수 있어요. 그리고 무엇보다 중요한 건 그것을 해보는 거죠."

좋다, 해보는 거다. 그럼, 무엇을 어떻게 해야 할까? 아이디어는 어디에서 구할 수 있을까?

이 질문에 대한 단 하나의 답은 이렇다.

'바로 당신 눈앞.'

이 답을 입증해줄 사람을 소개한다.

영국의 21세 대학생 알렉스 튜. 그는 아이디어 하나로 단 5개월 만에 100만 달러를 벌어들였다. 대체 그의 눈에 포착된 아이디어가 얼마나 대단한 것이었길래 이런 어마어마한 잭팟이 터진 것일까?

대박 아이디어는 '광고'에 숨어 있었다. 우리가 매일 접하는 광고들, 인터넷 서핑을 하다보면 셀 수 없이 눈을 압박해 들어오는 광고들 말이다.

100만 달러짜리 아이디어는 정녕 단순하기 짝이 없었다.

먼저 그는 '밀리언달러 홈페이지(www.milliondollarhomepage.com)'라

는 이름의 사이트를 인터넷상에 만들었다.

　그러고는 홈페이지의 모든 공간을 픽셀 단위로 판매했다. 1픽셀에 1달러씩. 1픽셀은 너무나 작기 때문에 최소 100픽셀 단위로 팔았다. 바둑판처럼 생긴 광고 면들이 하나 둘씩 채워졌고, 마침내 100만 개의 픽셀이 모두 판매되면서 그는 목표로 했던 100만 달러를 손에 쥘 수 있었다. 남들은 수십 년을 일해도 만져볼까 말까한 어마어마한 돈을 불과 5개월 만에 벌어들였다. 눈앞에 널려 있는 아이디어 하나로 그는 인생을 바꿔버린 것이다. 약관의 나이에 평범한 대학생에서 백만장자 반열에 등극한 것이다.

　이 홈페이지에 접속하면 각양각색의 광고들이 빼곡히 들어차 있는 모습을 볼 수 있다. 각 광고에 마우스를 갖다 대면 짤막한 카피가 뜨고, 이를 클릭하면 곧바로 해당 홈페이지로 이동한다. 아이디어도 단순하지만, 기능도 초간단하다. "단순함에 미쳐야 한다"는 스티브 잡스의 주문이 완벽하게 구현되고 있다.

　아이디어를 실행에 옮기는 데도 큰돈이 들지 않았다. 웹페이지를 디자인할 줄 아는 사람이라면 며칠 만에 뚝딱 만들어낼 수 있는 수준의 홈페이지였다.

　대체 이 단순하기 짝이 없는 사이트에서 어떤 매력을 느꼈길래 기업들이 이곳의 픽셀들을 사들였을지 사뭇 궁금해진다. 홈페이지에는 헤아릴 수 없는 기업들의 알록달록한 배너로 가득 차 있다. 마치 뉴욕

번화가의 대형 전광판 같은 화려한 느낌을 준다. 온라인 게임, 여행사, 컴퓨터, 주얼리, 패션, 카지노, 대출, 쇼핑몰, 호텔 예매, 대학교, 고급 리조트, 마케팅회사… 수천 개의 배너가 들어찬 홈페이지는 마치 우리에게 미로를 찾는 흥미로운 게임을 제시하고 있는 듯하다. 호기심을 못 배긴 접속자의 클릭을 유발하기에 충분하다(나도 호기심 때문에 2시간 동안 무수한 배너들을 클릭했다).

알렉스는 이렇게 말했다. "처음엔 100만 개의 픽셀 중에 한 픽셀이라도 팔 수 있을지 반신반의했어요. 100만 달러를 목표로 한다고 했지만, 단 1달러라도 번다면 그것만으로도 성공이라고 생각했죠. 그런데 기업들은 제 홈페이지에서 뭔가 독특함을 발견한 것 같아요. 단순하지만 구미가 당기는, 무수한 광고들로 가득 차 있지만 결코 스팸처럼 느껴지지 않는 디자인이 성공 비결이었습니다. 이 아이디어를 생각해내기까지는 단 20분밖에 안 걸렸고요. 이 사이트에 대해 말하는 사람이 늘어날수록, 돈은 계속 제 손에 들어왔습니다. 그리고 제가 돈을 벌면 벌수록, 이 사이트에 대해 말하는 사람이 획기적으로 늘어났고요. 바로 '무한지속 아이디어(self-perpetuating idea)'였던 것이죠."

좋은 아이디어는 화제를 낳고, 화제는 돈을 부른다. 그 돈은 또 새로운 화제를 낳는다. 이게 바로 무한지속 아이디어의 본질이다. 그의 홈페이지를 본따 만들어진 수천 개에 달하는 유사 사이트들에 대해 그는 일갈한다. "제가 처음 아이디어를 냈기 때문에 사람들의 관심은

오로지 저와 제가 만든 사이트에만 쏠리게 되어 있습니다. 그들에게
도 행운이 있기를 바라지만, 글쎄요, 과연 그렇게 될까요?"

상상의 세계는 알면 알수록 흥미진진하다. 새로운 것, 놀라운 것,
재밌는 것, 진귀한 것, 인생을 바꾸는 것… 이들 모두가 상상력이 만
들어낸 성과물이다. 당신도 상상의 세계에 빨리 뛰어들어라. 그리고
상상력의 천적인 '되겠어?' '내가 무슨…' 등과 같은 냉소는 쓰레기통
에 던져버려라. 그 대신 '왜 안 돼?' '내가 하니까 되는 거야' 등의 확신
모드로 마음을 채워라. 하루라도 빨리 인생을 바꾸고 싶다면 말이다.

그리고 또 한 가지. 마음껏 생각하되 결정적인 순간에 이르면, 그
생각(상상, 창의, 구상 등 그 무엇이라도 좋다)이 옳다고 판단되면, 즉시 실천
에 옮겨야 한다. "숙고할 시간을 가져라. 하지만 행동할 때가 오면 생
각을 멈추고 뛰어들어라." 나폴레옹은 이 메시지를 평생의 실천으로
옮겼다. 그의 업적은 바로 '생각을 멈추고 뛰어드는 힘과 용기'에서 비
롯된 것이다.

냉소를 버리는 데 성공하면 우리는 행동과 실천에 대해 더 깊이 생
각할 기회를 자연스럽게 얻게 된다. 손대는 일마다 성공을 거두는 인
생은 없다. 그리고 손을 대지 않고도 성공을 거두는 인생 또한 없다.
노벨 문학상을 받은 작가 로맹 롤랑은 말한다. "행동을 하다 보면 종
종 실수를 한다. 아무것도 하지 않으면 항상 실수를 한다."

우리가 늘 실패하는 이유는 간단하다.

아무것도 하지 않기 때문이다.

좌우명처럼 가슴에 담은 시가 있다. 독일 시인 에리히 케스트너가 지은 '틀림없는 교훈'이란 제목의 시로 아주 짧으면서(단 한 줄) 명확한 메시지로 시공간을 초월해 우리에게 정말로 '틀림없는 교훈'을 주고 있다.

틀림없는 교훈   – 에리히 케스트너

해보는 수밖에 길은 없다.

레일 밖에도
인생은 있다

'인생.'

이 단어를 들었을 때 당신은 누가 가장 먼저 떠오르는가? 당신 자신인가, 아니면 다른 그 누구인가? 지금 중요한 것은 오직 당신의 인생이다. 당신이 서 있는 곳은 당신의 인생이라는 무대이고, 그 무대의 주인공은 바로 당신이기 때문이다. 주변의 모든 사람은 당신이라는 주인공을 돋보이게 만드는 조연들에 지나지 않는다. 이 같은 생각을 강건하게 유지할 때 당신은 이른바 '자기주도적인 삶'을 살 수 있게 된다.

그럼에도 우리는 늘 주변의 인생을 기웃거린다. 잘되는 인생을 만나면 부럽고 때론 배가 아프다. 그들이 서 있는 곳과 우리 자신이 서 있는 곳을 늘 비교하면서 열등감에 빠지곤 한다. 프랑스 작가 라 로슈푸코는 이렇게 말했다. "자기 안에서 남들보다 뛰어난 뭔가를 찾을 수 있다고 믿는 자는 크게 착각하고 있는 것이다. 하지만 남들을 뛰어넘을 수 없다고 믿는 자는 훨씬 더 큰 착각 속에 사는 것이다."

즉 남들보다 열등하다는 생각은 쓸데없는 감정소모일 뿐이다. 모든 인생은 저마다 길이 다르고 목적지가 다르다. 따라서 '지금 어디에 서 있는가?' 하는 좌표도 제각각인 것은 당연하다. 장기적인 안목에서 인생 계획을 수립할 때는 명확한 '좌표 인식'이 중요한 출발점이 된다. 다시 말해 내가 지금 어디에 서 있는지를 정확히 알아야 한다는 것이다.

지금껏 나는 수많은 기업과 제품들의 성공을 위해 1,000건 이상의 기획 프로젝트를 수행해왔다. 다루는 회사와 브랜드는 매번 달랐지만 그 모든 기획의 출발점은 같았다. 바로 '나는 지금 어디에 있는가?'에 대한 분석이다. 즉 '우리 제품은 현재 시장의 어떤 위치에 놓여 있는가?' '소비자의 마음속에 어떻게 자리 잡고 있는가?'에 대한 꼼꼼한 해석과 정의가 필수다. 이런 사전작업 없이는 아무런 결과를 기대할 수 없다. 내가 어디에 있는지도 모르면서 어떻게 어디를 향해서 갈 수 있다는 말인가! 망망대해에 떠 있는 배가 자신이 어디에 있는지도 모른 채 아무리 열심히 노를 저어간들 말짱 헛일이 되고 마는 것과 같은 이치다.

내가 지금 태평양 어디쯤에 떠 있는지, 바람은 어디서 어디로 불고 있는지, 또 조류는 어떻게 흐르고 있는지, 엔진 상태는 어떤지, 연료는 얼마나 있는지, 연료가 없다면 노는 있는지, 있다면 몇 개나 있는지, 식량은 얼마나 있는지 등등 내 위치와 상황에 대해 정확하게 알고 있어야 한다.

그렇다면 '대한민국'이라는 바다 위에 떠 있는 배들의 이야기를 해보자.

직장인들 스스로 체감하고 있는 정년은 해가 바뀔수록 쭉쭉 떨어지고 있다. '오륙도, 사오정' 얘기가 나온 게 엊그제 같은데, 지금은 '삼팔선'이 대세다. 38세면 집에 가야 할 나이로 인식하고 있다는 뜻이다. 실제로도 수많은 38세들이 앞다퉈 자의 반 타의 반, 퇴직하고 있다.

그들은 하루하루가 괴롭다고 말한다. 심지어 지옥 같다는 표현도 서슴지 않는다. 한 언론사의 설문조사에 따르면, 대한민국 직장인들의 평균 행복지수는 겨우 65점에 불과했다. 예상은 했지만 충격적인 점수다. 낙제를 겨우 면한 점수 아닌가?

언젠가 강남역에서 지하철을 탄 적 있다. 퇴근시간 무렵이라 그런지 지하철은 초만원이었다. 그 와중에 나는 많은 사람들의 표정을 찬찬히 읽어보았다. 그들의 표정에서 나는 65점짜리 행복지수를 그대로 읽을 수 있었다. 목표도 희망도 비전도 없어 보이는 창백한 얼굴.

그저 스마트폰에 의지한 채 시간을 때우는 무력한 모습.

그날 그 지하철 풍경을 뒤로 한 채 사람 숲을 헤쳐 나오면서 나는 끝을 알 수 없는 깊은 생각의 미로 속으로 빠져들었다. 몇 개월의 시간이 흐른 후 시시히 생각의 큰 줄기가 생겨나기 시작했다. 마침내 그 생각들이 정리되면서 하나의 키워드가 머릿속에 떠올랐다.

'두 번째 인생.'

그랬다. 지금껏 모든 사람은 한 번뿐인 인생을 살았다. 하지만 세상이 급변하는 시대에는 최소한 두 번의 인생을 살아야 한다. 이는 피치 못한 선택일 수도 있고, 경우에 따라서는 매우 계획적이고 전략적인 선택일 수도 있다. 등 떠밀리듯이, 추락하듯이 두 번째 인생을 사는 사람도 다수 생길 것이며, 반대로 치밀한 계획 하에 자신이 목표로 하는 새로운 인생으로 점프하는 이들도 다수 생겨날 것이란 얘기다.

내가 이 책을 집필하고자 한 가장 큰 이유가 바로 후자의 인생 때문이었다. 어차피 시대의 흐름상 무수히 쏟아져 나올 두 번째 인생들의 수준을 높여주고 싶은 욕심이 생겨난 것이다.

즉 질적으로 보다 나은 두 번째 인생. 내 목표에 부합되는 두 번째 인생. 휘둘리지 않고, 내 뜻대로 사는 두 번째 인생.

사회 시스템도 해결하지 못하는 일을 일개인이 할 수 있을까? 나는 가능하다고 확신한다. 단, 철저한 마인드 세팅과 무쇠같이 단단한 의지, 그리고 절대 물러서지 않는 추진력만 있다면 말이다. 사회가 도와주지 않아도 당신은 할 수 있다.

나 역시 내 힘으로 첫 번째 인생과는 다른 두 번째 인생을 만들어 냈다.

설명의 편의를 위해 내 이야기를 잠시 소개해본다.

나는 대학에서 학생을 가르치는 교수다. 나는 하루도 빠짐없이 꾸준히 글을 쓰고 1년에 한두 권의 책을 펴내는 작가다. 아울러 기업들을 상대로 교육하는 강연가이기도 하며, 매월 수백 명에게 동영상 강의를 하는 온라인 강사이기도 하다.

주변사람들은 묻는다. 어떻게 이 4가지 일을 동시에 벌여나갈 수 있느냐고. 그러면 나는 이렇게 대답한다. "모두 내가 간절히 원한 일이었기 때문에 가능하다."

그러면 다시 약간은 냉소적인 질문을 받는다. "간절히 원하기만 하면 다 이루어진다? 그게 아니라면 당신만의 특별한 비결이라도 있는가?"

이 질문에 대한 나의 답은 이렇다. "물론 원하는 목록을 죽 적어놓고 간절히 소원한다고 해서 그것이 마술처럼 다 이뤄지지는 않는다. 중요한 것은 그중 하나에 집중해 첫 번째 성취 경험을 맛보는 것이다. 그것이 시작이고, 시작만 하면 자연스럽게 다음 단계의 성취를 위한 에너지가 생성된다."

그렇다, 누구나 할 수 있다. 하지만 한 번에 모든 것이 이뤄지지는 않는다. 작은 성공, 작은 성취부터 시작하는 게 중요하다.

그 다음에는?

내 뜻대로 인생을 만들어갈 수 있다는 자신감이 생긴다. 이것이 곧 성취 경험이 주는 깅력한 힘이다. 이때부터는 이런 민음이 나를 이끌어간다. '내가 원하는 일은 무엇이든지 실현 가능하다!'

그렇다. 내 모든 일은 내가 간절히 원했던 일이고, 작은 성취를 통해 내 안에 있는 신념과 의지의 힘을 전폭적으로 믿게 되었다. 그후에는 정말로 거짓말처럼 '내가 원하는 일은 무엇이든지 실현 가능해졌다!'

내가 지금 하고 있는 일은 늘 머릿속으로 그려왔고 가슴에 품어왔던 나의 꿈, 나의 미래였다. 그 꿈과 미래가 바로 내 오늘의 삶이다.

그래서일까? 내가 하는 것은 분명 누구나 하고 있는 일종의 노동임에 틀림없지만(시간과 노력을 들여 일을 하고 있고, 그 일의 대가로 보수를 받고 있으니 당연한 말이다) 나의 노동행위들은 내게 구속을 주기보다는 자유라는 짜릿한 기쁨을 안겨주고 있다.

시간적으로, 정신적으로 압박감이 전혀 없는 것은 아니다. 하지만 그것은 곧 내 체내에서 '나를 한 단계 업그레이드 시켜주는 재밌고 유쾌한 스트레스'로 자동 변환된다. 불쑥 끼어드는 압박감이 전혀 다른 감정인 희열감으로 바뀌는 데 그리 오랜 시간이 걸리지 않는다.

나는 바로 이것이 진짜 내 인생이라고 생각한다. 남들에게 휘둘리지 않고 내 뜻대로 살아가는 인생, 그 인생을 나는 지금 살고 있다. 내가 꿈꾸고 바라오던 진정한 의미의 '창조적인 나의 삶'을 살고 있는 것이다.

인생에서, 가짜 인생과 진짜 인생의 구분이 가능할까? 아마도 청년 시절의 나는 '아니오'라고 답했겠지만, 중년의 나이에 접어든 오늘, 내 대답은 '물론 그렇다'이다. 그래서 자신 있게 지금 나의 삶을 '진짜 인생'이라고 부를 수 있는 것이다.

진짜 인생은 진정 '나다운 삶'이다. 내가 추구하는 가치를 위해 일하고, 그 가치로 인해 보상받으며, 그러한 삶을 영위한다는 자체가 내가 느낄 수 있는 최고치의 환희인 삶. 나의 하루를 소중히 여기고, 외부의 자극으로부터 나의 신념을 지키며, 또 아름답게 가꾸며 마음껏 즐기고 향유하는 삶. 이것이 진정한 '진짜 인생'이 아닐까?

이제 나는 그 누구의 삶도 탐내지 않는다. 다만 배울 점이 있다면 기꺼이 고개를 숙이고 배울 뿐이다.

꿈에서나 가능한 일이라고 미리 포기하지 않기를 바란다. 나 역시 포기의 문턱까지 갔었다. 하지만 비록 아무리 희박한 가능성이라도 '어쨌든 가능한 건 가능한 것 아닌가'라는 작은 믿음을 가지고 꿋꿋하게 도전했다.

그 덕분에 나는 내가 바라던 자유로운 삶을 살고 있다. 그렇다고 해서 고급차를 타고 골프나 치러 다니는 그런 세속적인 자유를 누리는 것은 아니다. 구속받지 않고 내 일을 할 수 있는 자유, 이것이야말로 내가 꿈꾸던 삶이다.

깊은 한숨과 좌절 속에서 세월을 보낸 적이 내게도 있다. 그저 평범한 월급쟁이 시절, 주어진 업무는 직성에 맞지 않았고 성과는 기대만큼 오르지 않았다. 회사에서는 '약하다(키워주기에는 여러 모로 부족하다는 의미였던 듯)'는 표현을 써가며 공공연히 나의 사기와 의욕을 꺾었다. 아무리 열심히 한다고 해도, 윗사람이 자신의 스타일이나 취향에 맞지 않는다는 이유로 인정해주지 않으면 나는 아무것도 아닌 존재였다. 이를 악물고 나를 일으켜 세워야 했다. 여러 가지 어려움을 극복하고 드디어 실력으로 인정받은 때가 있기도 했다. 하지만 그때는 나를 키워줄 회사가 조금씩 조금씩 무너지고 있었다. 매출이 뚝 떨어지고 유능한 인재들은 하나 둘 회사를 떠나버렸다.

그때 내 머릿속을 가득 채웠던 생각은 이랬다. '분명 내 인생인데, 왜 나는 나 아닌 사람들의 손에 이렇게 휘둘리며 살고 있는가. 결국 내 의지대로 살아갈 수는 없는 것인가. 대체 언제까지 남들에게 휘둘리는 삶을 살아가야 하는가!'

온통 부정적이고 희망이라곤 조금도 비치지 않는 어둠 속으로 나를 계속 밀어 넣고만 있었다. 당신도 이런 생각이나 느낌을 느껴본 적이 있지 않은가?

바닥으로 팽개쳐진 것 같은 낭패감, 중요한 무언가를 잃어버린 듯한 상실감, 걷기조차 힘든 설명할 수 없는 무력감, 누구인지 모를 대상에 대한 막연한 증오심… 이 모든 것들이 그 시절 내 감정의 주성분이었다.

그러던 어느 날 내 머릿속에 단어 하나가 굴러 들어왔다. 그것은 마치 이물질처럼 신경에 거슬렸다. 기존의 감정물질들과 상충되어 마찰을 일으키고 있었다.

그 단어는 바로 '주도적인 삶'이었다.

나는 속으로 수십, 수백 번을 되뇌어보았다. '주도적인 삶? 주도적인 삶이라… 주도적인 삶을 살라. 주도적인 삶을 살라. 주도적인 삶, 나도 그런 삶을 살 수 있을까…'

그후부터 내 마음에 작은 불씨 하나가 생겨난 것 같다. 결론부터 말하자면 그 불씨는 결국 커다란 불꽃으로 활활 타올랐다. 나는 과감한 결단으로 회사에 사표를 냈다. 그리고 그동안 남들의 삶 속에서만 가능할 것이라 여겼던 일들을 벌여나가기 시작했다. 모두 기존의 내 삶과는 다른 것들이었다. 나는 두려움 속에서도 과감히 사업을 시작했고, 늦었지만 다시 공부를 시작했다. 능력에 부치지만 책을 쓰기 시작했고, 엄청난 심리적 압박감을 겪으면서도 강연을 다니기 시작했다.

모든 것이 생소하고, 두렵고, 어렵고, 힘들었다. 하지만 그것을 시도하는 것이 내 길이요, 내 삶이라고 믿었다. '주도적인 삶을 나도 살아보겠다'는 열망이 나를 강건하게 이끌어주었다.

그렇게 밧줄을 풀고 망망대해로 배를 띄웠다. '내 인생'이라는 이름이 붙은 배를. 외로움과 두려움이 엄습해올수록 내 삶에 대한 애착과 책임감이 커졌다. 앞길이 보이지 않고 어디로 가야 할지 모를수록 겸허한 마음으로 모든 것을 배우고 받아들여나갔다. 그러는 사이에 나는 내가 가야 할 곳, 즉 나만의 '진북(眞北)'을 찾아낼 수 있었다. 남들이 대충 손가락으로 가리키는 어설픈 북쪽이 결코 아닌, 나만의 명확한 진북을 향해 정진했다. 그즈음 나는 하루하루의 삶을 통해 평생 믿고 따를 값진 교훈을 얻을 수 있었다. '진북에 대안(代案) 따위란 존재하지 않는다'는 것을. 진북은 오직 하나이며, 나의 진북은 그 누구의 평가나 판단과 상관없이 그 자체로서 소중하고 의미가 있는 것이다. 생각이 여기에 미치자 나는 과거의 삶과 완전히 다른 '두 번째 삶'을 살고 있음을 뚜렷하게 자각할 수 있기에 이르렀다.

외형적으로 직업이 바뀌었고, 타이틀이 바뀌었고, 하는 일도 바뀌었다. 사는 곳도 바뀌었고, 하루 일과도 바뀌었다. 하지만 무엇보다 가장 중요한 변화는 내가 추구하는 '가치'에 있었다. 만일 내가 '가치'를 바꾸지 않았다면, 직업도 타이틀도 일도 그렇게 바뀌지 않았을 것이다. 설사 바뀌었다 하더라도 지금처럼 만족하지 못한 채 여전히 남들의 인생을 엿보거나 기웃대고 있었을 것이다.

익숙했던 첫 번째 인생과 결별하고 전혀 낯선 세계인 두 번째 인생으로 뛰어든다는 것은 무척이나 가슴 졸이고 두려운 일임에 틀림없다. 하지만 중요한 몇 가지의 깨달음, 그리고 명확한 가치관의 변화만 수반되어도 한 사람의 인생은 충분히 바뀔 수 있다. 그것도 그가 꿈꾸고 바라던 인생의 방향으로.

이 세상에는 자신의 한계, 환경의 제약을 극복하고 승리의 인생을 사는 사람이 너무도 많다. 그들이 주는 교훈은 예외 없이 투철한 마음가짐과 흐트러짐 없는 지속적 실천이었음을 우리는 알고 있다. 이미 당신에겐 분명 남에게 휘둘리지 않고 자신의 뜻대로 사는 '두 번째 인생'을 맞이할 자격이 충분하다. 능력도 분명히 있다.

두 번째 인생은 멀리 있지 않다. 몇 발자국만 떼면 닿을 수 있는 거리에 있을지도 모른다. 하지만 눈을 가리고 있는 자는 영원히 그곳을 볼 수 없다. 발을 내딛지 않는 자는 결코 그 땅을 밟아볼 수 없다.

눈을 떠라. 과감하게 첫발을 내딛어라. 그곳에 찬란한 당신의 두 번째 인생이 기다리고 있으니까 말이다.

지금껏 정해진 레일 위를 달려왔다면, 그래서 그 종착역이 너무 뻔하다면, 지금이라도 당장 그 레일 위에서 내려와야 한다. 진짜 인생은 어쩌면 레일 밖에 있을지 모른다. 정해진 레일 위를 달리기보다는, 돌아볼 때마다 아름다운 레일이 만들어지고 있는 삶을 살라.

더 멋지고 황홀한, 더 자유롭고 행복한 인생을 향해 새로운 레일을 놓아라. 5년 후 당신은 그 가슴 뛰는 역에 도착해 있을 것이다.

항구는 떠나는 사람을 위해
존재한다

항구는 안전하다. 바다의 한 지점에 떠 있는 배와 항구에 정박 중인 배를 비교하면, 당연히 항구에 닻을 내린 배가 안전하다. 하지만 배는 언젠가 떠나야 한다. 풍랑이 잦아들면 하시라도 바다로 나가 그물을 던지고 고기를 길어 올려야 한다. 인생도 이와 같다. 항구에 묶여 있는 배에게 수확을 기대할 수 없듯이, 현재의 생활에 안주하는 인생은 일정 수준 이상의 어떤 것도 기대할 수 없다. 기대할 수 없는 생각은 늘 공상이 되고 만다. 그래서 우리는 언젠가 반드시 항구를 떠나야 한다. 우리의 5년 전략은 출항의 나팔이 되어야 하지, 기항의 깃발이 되어선 안 된다.

헬렌 켈러는 다음과 같이 말했다. "안전은 환상일 뿐이다. 삶은 과감한 모험이거나 아무것도 아닌 둘 중 하나다. 안전이란 것은 자연계에 존재하지 않는다. 모든 인류의 후손들은 안전이란 것을 경험하지 못했다. 위험을 피하는 것은 위험에 노출된 것만큼이나 결과적으로 하등의 안전을 보장하지 않는다."

1987년 스무 살 때 나는 새로운 세상을 경험하게 된다. 중고등학교 시절의 답답한 통제 시스템을 완전히 벗어나 그야말로 자유로운 대학 생활을 시작한 것이다. 외부적인 상황이 녹록치는 않았지만, 나의 내적 에너지를 마음껏 펼칠 수 있었기에 나는 만족했다.

그로부터 10년이 지났다.

1997년 서른 살이 되던 해.

나는 또 다시 새로운 세상을 경험한다. 회사라는 안정된 울타리를 벗어나 내 이름을 걸고 사업을 시작한 것이다. 서른 살에 마침내 회사를 떠난 것이다.

내가 하고 싶은 일을, 내가 원하는 공간에서, 그 누구의 방해를 받지 않고 마음껏 하고 싶었다. 그게 내가 회사를 떠난 핵심적 이유다. 물론 다니던 회사에서도 어느 정도는 내가 하고 싶은 일을 원하는 공간에서 별다른 방해 없이 할 수 있었다. 하지만 나의 바람은 그 여건 이상의 그 어딘가를 지향하고 있었다. 열망이 현상보다 컸기 때문이다.

그런데 열망은 곧 예상치 못한 고단한 현실과 맞부딪히고 말았다. 내가 그토록 원하던 자유로움은 결코 쉽게 내 손에 쥐어지지 않았다.

1997년, 우리 모두가 기억하는 'IMF 외환위기'의 직격탄을 맞은 내 회사는 비틀거렸다. 우리 모두가 그러했듯이 나 또한 아슬아슬한 하루하루를 보내야 했다. 모든 기업과 사업체는 몸을 급격하게 사렸고 소비자들은 기다렸다는 듯 시갑을 닫아버렸다. 태이너서 처음으로 나는 내가 왜 이렇게 운이 없는지 탄식했다. 넘기 힘든 파도가 끊임없이 밀려들었다.

그럼에도 나는 내 서른 살의 결심과 결행을 결코 후회하지 않는다. 오히려 내 인생에서 가장 값진 한 해, 가장 찬란했던 한 해로 기억한다. 그때만큼 나를 발전시켰던 해도 없었다. '시련이 사람을 키운다'는 말을 부끄럽지 않게 할 수 있게, 그런 자격을 내게 부여해준 정녕 뜻깊은 해였다.

어느 인생을 막론하고, 저마다 분수령이 존재한다. 분수령이란 게 무엇인가? 저 높은 산꼭대기에 빗방울이 하나 떨어진다. 뾰족한 산 정상에 떨어진 그 빗방울은 동쪽으로 기울 수도 있고, 서쪽으로 기울 수도 있다. 동쪽으로 기울어진 물방울은 흘러 흘러 동해 바다로 간다. 서쪽으로 기운 물방울은 서해로 흘러간다. 이것이 분수령이다.

내 인생의 첫 분수령은 스무 살 무렵이었다. 그때 물방울이 떨어진 곳은 작은 동산이었다. 서른 살 때 물방울이 떨어진 곳은 저 높다란 산맥 꼭대기였다. 물방울이 어디에 떨어질 것인지는 중요하지 않다. 다만 분수령을 만났을 때 결단을 내리는 것이 중요하다. 동해도 좋고

서해도 좋은 인생은 없다. 동해가 좋다면 반드시 그 물방울을 동해로 흐르게 해야 한다. 나는 어떻게든 월급쟁이로서의 삶과 결별하고 싶었다. 그래서 분수령을 만났을 때 나는 모두가 흘러가는 길이 아니라 내가 원하는 곳으로 흘러가고 싶었다. 그래서 외로운 길을 선택해 걸었다.

만일 내가 그 분수령에서 나만의 길을 선택하지 않았다면, 즉 모두가 예상한 길을 선택했다면 지금 어떤 인생을 살고 있을까? 답은 간단하다. 지금 이 순간에도 나는 내가 살고 싶어 하는 인생을 찾기 위해 많은 노력을 기울이고 있을 것이다. 30대에 내 길을 선택하지 않았다면, 40대인 지금도 항구를 떠나기 위해 몸부림 치고 있었을 것이다. 이를 간단히 말하면 '10년'이라는 귀중한 시간을 허비했을 것이라는 뜻이다.

물론 남보다 10년 먼저 항구를 떠났기에 더 모진 비바람과 풍랑을 만났을지도 모른다. 하지만 그 시련과 역경은 나를 남보다 10년 빨리 늠름한 선원으로 만들어주었다. 구릿빛 탄탄한 어깨와 풍부한 경험을 갖춘 뱃사람으로 만들어주었다. '항구는 떠나는 사람을 위해 존재한다'는 신념이 나를 또래보다 훨씬 강한 사람으로 만들어주었다. 내가 만일 그때 항구를 떠나지 않았다면, 오늘의 나는 여전히 고요한 항구에 은신한 채 몸과 마음이 모두 묶여 있었을 것이다. 출항의 나팔을 불 엄두도 내지 못했을 것이다. 성공과 실패에 관한 오직 나만의 나침

반을 갖지 못한 채 그저 다른 사람들의 항해나 먼발치에서 물끄러미 바라보고 있었을 것이다.

살다 보면 누구나 지상명령을 받는다. '서른 살에 회사를 떠나라'는 지상명령을 내린 나를 나는 진심으로 존중했다. 그런 명령을 내릴 만한 자격이 내게 충분히 있다고 나는 확신했다. 그리고 그 명령에 나는 순순히 따랐다. 그 명령을 성실히 수행할 능력이 내게 있음을 나는 의심치 않았다.

스물아홉 살의 나와 서른 살의 나는 그렇게 멋진 의기투합을 해낸 것이다. 비록 멋진 축포나 환호는 없었지만, 격려의 박수조차 없었지만, 서른 살의 새로운 출발은 내 인생의 멋진 터닝 포인트가 되어주었다.

그 출발은 적어도 밥을 위한 것은 아니었다. 그보다는 꿈을 향한 힘찬 출발이었다. 누구에게나 꿈은 있다. 또한 그 꿈의 성취가 반드시 월급쟁이의 반대편에 있지만은 않다. 어디까지나 '나에겐' 그랬다는 것이다.

보통사람들은 이분법적으로 생각한다. '회사를 다닐 것인가, 회사를 때려치울 것인가?'

이 같은 흑백논리는 매우 위험하다. 직장생활을 지속하면서도 자기 인생의 가치 있는 일을 선택해 남다른 성취감과 희열, 자아실현을 맛보는 사람들도 얼마든지 있다. 직장생활 틈틈이 독특한 아이디어로 쇼핑몰을 창업해 대박을 터뜨린 사례도 많고, 바쁜 시간 속에서도 전 세계 곳곳을 다니며 봉사활동을 하는 사람들도 많다. 중요한 것은 물방울을 어디로 흐르게 할지를 선택하는 것이다.

언젠가 30대 후반의 비즈니스맨과 대화를 나눈 적 있다. 그는 자신의 삶에 대해 고해성사를 하듯 털어놓았다. "월급은 뻔한데, 집을 살 때 받은 대출금도 갚아야 하고 아이들 학원비도 내야 하고 보험금도 내야 하고… 정말이지, 허리가 휠 지경입니다. 대체 내 인생은 어디에서 찾아야 할지 모르겠어요."

나는 그에게 대답했다. "대출금이 너무 부담스러우면 집을 팔고 다시 전세를 알아볼 수도 있잖아요? 학원비는 아이들과 잘 대화를 해서 어떻게든 줄일 수도 있겠고요. 보험 같은 재테크 플랜도 다시 한 번 손봐야겠다는 생각은 안 해보셨나요? 경제적 부담 때문에 자기 인생의 의미를 찾기 어렵다면, 그 경제적 부담을 먼저 해결해야죠."

그러자 그는 쓸쓸하게 웃었다. "그게 어디, 제 마음대로 되는 일인가요…"

나는 다시 그의 어깨를 가볍게 토닥였다. "당신 인생의 선택권은 당신에게 있어요. 인생의 불행은 선택을 하지 않기 때문에 생겨나죠. 지금이라도 당신 인생의 선택권을 찾아 행사하도록 하세요."

그렇다, 인생의 선택권은 자기 자신에게 있다. 그 선택권을 포기하면 인생에는 어떤 답도 존재하지 않는다. 그저 흘러가는 대로 살 수밖에 없다. 다른 사람들이 모두 집을 사니까 사야 하고, 다른 사람들이 모두 자녀를 학원에 보내니까 학원에 보내야 하고, 다른 사람들이 모두 보험을 드니까 보험에 들어야 한다는 법이 어디에 있는가? 가족들이 반대하기 때문에? 천만에다. 이처럼 타인의 선택을 자신의 숙명으로 받아들이는 사람들은 누구와도 그 문제에 대해 깊이 얘기해보지 않는다. 제아무리 열띤 토론을 해도 답이 없을 것이라는 생각이 너무나 강하게 박혀 있기 때문이다.

회사를 떠날 것인지 말 것인지는 중요한 문제가 아니다. 진실로 중요한 건 '항구를 떠나야 한다'는 것이다. 고요하기 때문에 안선해 보이는, 하지만 사실은 위험천만한 항구를 떠나지 않으면 우리는 영원히 늪에서 한 발자국도 벗어나지 못한다. 늪은 천천히 당신의 삶을 수렁으로 밀어 넣는다. 어느 날 문득 당신은 그 사실을 알아차리지만 수렁을 벗어나기엔 너무 늦었다고 생각한다. 그래서 몸부림치기보다는 좀 더 천천히 수렁에 잠길 생각을 한다. 인생이 완전히 수렁에 잠길 때까지 그 생각만으로 살아간다. 다른 사람들도 다 그렇게 살고 있다는 어이없는 위안에 몸과 마음을 맡기면서 말이다.

들판을 뛰어다니는 여우에게 어느 날 한 사람이 다가와 가죽신발 한 켤레를 선물로 주었다. 그간 맨발로 다녔던 여우는 가죽신발을 신어보니 참으로 포근하고 편했다. 여우는 선물한 사람에게 연신 감사의 뜻을 표하며 가죽신발을 신고 다녔다. 그러던 어느 날, 가죽신발이 다 닳아 여우는 더 이상 그것을 신을 수가 없었다. 여우는 선물한 사람을 찾아가 신발 한 켤레를 더 얻을 수 없을지 물었다. 그러자 그는 빙그레 웃으며 말했다. "신발을 더 달라고? 좋아. 그럼 돈을 내도록 해." 가죽신발 없이는 살 수 없게 된 여우는 전 재산을 들여 계속해서 가죽신발을 살 수밖에 없게 된다.

당신의 인생과 이 여우의 인생이 어떻게 다른가?

계속 항구에 정박해 있으려면 반드시 대가를 치러야 한다. 그리고 비바람과 폭풍을 피하고 싶은 사람이 많아질수록 그 대가는 점점 더 비싸진다. 결국 그 항구에서조차 쫓겨나는 신세가 되고 만다. 떠나는 것과 쫓겨나는 것, 그 차이가 바로 성공하는 인생과 실패하는 인생의 차이다.

성공적인 5년 전략을 원한다면 지금 당장 항구를 떠나라. 가죽신발을 벗어던져라. 발바닥에 피가 맺히고 폭풍우 속에서 길을 잃을 각오를 하라. 그런 각오가 없다면 당신의 5년 전략은 그저 당신의 현재 삶의 '5년 연장'이 되고 말 뿐이다.

'항구를 떠나겠다'고 결단했다면, 당신은 스스로에게 다음 7가지 질문을 던져야 한다.

1. 내가 지금 머무르고 있는 항구는 어디에 있는가?

2. 이 항구는 나에게 어떤 이점이 있고, 어떤 문제점이 있는가?

3. 이 항구에서 나는 인생을 마감할 것인가, 아니면 떠날 것인가?

4. 떠날 거라면, 그날은 언제인가?

5. 항구를 떠나 어디로 갈 것인가?

6. 떠나기 전까지 나는 이 항구에서 어떤 준비를 해야 하는가?

7. 기왕 떠날 항구라면, 이 항구를 최대한 활용해야 한다. 그 방안은 무엇인가?

당신이 지금 머무르고 있는 항구는 직장, 학교, 도시, 나라 등과 같이 눈에 보이는 것일 수도 있고 습관, 태도, 사고방식, 행동양식 등 눈에 보이지 않는 것일 수도 있다. 삶의 모습이 다르듯이 누구에게나 각자의 항구가 있다.

어떤 이는 이 7가지 질문과 대답을 통해 이런 다짐을 할 수도 있다. '그래, 나는 내게 맞지도 않는 업무를 너무 오래 해왔어. 이쯤에서 직장생활을 접어야겠어. 하지만 갑작스럽게 그만두는 것도 문제야. 그렇다면, 지금 직장에서 최대한 배울 수 있는 것을 배워둬야겠어. 어차피 해외무역 사업을 할 계획을 갖고 있었으니까, 내게 가장 부족하다고 생각되는 영업능력을 좀 키워야겠어. 3년 예정을 하고, 영업부서로 옮겨서 세일즈 능력을 키워보는 거야.'

또는 이런 다짐도 가능하다. '나는 지금 매너리즘에 빠져 있어. 내가 살고 있는 지금의 상황이 그렇게 나쁜 조건은 아닌데, 특별한 의지나 꿈도 없이 하루하루 때우듯이 살고 있는 모양새야. 자, 이제 이 끝도 없이 빠져드는 심연으로부터 탈출하는 거야. 그래, 나는 지금 가장 첨단 직종에서 일하고 있잖아. 역시 첨단 정보나 자료도 쉽게 접할 수 있고, 뛰어난 인재들도 많고, 무엇보다 향후 10년은 한국의 미래를 이끌어갈 분야이잖아. 내게는 그런 자부심과 책임의식이 필요해. 그래, 결심했어! 나는 이제 그냥 월급에 목매달고 사는 샐러리맨에서 탈출할 거야. 이 분야의 전문가로서 새롭게 나를 세상에 내보일 거야. 그렇게 나를 가꿔나가는 거야. 좋았어! 친목용이 아니라 전문가다운 블로그를 오늘부터 만들 거야. 그러다가 점차 이 분야 전문가로서 매거진에 칼럼도 쓰고 강의도 다니고 책도 쓸 거야. 5년 후 나는 지금의 나와 전혀 다른 인생을 살게 될 거야!'

이 세상에서 가장 성공한 여성 중 하나인 오프라 윈프리. 그러나 그녀의 과거는 지금의 화려함과는 너무도 거리가 멀었다. 부모로부터 버림받은 채 태어난 그녀는 성폭행, 자살시도 등으로 지옥 같은 청소년기를 보내야만 했다. 폭식과 비만으로 어두운 청년기를 맞이한 그녀. 하지만 그녀는 어느 날 온통 어둠뿐인 자신의 생각을 바꾸기로 결심한다. '그래, 나는 하찮은 사람이야. 그렇지만 나 같은 사람도 최소한 꿈을 꿀 자격 하나는 있는 거 아니겠어? 나도 저기 저 TV 속 아나

운서처럼 되고 싶어.'

그 생각은 마침내 그녀의 인생을 180도 바꿔놓는 계기가 되었다. 오프라 윈프리는 훗날 자신의 과거를 회상하며 이렇게 말했다. "우리가 무슨 생각을 하느냐가 바로 우리가 어떤 사람이 되는지를 결정한다."

인류의 현자 마하트마 간디 또한 이렇게 말했다. "인간은 오직 사고(思考)의 산물일 뿐이다. 인생은 생각하는 대로 되는 법이다. 당신의 믿음은 당신의 생각이 된다. 당신의 생각은 당신의 말이 되고, 당신의 말은 당신의 행동이 된다. 당신의 행동은 당신의 습관이 되고, 당신의 습관은 당신의 가치가 된다. 그리고 당신의 가치는 결국 당신의 운명이 된다."

항구를 떠날 것인가, 항구에서 쫓겨날 것인가? 가죽신발을 벗어 던질 것인가, 가죽신발에 평생을 바칠 것인가?

타인의 인생을 리스하지 마라. 인생에서 가장 값비싼 대가를 치르고 사야 할 것은 단 하나뿐이다. 그건 바로 '내 인생'이다.

열망하라, 열망하라,
열망하라

최근에 가족과 함께 해변의 리조트로 여행을 간 적 있다. 그런데 마침 그곳에는 의사들로 구성된 한 학회의 세미나가 열리고 있었다. 전국에서 모인 의사들로 리조트는 꽉 채워졌다. 꽤나 큰 규모의 세미나였다.

그래서였을까, 제약회사들의 홍보전, 로비전도 치열했다. 수십 개의 제약회사 및 의료기구 회사들이 서로 좋은 자리에 홍보 부스를 설치하기 위해 새벽부터 장사진을 이뤘다. 오전 10시경 드디어 세미나가 개최될 즈음 각 부스마다에는 회사에서 파견 나온 직원들이 의사들을 상대로 열심히 이런저런 설명을 하고 있었다. 목적이야 물론 한 가지다. '앞으로 우리 회사 약, 우리 회사 기구 좀 많이 써주십시오.'

주차장으로 향하던 나는 한 제약회사의 직원 둘이 나누던 대화를 우연히 듣게 되었다. 30대 중반으로 보이는 그들의 표정은 어두워보였다. 한 명이 먼저 입을 뗐다.

"야, 쟤네들하고 나하고 불과 몇 짐 차이 안 났거든. 그런데 쟤네는 의대 가서 편하게 살고 있고, 나는 의대 못 가서 이렇게 의사 시중이나 들고 있으니. 인생 참 꼬였다, 꼬였어."

"누가 아니래. 난 의대에 갈 수 있는 성적이었는데도 바보같이 안 갔잖아. 지방대든 어디든 의대를 갔어야 했는데, 이게 뭐냐. 억지로 살살 웃어가면서 의사들한테 아부나 하고. 쟤네는 놀러온 건데, 우리는 집 나와서 이게 무슨 개고생이냐."

"그래도 어쩌겠냐. 이게 내 인생인 걸."

"그래, 참아야지. 바보 같았지만 결국 내가 선택한 길인걸."

나는 그들의 대화를 듣고 나서 헨리 워즈워스 롱펠로우의 시를 떠올렸다.

과거를 애절하게 돌아보지 마라.

과거는 결코 다시 오지 않는다.

현재를 개선시켜라, 그것이 현명함이다.

현재는 온전히 너의 것이니,

다가올 미래를 나아가 맞이하라.

조금의 두려움도 없이.

우리는 어렸을 때부터 끈기와 인내심을 중요한 인생의 덕목이라고 배우며 자랐다. 건방지게도 나는 이 가르침에 돌을 던졌다. 한두 번이 아니다. 수십 번은 족히 넘는다.

단, 여기에서 하나의 엄격한 구분은 필요하다. 내가 돌을 던진 대상은 인내 중에서도 '강요된' 인내였다. 그럴듯한 구실로 나의 갈 길을 제어하고 나의 뜻을 꺾어버리는 '나답지 않은 선택을 강요하는' 인내였던 것이다. 내가 바라고 기대하는, 바람직한 나의 삶을 위해 내가 선택한 길이라면 당연히 모진 풍파에도 견디고 기꺼이 인내했다.

7년간 다니던 회사를 그만둘 때, 나는 '강요된' 인내에 돌을 던졌다. 사표를 쓸 즈음 회사는 많은 문제를 안고 있었다. 사업 초창기의 패기와 의욕은 찾아보기 힘들었다. 그동안 쌓아온 성과의 그늘에 웅크린 채 납작 엎드려 있었다. 꼭 필요한 인재들은 하나 둘 보따리를 싸고 있었다. 이런 상황이 나의 퇴사 의지에 일부 영향을 미친 건 사실이다. 하지만 결정적으로 나를 퇴사하게 만든 것은 내가 계획한 '나만의 새로운 인생에 대한 열망'이었다.

이렇게 나는 '잘나가는 회사에서 잘나가는 직원'으로 안주하기를 거부했다. 그것은 내게 강요된 인내였기 때문이다. 온갖 불확실한 것들로만 우글거리는 회사 밖의 세계에 대한 두려움, 그것이 잠시 나를 흔들었지만 내 결심은 그대로 실행에 옮겨졌다. 나는 '열망'했기 때문이다.

당신은 지금 무엇에 안주하고 있는가?

익숙한 일. 상사의 인정. 늘어가는 실적.

그것이 언제까지 당신을 지켜줄 것 같은가? 한 10년? 아니면 5년? 그도 아니면 1년?

사실을 말하자면, 당신을 보호해줄 장치는 그 어디에도 없다. 회사도 상사도 동료도 그 누구도 당신에 대해 책임져주지 않는다. 당신만이 당신 인생의 키를 쥐고 있다.

당신이 무엇을 열망하든 그것은 상관없다. 직장 내에서 임원이 되겠다는 열망도 좋고, 사업을 해서 갑부가 되겠다는 열망도 좋다. 세계 여행을 하는 작가가 되겠다는 열망도 훌륭하다. 하지만 그런 열망의 내용보다 중요한 것은 당신이 얼마나 강렬히 열망하고 있는가의 여부다. 즉 '열망지수'가 문제다. 편의상 1부터 100까지 있다면, 당신의 열망지수는 얼마인가? 10인가, 아니면 100인가?

전 직장 후배와 술 한잔을 나누던 중이었다.

"선배님, 제가 그동안 선배님에 대해 오해를 한 가지 하고 있었어요."

"무슨 오해?"

"저는 솔직히 선배님이 회사 안에서 출세에 목맨 사람인 줄 알았어요."

"하하, 왜 그랬을까. 난 보다시피 이렇게 한 칼에 때려치우고 허허벌판에 발가벗고 서 있는 중인데."

그랬다. 나는 회사 내에서 출세에 목맨 적이 없었다. 그렇기에 과감하게 회사를 떠날 수 있었다. 후회하지는 않았지만, 아무도 도와주는 이 없는 비바람 치는 모래사막 한가운데 발가벗고 서 있는 느낌은 지울 수 없었다. 때려치운 회사는 그에 비하면 호화 리조트와 다를 게 없었다.

"솔직히 저렇게까지 열심히 일할 필요가 있을까 생각했거든요. 출세에 목매지 않고서야 해낼 수 없는 그런 정도로…"

"하, 내가 그랬어? 난 잘 모르겠는데…"

"그랬어요. 선배님이 프로젝트 하나 진행할 때 옆에서 보면 꼭 미친 사람 같았어요."

"와우, 그렇게 인정해주니 고마운걸."

나는 잠시 상념에 잠겼다.

한 대형 프로젝트의 수주를 위한 프레젠테이션을 앞두고 회사 전체가 매달렸던 그때. 나는 기획자로서 전체를 지휘하는 역할을 맡았다. 클라이언트는 하나인데 준비해야 할 대상은 여럿. 즉 기업 PR, 제품1, 제품2 등 세 분야로 나눠 일이 진행되어야 했다. 그 세 분야 내에서 각각 TV 광고, 인쇄광고, 각종 프로모션과 이벤트 등을 준비해야 했다. 기획팀은 하나인데 상대해야 할 제작팀은 서너 개 팀이었다. 인원으로 치면, 30명이 넘었다. 나는 밀려오는 제작팀의 요구에 하루 모든 일과를 죄다 헌납해야 했다. 이 팀과 회의가 끝나면 저 팀과 회의, 또 회의, 회의… 내가 써야 할 기획서는 밤 10시 이후나 되어서야 겨우 손댈 수 있었다. 다음날도, 또 그 다음날도…

후배의 '미친 사람처럼'이란 말이 내 머릿속을 오랫동안 맴돌았다.

'맞아, 그때 미치긴 미쳤었어.'

문득 또 한 장면이 아련하게 떠올랐다.

그때도 대형 프레젠테이션 하나를 준비하는 중이었다. 매일 매일 쏟아지는 일이 한여름 소나기 같았다. 잠시도 피할 곳이 없었다. 그런데 어느 날인가부터 가슴이 아파왔다. 하지만 아픈 척을 할 수가 없었다. 그리고 일에 또 파묻혀 있으면 조금 나아지는 듯했다. 하루에도 두세 번씩, '아악' 소리가 날 정도로 통증이 왔다. 숨소리조차 제대로 낼 수 없었다.

'쉐엑, 쉐엑…'

그런데 숨소리가 정말 하루가 다르게 이상했다. 억지로 담배 탓을 했다.

'이놈의 담배 때문이야. 오늘부터 안 피우면 나아지겠지.'

스무 개비가 그대로 들어 있는 새 담뱃갑을 통째로 구겨 쓰레기통에 처넣었다. 통증에 대한 분풀이를 하듯이.

그리고 다들 기다리고 있는 회의실에 들어갔다.

내가 브리핑을 해야만 했다.

"이번 프레젠테이션에서 우리가 가장 신경 써야 할 부분에 대해서 말씀을… 으윽!"

스크린 앞이었다. 여러 명의 동료 직원이 보고 있었다.

나는 허리를 꺽은 채 푹 하고 나무토막 넘어지듯이 맥없이 쓰러지고 말았다.

평상시 들숨 날숨의 양이 10이라면 3 정도밖에 호흡할 수 없었다. 빨대를 물고 숨을 쉬는 느낌이었다.

통증도 점점 심해졌다. 도저히 일을 할 수 없는 지경.

잠시 안정을 취한 나는 겨우 정신을 차리고 회사 앞 병원에 갔다.

의사는 엑스레이 사진을 보자마자 청천벽력 같은 말을 했다.

"당장 입원하세요. 내일 수술해야 되니까."

"네? 수술이요?"

나는 내 몸보다 당장의 일이 걱정됐다.

"제가 지금 정말 중요한 일을 진행 중이라서요. 며칠만이라도 지난 다음에 하면 안 될까요?"

의사가 나를 한심하다는 듯이 쳐다봤다. 그리고 입을 뗐다.

"자, 여기 이 사진을 보세요. 정상적인 폐가 이만하다면, 지금 당신의 폐는 요만합니다. 만일 깊은 산 속에서 이렇게 됐다면, 곧바로 목숨을 잃을 수도 있었어요."

"헉."

항복. 나는 회사로 돌아와 모든 동료들에게 돌아가며 사정을 얘기하고 다시 병원으로 향했다. 곧바로 수술대에 올랐다. 마취 때문에 내 머릿속에서 프레젠테이션 스크린이 점점 희미해지다가 완전히 사라졌다.

회복실로 찾아온 동료들에게 나는 물었다.

"프레젠테이션 진행 잘 되고 있지?"

그때 나를 기가 막히다는 듯 바라보던 후배의 얼굴이 술잔 앞에서 나를 바라보는 후배의 얼굴과 겹쳐졌다.

"그래, 오해할 만하다. 출세에 목맨 놈이라고 손가락질 할 만했어."

그쯤 되자, 그 후배를 모질게 몰아붙였던 일도 떠올랐다. 내가 복사를 좀 해달라고 했다. 후배는 열심히 복사를 하고, 제본을 해왔다.

그런데 문제가 있었다. 클라이언트에게 제출될 보고서인데, 복사 상태가 안 좋았다(물론 내 기준에서. 그런데 후배의 기준에서 보면 아주 좋았던 모양이다).

"이거 다시 해와."

"왜요?"

"상태가 안 좋아."

"깨끗한데요?"

"자, 여기, 여기, 여기, 시커먼 게 번져 있잖아."

나는 손가락으로 이곳저곳을 가리키며 말했다.

"에이, 글씨는 다 보이잖아요. 다 읽을 수 있겠구먼."

중요한 업무상의 지적을 농담 식으로 받아들이는 후배를 향해 나는 벌컥 화를 냈다.

"야! 글씨만 읽히면 다야? 보기에 여백도 하얗고 깨끗해야지. 우리가 보는 것도 아니고, 클라이언트한테 가는 보고서인데. 그걸 말이라고 하는 거야!"

후배는 억울한 생각이 들었나보다.

"그럼 어떻게 해요… 복사기 상태가 그런 걸. 제가 어떻게 할 수 없는 일이잖아요."

나는 후배를 앞세워 복사기 앞으로 갔다.

"자, 내 앞에서 복사해봐."

그는 못마땅한 듯한 표정으로 복사를 했다.

"자, 이제 내가 하는 걸 잘 봐."

나는 복사기 뚜껑을 열고 윗면의 유리판 상태를 먼저 살폈다. 누군가 화이트(수정액)를 유리면에 묻혀놓은 듯했다. 그걸 또 누군가 닦아낸다고 닦아낸 게 오히려 더 넓게 문질러 놓은 상태였다.

"여기, 이렇게 지저분한 게 있잖아. 이걸 먼저 닦아내야지."

나는 오른손 와이셔츠 소매를 쭉 빼 잡아당겼다. 침을 묻힌 후, 번

져 있는 화이트를 박박 문질러 말끔히 닦아냈다. 그러고는 깨끗하게
복사된 종이를 꺼내 후배의 눈앞에 갖다 댔다.

"자, 복사는 이렇게 하는 거야."

후배는 얼굴이 붉게 달아올라 있었다.

솔직히 나는 회사에서 출세에 목맨 사람을 별로 좋아하지 않는다.
출세에 몸이 달은 사람은 대체로 일을 잘 못한다. 그 대신 처세에 능
수능란하다. 묵묵히 일을 잘하는 사람보다는 대중의 선동에 뛰어난
사람이 정치가가 되는 것과 같은 이치다. 그래서 나는 출세가 아니라
일에 목맨 사람을 좋아하고, 나 또한 그런 사람이 되려고 노력한다.
인생에서 가장 멋진 모습을 하나만 꼽으라면, 나는 셔츠 소매를 걷어
붙인 채 자기 일에 열중해 있는 사람의 모습을 꼽고 싶다. 복사 한 장
이라도 완벽하게 하는 사람을 좋아한다. 그런 사람은 회사가 아니라
자신을 위해 일한다. 자신을 위해 일함으로써 회사를 발전시키고, 자
신 또한 더 크게 성장한다.

월급쟁이를 때려치우고 싶다고 말하는 후배들에게 나는 이런 말을
한다.

"네가 월급쟁이를 때려치우려면, 그 어떤 월급쟁이보다도 너의 일
에 최선을 다해야 해. 그래야 월급쟁이를 벗어날 수 있는 기회가 생겨
나는 법이야."

그렇다. '나는 이깟 일보다 더 크고 멋진 일을 해야 어울리는 사람'이라며 눈앞의 일을 하찮게 여기는 사람한테는 그 누구도 기회의 끈을 던져주지 않는다. 월급쟁이를 그만두고, 새로운 길을 자신 있게 걸어가는 사람들은 틀림없이 월급쟁이 시절에도 자기에게 주어진 일만큼은 최선을 다해 수행한 사람임에 틀림없다. 그렇지 않고서는 다른 업종, 다른 분야, 다른 일에서도 성공하기가 힘들다.

뜨겁게 열망하라.

열망지수 100을 채워라.

그래야만 당신은 기회의 숲으로 진입할 수 있을 것이다.

심리학자 주디스 라이트는 자신의 오랜 연구를 통해 다음의 결론을 얻었다. "당신이 삶을 모험처럼 살고 하나의 결심을 온전히 받아들이기 위해 발전시켜야 할 핵심적인 기술 중 하나는 사건과 환경들 속에서 문제가 아니라 기회를 찾는 태도다. 발생하는 모든 일이 축복과 기회가 되어 배우고 성장할 수 있는 토대가 되며, 자신과 타인들과의 관계를 심화시키고, 능력을 확장시켜 더 많이 봉사하고, 타인으로부터 더 많은 은혜를 얻을 수 있게 된다."

그녀는 이어 열망의 가치에 대해서도 조언한다. "당신은 더 많은 열망의 버튼을 누를 가치가 있는 사람이다. 열망을 가꾸는 것은 이기적이거나 탐욕스런 행위가 결코 아니다. 당신이 열망을 따를 때, 당신은 타인들과 더 많이 나눠가질 수 있을 것이다. 최선의 것을 주고 최선의 것을 받는 사람이 가장 만족스런 삶을 산다. 그래서 당신은 다음과 같은 질문에 계속 대답해야 한다. 당신은 무엇을 원하는가? 당신이 열정적으로 매달릴 수 있는 일은 무엇인가? 당신에게 진정 중요한 삶의 요소는 무엇인가? 그런 다음 당신의 열망이 당신의 삶을 이끌어갈 수 있도록 하라."

미지근한 열망으로는 죽도 밥도 안 된다. 월급쟁이로도, 사업가로도, 프리 에이전트(free agent)로도, 그 어느 것으로도 성취할 수 없다. 성공할 수 없다. 열망이 없는 곳에는 축복도 없고 기회도 없다. 열망이 없이는 꿈, 비전, 목표가 손가락 사이로 모래가 빠져나가듯 허망하게 사라져갈 뿐이다.

세계적인 컨설턴트 존 맥스웰은 이렇게 말했다.

"역사를 통틀어 살펴봤을 때, 소위 성공한 사람들이란 뛰어난 능력의 소유자라기보다는 열망을 소유한 사람들이라는 사실을 발견할 수 있다."

왜 열망하지 않는가?

그럴 이유가 없다면 열망하라. 더 열망하라. 더, 더, 더 열망하라.

탈출구가 아니라
돌파구를 찾아라

'샌드위치'란 단어를 들으면, 먹음직스러운 빵이 떠오르기보다는 이쪽 저쪽 사이에 끼여 있는 처량한 신세가 떠오른다. 현대인들의 슬픈 자화상이다. 사회적으로 세대 간이 그렇고, 직장에서의 위치도 그렇다. 확실히 이편도 저편도 아닌 불명확한 정체성 속에 자신이 서 있는 느낌이 든다.

미국의 28대 대통령 우드로 윌슨은 이런 샌드위치맨들에게 일찍이 다음의 말을 남겼다. "당신은 단지 생활을 꾸려가기 위해 지상에 존재하는 것이 아니다. 당신은 세계 전체가 좀 더 큰 비전을 가지고 좀 더 훌륭한 희망과 성취의 정신을 갖고 살아가도록 돕기 위해 이곳에 존재하는 것이다. 당신은 세상을 풍성하게 만들기 위해 있다. 이 사명을 잊는다면 당신은 스스로를 비참하게 만들 뿐이다."

이쪽저쪽 눈치 볼 시간에 차라리 비전을 더 키우고 자신을 더 높이 세우는 데 힘을 쏟아야 할진대, 우리의 삶은 그렇지 못하다. 그냥 가운데 꽉 껴 있을 뿐이다.

1990년.

나는 대학을 졸업하기도 전에 한 광고회사에 입사했다. 또래보다 입사가 이른 편이었다. 어쨌든 스물네 살에 입사한 그 회사는 전 직원 20명 남짓했다. 외형 자체는 큰 규모가 아니었지만 내실로 보면 결코 작은 회사도 아니었다. 그 당시 대부분의 대기업들은 매출과 수익률 모두 좋았다. 그로 인해 광고업계도 호황기가 시작되었다. 그런 호기 속에서 특히 우리 회사는 놀라운 성장세를 보였다. 매년 광고업계의 내로라하는 광고인들이 모여들었다. 어느새 인원은 100명을 훌쩍 넘어섰다. 마침내 대한민국을 대표할 만한 10대 광고회사에 당당히 그 이름을 올리는 굴지의 종합광고 대행사로 성장했다. 8층짜리 사옥을 사들이기도 했다.

모든 것이 좋았던 때다. 모든 팀에서는 웃음소리가 끊이지 않았고, 일이 넘쳐나서 행복한 비명을 지르기 일쑤였다. 나 역시 거의 1년 365일 일 속에 푹 파묻혀 살았다.

일요일에도 특별한 일이 없는 한 나는 사무실에 나가 있었다. 물론 밀린 일도 했지만 나처럼 휴일을 반납하고 사무실로 나선 동료들과 이런저런 이야기꽃을 피우기도 했다. 넓은 사무실을 전세 낸 우리들은 정말 마음껏 일했고, 그 시간 자체를 충분히 즐겼다.

그 당시 그야말로 열혈청년이었던 나는 모든 에너지를 바쳐 광고 일에 미쳐 있었다. 일이 좋았고, 같이 일을 하는 사람들이 좋았다. 원래 집은 인천이었고, 회사는 서울 충무로였다. 인천에서 출퇴근을 할 수도 있었지만, 나는 회사가 좋아 회사 바로 앞에 전세방을 얻었다. 혼자서는 돈이 모자라 한 동료와 돈을 합쳐서 반 지하방에서 살았다. 회사까지 걸어서 5분, 뛰면 2분이면 출근 카드를 찍을 수 있었다. 늘 회사로 가는 발걸음이 즐거웠다. 동료들과 일하는 재미도 그 무엇에 비할 바가 없었으며, 일을 마친 후 충무로에서 마시는 소주 한잔은 정말 최고였다.

회사는 성장일로였고 젊은 직원들은 풍족한 월급으로 인생의 멋을 즐기기도 했다. 유행에 맞는 옷도 사 입고, 고급 레스토랑도 다녔다. 화려한 술집에도 자주 드나들었다. 하지만 역시 편한 곳은 파전집이었고, 입에 단 술은 소주였다.

경제상황은 여전히 좋아 보였다. 모든 게 잘 돌아갔다. 기업은 매출이 올랐고, 소비자들은 지갑을 열심히 열었다. 그 중간에 속한 광고회사들 역시 돈을 많이 벌었다. 물론 광고회사 직원들도 높은 연봉을 받았고, 누구나 부러워하는 일자리로 떠올랐다.

20대 중반이었던 내게 어려울 게 없었던 시절로 기억된다. 그 당시 같이 지내던 30대의 선배나 상사들도 큰 고민 없이 살았다. 일에 몰입할수록 회사는 나를 인정해주었고, 연말이 되면 이런저런 상도 안겨주었다. 어떤 해에는 부상으로 일본 연수의 기회까지 얻었다.

광고인으로서 일본은 무척 매력적인 나라였다. 연수 중에 가장 기억에 남는 것은 일본인들이 만든 하나의 광고 작품이었다.

일본 최대의 광고대행사인 덴쯔 사. 그곳의 실무 광고인들과 함께 세미나를 가졌을 때의 일이다.

한 기획자가 앞에 나와 이렇게 말했다.

"지금부터 보실 광고를 주목해주십시오. 이 광고는 지난해 ACC에서 영예의 대상을 수상한 작품입니다."

참고로 ACC란 '전 일본 광고대상'의 영문약자로, 1년에 한 번씩 일본에서 방영된 광고 중 가장 작품성과 대중성이 우수한 작품들을 선정해 상을 주는 대회다. 우리나라로 치면 '대한민국 광고대상' 쯤 된다.

그가 말을 마친 후, 곧바로 TV 광고가 스크린에 상영되었다.

30대의 회사원으로 보이는 주인공이 차갑고 딱딱한 느낌의 사무실에 무표정하게 앉아 있다. 그러다가 고개를 오른쪽으로 돌린다. 그러자 머리가 희끗한 40~50대 상사들의 모습이 보인다. 하나같이 어깨가 축 처져 있다. 얼굴엔 표정이 없다. 핏기도 없다. 한눈에도 의기소침함이 느껴진다. 우리의 주인공은 인상을 찌푸린다.

이번에는 왼쪽으로 고개를 돌린다. 새파란 청년들이 생기발랄한 모습으로 일을 하고 있다. 열띤 토론을 벌이기도 하고, 팔을 걷어붙인 채 열심히 서류를 정리하고 있다. 우리의 주인공, 이번에는 한숨을 내쉰다.

그리고 주인공은 하늘을 한번 본다. 그의 표정이 클로즈업된다. 일종의 상실감이랄까, 공허감이랄까 아무튼 뭔가 시원치 않은 뒷맛이 남는 그런 표정이다.

광고의 마지막 장면은 주인공이 캔커피를 단숨에 마시는 것으로 끝난다. 그리고 마지막 자막에는 이렇게 써 있다. '나는 BOSS를 마신다.'

여기서 BOSS는 캔커피의 브랜드 네임이다. 다름 아닌 캔커피 광고였던 것이다.

그야말로 피 끓는 20대였던 내 입장에서는 가슴에 확 와 닿는 내용은 사실 아니었다. 내가 머릿속에 그렸던 그런 대상감도 아니었다. 솔직히 고백하자면 '뭐, 이런 광고가 대상을 타. 광고주가 로비라도 한 거 아냐' 하는 생각이 스칠 정도였다.

하지만 나는 프레젠터로 나선 광고기획자의 배경 설명을 듣고 나서야 '아, 그렇군! 대상 탈 만하네!' 하고 뒤늦게 깨달을 수 있었다.

그는 다음과 같이 설명했다.

"이 광고는 예술적인 면에서는 점수를 줄 게 없습니다. 배경은 그저 흔해빠진 사무실이고, 등장인물도 매일 마주치는 사무원들뿐입니다. 감색 양복에 하얀 와이셔츠, 도수 높은 안경들. 카메라 워크요? 역시 별 다를 게 없죠. 음향은 두말 할 것도 없고요. 아예 아무 소리도 안 들어갔으니까요. 그런데 이 광고가 대체 어떤 이유로 대상을 받았을까요?"

순간, 세미나에 참석한 사람들 모두가 침을 꼴깍 삼켰다. 그 자리에는 나를 포함해 한국에서 함께 온 광고인들이 여럿 있었다. 그들 또한 궁금해서 못 견디겠다는 표정들이었다.

"말씀드리죠. 이 광고의 핵심 타깃은 바로 30대입니다. 실제로 이 광고가 나가자마자 일본의 수많은 30대들, 특히 30대 남성들이 '아, 이건 내 얘기야' 하며 빠른 반응을 보이기 시작했습니다. 그러다가 눈 깜짝할 사이에 일본 열도의 30대들이 뜨거운 공감을 보내왔습니다. 광고는 대대적인 성공을 거두었습니다. 캔커피 BOSS는 기대치를 몇 배 웃도는 폭발적인 매출 상승세를 보였습니다. 이 광고의 대성공에 힘입어 30대를 타깃으로 한 TV 다큐멘터리, 영화, 드라마 등이 현재 줄을 잇고 있습니다."

잠시 숨을 돌리며 물 한 모금을 마신 광고기획자는 계속 말을 이었다.

"지금 일본의 30대는 너나 할 것 없이 답답한 심정입니다. 30대들은 대부분 직장인입니다. 직장 내에서 바로 윗상사들을 보면 능력도 없이 눈치만 살피는 모습에서 연민의 정을 느끼며 착잡합니다. 그렇다고 자신 또한 별 뾰족한 수가 없으니 5년 후, 10년 후 자신도 저런 몰골로 살게 될 거라는 자괴감에 빠지죠. 그러다가 문득 밑을 바라보면, 능력 있고 활기찬 젊은 후배들이 눈에 들어옵니다. '곧 저 친구들이 나를 치고 올라오겠지. 선배라고 존중해주는 척하지만, 결국 나를 꺾으려 들 거야. 벌써부터 버릇없이 굴잖아. 요즘 애들이 다 그렇지 뭐' 하면서 왠지 모를 불안감에 휩싸이는 겁니다. 한 마디로 위 아래로 끼여 있는 느낌, 돌파구 없는 고민에 빠져 있는 겁니다."

그 당시의 기억이 새삼스럽게 지금까지 아주 선명하게 떠오르는 이유는 무엇일까?

아마도 이 광고가 지금 국내에서 그대로 방영된다면, 우리나라의 수많은 30대들 또한 전폭적으로 공감할지도 모른다. 하지만 1990년대 초반만 해도 30대에게서 직장 내에서의 위기의식은 거의 찾아보기 힘들었다. 더군다나 20대 중반이었던 나는 더욱 그랬다.

30대를 훌쩍 지나 중년이 된 현재, 나는 그 TV 광고가 정확하게 어떤 의미였는지, 그 주인공의 표정이 무엇을 말해주는지, 또 그 광고가 왜 그토록 일본의 30대들에게 큰 공감을 불러 일으켰는지 확실히 알 수 있게 되었다. 머리가 아니라 가슴으로 뜨겁게 느끼게 된 것이다.

하지만 누군가 내 심정을 알아주고 있다는 것, 그것은 일시적 위안을 줄지언정 자신의 인생을 도약시키는 데에는 큰 도움이 되지 않는다. 정말 중요한 사실 하나는 가운데 꽉 껴 있는 데서 나를 끌어낼 수 있는 사람은 오직 나 자신뿐이라는 것이다. 자신의 의지와 노력 여하에 따라 끝내 그 자리에 끼어서 숨도 제대로 못 쉬고 살아갈 수도 있고, 이 순간 당장이라도 박차고 뛰쳐나올 수도 있는 것이다.

헬렌 켈러는 이렇게 말했다. "세상에서 가장 불쌍한 인간은 볼 수 있으되 비전이 없는 사람이다."

많은 인물들이 '비전'의 중요성과 영향력에 대해 설파하고 있지만, 나는 그 누구의 말보다 헬렌 켈러의 '비전'을 신뢰하고 따른다. 그녀는 눈이 아닌 마음으로 비전을 그려냈으며 커다란 난관을 헤치고 그녀만의 비전을 달성했기 때문이다. 그녀가 살아낸 인생 자체가 교훈이다.

세계적인 강연가 마일즈 먼로는 저서 《비전의 힘》에 마음과 비전의 상관관계에 대하여 이런 의미심장한 말을 남겼다.

"비전은 삶의 근원이자 희망이다. 지금까지 인류에게 주어진 가장 위대한 선물은 시각이 아닌 비전이라는 선물이다. 시각은 눈의 기능인 반면 비전은 마음의 기능이다. 비전이란 아직 실현되지 않았지만, 이미 존재하듯 실현될 것을 앞서 보는 것이다."

그렇다. 설사 앞을 못 보는 시각장애를 가졌다 해도, 미래의 모습을 그려보는 데 있어서만큼은 그 무엇도 장벽이 될 수 없다. 장애물을 가볍게 뛰어넘으며, 미래를 내 앞으로 쭉 끌어다 놓는 것, 이것이 바로 비전이 하는 일이다.

그는 또 비전의 가공할 만한 능력에 대하여 이렇게 썼다.

"역사 속에서 성취된 고귀하고 주목할 만한 업적 중에 비전 없이 이루어진 것은 아무것도 없다. 지금까지 발명되고 계발된 위대한 공적이라고 칭하는 모든 것은 비전이라 부르는 이 신비로운 영감의 능력으로 이루어졌다. 역사는 독창적이며, 전통에 도전하는 비전의 힘을 증거로 삼아 채색된 한 폭의 그림이다. 사회, 경제, 건축, 의학, 과학, 그리고 정치적인 성취와 진보는 모두 비전의 능력으로 말미암아 잉태되고 출산되는 것이다."

우리는 매일 수없이 많은 비전과 꿈의 수많은 재료들을 의식적이든 무의식적이든 눈에 담으며 살아가고는 있지만 그것들을 자신의 비전으로 승화시키는 데는 무성의했거나 불성실하지 않았는지 돌아볼 일이다.

당신의 5년 전략은 탈출구를 찾는 전략이 되어선 안 된다. 돌파구를 찾는 전략이어야 한다. 탈출구에 매달리는 한 당신은 계속해서 샌드위치 신세를 면할 수 없다. 인생이 자꾸만 당신을 어딘가에 끼워 넣으려 할수록 더 강력한 돌파구, 즉 강력한 비전을 찾아나서야 한다. 앞이 보이지 않는 사람들에게 비전은 가장 위대한 등불이다.

혹시 이 순간, '비전이 내 인생에서 중요한지는 알겠다. 그런데, 나는 나만의 비전을 어떻게 찾을 수 있을까'라고 묻는 이가 있다면, 이런 조언을 해주고 싶다. 자기 자신에게 지속적으로 이렇게 묻는 거다.

"그 다음엔?"

"그 다음에는 또?" 하고 말이다.

대학생이라면 누구나 이런 희망을 갖고 있을 거다. 좋은 직장에 취직하는 것.

그 때 정색을 하고 진지하게 물어라. 자신의 내면 깊숙이 울릴 수 있게.

"그 다음엔?"

사업을 꿈꾸는 직장인이 있다면, 이렇게 스스로 물어라.

"그 다음엔? 사업을 해서 원하는 만큼 회사를 키웠어. 그 다음엔?"

꼭 어떤 행위나 상태를 묘사해야 하는 것은 아니다. 내가 추구하는 가치는 무엇인지, 추구하고자 하는 삶의 의미는 무엇인지에 대한 설명도 훌륭한 답이 될 수 있다.

이 '다음'에 대한 답변은 자기 이외에는 그 누구도 대신 해줄 수 없다. 오직 스스로 묻고 답해야 한다.

만일 '다음'에 대한 질문도 답도 없는 삶이라면 결국 '다음'을 기대할 수 없게 된다. 자신마저 피하고 싶은 삶이 되고 만다. 반면, '다음'에 대한 질문과 답이 명확한 삶은 찬란한 '다음'들로 아름답게 채색된 삶이 될 것이다.

5년 후의 악몽을
미리 꾸어라

미국의 작가 홀리 라일은 이렇게 말했다. "행동에는 결과가 따른다. 이것이 삶의 첫 번째 규칙이다. 두 번째 규칙은 이렇다. 자신의 행동에 책임이 있는 유일한 사람은 바로 자기 자신이다."

도전하지 않는 것, 새로운 시도를 하지 않는 것, 가만히 앉아 있는 것 또한 자신의 선택이고 자신의 행동이다. 우리는 종종 이런 착각을 한다. '특별하게 시도한 게 없으니 문제도 없고, 화도 없겠지. 그냥 물 흐르듯 흘러가겠지.' 하지만 우리의 이런 선택, 이런 태도는 반드시 특정한 결과를 불러온다. 우리의 바람과 상관없이.

다소 어려운 환경에서 어린 시절을 보낸 친구 J가 있다. 경제적으로도 그랬고, 소위 '복잡한 집안'의 가족사도 그러했다.

1960년대 후반에 태어나 1970년대를 거쳐 1980년대에 학창시절을 보낸 대부분의 내 친구들은 경제적으로 어려운 유년시절을 보냈다. 나라는 비약적인 경제성장을 이뤘다고 하지만, 발전이 더디기만 했던 인천의 한 부둣가 마을에까지 고성장의 혜택이 스며들지는 못했다.

친구 J의 집 역시 가난했다. 나의 어렴풋한 기억을 더듬어보면 그는 단칸방을 벗어난 적이 없었던 것 같다. 그의 책에는 철부지 코흘리개 동생들의 흔적이 여기 저기 묻어 있었다. 가로세로로 마구 찢긴 책, 그나마 성한 종이에도 낙서가 한 가득이었다.

J의 어머니는 중간에 두 번 정도 바뀐 것 같다. 그러다가 마지막에는 그 어머니마저 집을 떠나고 사라져버렸다. 강보에 쌓인 갓난아이만 남긴 채.

하지만 J는 슬퍼하지도 우울해하지도 않았다.

항상 친구들 앞에 나서 즐거움을 선사했다. '저 푸른 초원 위에…' 남진의 노래를 멋지게 불렀고, 분위기가 고조되면 배삼룡의 개다리춤을 추었다.

세월이 흘러 서른여덟 살의 어느 날, J와 내가 작은 술집에서 마주 앉았다.

그가 힘없이 술잔을 들었다. 그러고는 목울대를 한껏 뒤로 젖히며 술을 단숨에 털어넣었다.

"우리가 지금 몇 살이지?"

"서른여덟이잖아."

"서른여덟에 회사에서 잘려 갈 데가 없다니, 이게 말이 되냐?"

"…"

J는 험난한 시련을 꿋꿋이 견디며 누구보다 열심히 20대를 살았다. 기술도 배우고, 피 같은 돈을 모아 뒤늦게나마 대학에도 갔다. 그리고 한 기계제조 회사에서 오랫동안 일했다. 그런 그가 갑자기 강제해고를 당한 것이다. 젊음을 바친 대가는 너무나 가혹했다.

"나, 그동안 회사만 믿고 열심히 일한 죄밖에 없다. 정말… 회사가, 세상이 나한테 이래도 되는 거니?"

그는 울먹이고 있었다. 나는 그가 눈물 흘리는 걸 그때 처음 보았다. 넘어질 때마다 웃으며 툭툭 털고 다시 일어났던 그였다. 그런데 마흔을 코앞에 두고 쓰디쓴 눈물을 삼키는 모습을 보고 있노라니 내 눈에서도 분노의 불길이 일었다. 살려고 열심히 일한 것밖에 없는 사람을 죄인으로 만드는 세상의 멱살을 잡아 한껏 패대기라도 치고 싶은 심정이었다.

지금 이 시대의 화두는 누가 뭐래도 '일자리'다. 아직 창창한 나이에 있는 사람들이 완전한 타의에 의해 일을 하지 못하는 사회는 대체 우리에게 무엇을 의미한단 말인가?

철석같이 믿었던 회사가 어느 날 갑자기 이렇게 말한다. "그동안 수고하셨습니다. 이제부터 당신의 자리, 역할은 모두 없어졌습니다. 부디 건투를 빕니다."

실제로 우리의 동료, 선배, 후배들이 이런 말도 안 되는 통보를 받고 짐을 싸고 있다. 짐을 싸는 것까지는 좋다. 과연 짐 보따리를 들고 가야 할 다음 장소가 있느냐, 있다면 그게 어디냐가 문제다. 짐을 싸는 사람도 마찬가지다. 설마 산 입에 거미줄이야 치겠냐는 막연한 생각을 품는다. 하지만 현실은 어떤가?

국내 한 유명 채용정보회사 팀장의 말이다. "우선 38세가 넘으면 노인 취급 당합니다. 재취업시장에서 연령제한선이 2~3년 사이에 급격히 내려왔습니다. 이직을 고려하는 직장인이라면 아무리 늦어도 35세 이전에 승부를 걸어야 합니다. 그래야 본인이 원하는 직장을 다시 찾을 수 있습니다. 그렇지 않으면 이직에 성공하더라도 회사의 규모나 연봉 수준에서 상당한 불이익을 받게 될 겁니다. 그것만으로도 엄청난 스트레스 요인을 안고 시작하는 거죠."

실제로 현재의 재취업시장은 대리부터 과장, 차장급으로 거의 한정되어 있다. 나이로 치면, 30~37세까지가 핵심이다. 위 채용정보회사의 또 다른 팀장은 이렇게 말한다. "저의 경우를 보면, 성사시킨 재취업 건 중에 38세 이상이 차지하는 비율은 5~10% 수준밖에 되지 않습니다."

한 마디로 38세라는 나이는 채용시장에서 퇴물취급을 당하고 있다는 뜻이다. 대한민국 30대의 운명이 이렇게까지 바닥으로 떨어질 줄 그 누가 상상이나 했겠는가? 어쨌든 이것이 차디찬 현실이다. 현실을 이렇게 만든 사람을 색출해 책임을 묻는 건 아무런 의미도 없다. 신세한탄을 하고 있을 여유도 없다. 물론 현실은 바뀌어야 한다. 세상을 바꿔야 한다. 이를 위해서는 나를 먼저 바꿔야 한다. 사고와 체질을 바꿔야 한다. 그게 실리와 변화를 모두 획득할 수 있는 유일한 대안이다.

역사는 우리에게 다음의 교훈을 준다.

사회 시스템이 변하면 그에 따라 사람들의 사고방식이 바뀐다. 그리고 바뀐 사고방식을 통해 사회 시스템이 또 바뀐다. 이어서 다시 사고방식이 바뀌고, 시스템이 바뀌고…

끊임이 없다. 변화는 계속된다.

이 운명의 소용돌이 안에 당신과 내가 살아가고 있는 것이다.

두 가지 선택이 가능하다. 소용돌이에 몸을 그냥 맡길 것인가, 아니면 소용돌이를 이겨낼 것인가? 그 다음에 필요한 것은 소용돌이를 어떻게 이겨낼 것인가에 대한 진지한 고민이다.

37세의 모 설비회사 김 과장.

적잖은 무게감을 느끼게 되는 나이인데다 회사 내에서도 나름대로 중책을 맡고 있다고 자부하고 있다. 아이 둘 모두 유치원에 다니면서 누구나 한다는 미술, 피아노 등의 사교육도 시키고 있다. 단 한 푼도 헛되이 쓰지 않는 착실한 가장이었던 그는 어느 날 충격적인 통보를 받았다. 그가 맡고 있는 사업부문이 매각된다는 내용이었다.

그는 고백한다. "중학교 때 교회 수련회에 갔던 기억이 갑자기 떠오릅니다. 아니 정확히 얘기하면 수련회 가기 전에 답사를 갔을 때죠. 저와 제 친구 둘이 갔었는데, 잠깐 너위를 식힌다고 강물에 들어갔어요. 그런데 겉으로 보기엔 너무나도 잠잠해 보이던 강이었는데, 글쎄 가슴 깊이 정도 물속에 들어가자 엄청난 속도의 물살이 다리를 휘감는 거예요. 저와 친구 모두 그 물살을 지탱할 만한 힘이 없었죠. 말 그대로 물살이 저희를 삼켜버린 거죠. 운이 좋게도 저는 구사일생으로 겨우 헤엄쳐 나왔지만 친구는 좀처럼 찾을 수가 없었습니다. 그때 얼마나 황망했었는지, 하염없이 주저앉아 울지도 못하고 강물만 멍하니 바라보고 있었죠. 지금의 제 처지가 지금 그때와 다를 바 없어요. 물놀이를 갔다가 익사사고를 당하는 건 TV 뉴스에나 나오는 일인 줄 알았는데, 제가 그런 경우를 당한 거예요. 뉴스에서 해고자들이 눈물 흘리며 저항하는 걸 볼 때도 저와는 상관없는 일인 줄 알았죠. 그런데 그 당사자가 바로 저였어요. 급한 물살에 떠내려가고 있었는데도 그걸 까맣게 몰랐죠. 미리 알았더라면 어떻게든 살려고 몸부림이라도 쳤을 텐데, 이렇게 속절없이 당하고 말다니… 정말 제 자신이 이렇게 한심할 줄 몰랐습니다."

그는 다른 외국계 회사에 다니던 회사가 매각이 된 후 곧바로 자리를 물러나야 했다. 이유는 여러 가지였다. 그동안의 영업실적 부진도 문제였고, 임원진과의 의사소통이 안 된다는 점도 문제였다. 김 과장의 영어실력은 형편없었기 때문이다. 이런저런 눈치를 보다가 해고당하기 전에 명예퇴직을 선택할 수 있었던 게 그나마 다행이었다. 직장인이라면 누구랄 것 없이 '어떻게 소용돌이를 이겨낼 것인가?'라는 질문에 스스로 만족할 만한 대답을 구해놓아야 한다. 그렇지 않으면 김 과장과 마찬가지로 속수무책으로 당하고 만다.

그렇다면 여기서 다시 질문 하나를 던져보자.

'지금 다니고 있는 회사에서 별 일 없이 5년이 지난다면, 당신은 어떻게 되어 있을 것인가?'

다음의 대답들이 가능할 것이다.

① 5년 후면 부장급쯤 되어 있겠네요. 잘하면 이사까지도 가능하고요. 저는 이 회사에서 승부를 볼 겁니다. 승산도 어느 정도 있습니다.

② 이 회사에서 오래 있기는 힘듭니다. 아마 조금 작은 규모의 회사로 전직을 고려하고 있겠죠.

③ 그때쯤이면 더 이상 직장은 못 다니겠죠. 지금 몇 가지 사업구상을 하고 있는데, 아마도 그때쯤이면 구체적인 윤곽이 잡히겠죠.

④ 5년 후요? 에이, 1년 후도 예측이 안 되는데 무슨 5년 후를 내

다봅니까? 그냥 어떻게 잘 되겠죠. 그렇게 믿고 긍정적으로 살아야 되는 거 아닌가요?

당신의 대답은 위 4가지 중 어느 것과 가까운가?

①번을 선택했다면, 당신은 이미 사내에서 상당한 위치를 확보하고 있는 상태일 것이다. 능력도 인정받고 나름대로 탄탄한 인맥도 구축해놓았을 것이다. 좀 더 준비를 한다면 아마도 당신의 우호세력은 상급자, 하급자, 관련부서 직원, 외부 거래처 등 곳곳에 포진되어 있을 것이다. 하지만 만일 이러한 준비 없이 막연하게 ①번을 선택했다면, 당신은 어쩌면 지나친 낙천주의자일 수도 있다. 현실을 냉철히 둘러볼 필요가 있다.

②번을 선택한 당신은 지금 회사에서 조금씩 입지가 흔들리고 있을 것이다. 능력을 제대로 인정받지 못하고 있거나 상급자들과 '코드'가 맞지 않아 스트레스 속에서 하루하루를 보내고 있을 것이다. 어쩌면 지금 회사는 여러 가지 문제로 망해가고 있는 회사일 수도 있다. 어찌되었건 당신은 보다 작은 회사, 다소 줄어든 월급일지라도 만족하며 지내겠다는 마음을 먹고 있는 것이다. 현실적인 대안일 수 있다. 하지만 명심해야 할 점이 하나 있다. 아무리 규모가 작은 회사일지라도, 경력사원 채용만큼은 대기업 못지않게 꼼꼼하게 따진다는 사실이다. 내가 알고 있는 몇몇 중소기업만 해도 실적, 인품, 능력, 성실성 등에

대해 매우 까다로운 조건을 내걸고 경력사원을 뽑고 있다. 게다가 완전 연봉제 시스템이기 때문에 매년 재계약 때마다 직원 입장에서는 진땀을 뺄 수밖에 없다. 당연히 고과가 낮으면 갱신은 없는 것이다.

③번을 선택한 당신은 '탈(脫)직장인'을 꿈꾸고 있다. 구체적인 아이템과 스케줄을 갖고 있다면 당신은 그 누구보다 당당할 수 있다. 하지만 막연한 아이템과 고무줄처럼 늘었다 줄었다 하는 스케줄을 갖고 있는 사람이라면 오히려 불안감은 훨씬 더 커질 수 있다. 즉 직장에 목숨을 거는 것도 아니고 사업을 준비하는 것도 아닌, 그야말로 마음 편한 대로 요리조리 피해다니는 모양새가 드러난다. 일시적으로 마음은 편할 수 있지만, 심층적으로는 심리불안 상태가 증폭될 소지가 다분하다.

사업을 하기 위해서는 필수적으로 아이템이 분명히 있어야 하고, 자본력도 뒷받침되어야 한다. 그래야 좋은 인력도 참여시킬 수 있다. 좋은 아이템, 충분한 자본, 유능한 인력. 이 3가지를 모두 갖추지 못한 채 사업을 시작한다는 것은 엄청난 핸디캡을 갖고 시합에 나가는 선수나 다름없는 모습이다. 예를 들면, 제대로 뛰지 못한다거나, 전혀 공을 다루지 못한다거나, 혹은 다른 선수와 패스를 주고받지 못한다거나 하는 결정적인 결함을 갖고서 실제 시합에 나가는 축구선수를 상상해보라. 결과는 빤하지 않은가? 무엇보다 철저한 준비가 선행되어야 한다. 그렇다면, 사업에 모든 것을 걸어볼 만하다.

만일 당신의 답이 ④번이라고 해도 크게 실망할 필요는 없다. 분명한 사실은 오늘부터 달라지면 되는 것이다. 희망을 갖고 앞으로 나아가면 된다.

좀 더 근본적으로 생각해보자.

우리가 '5년 전략'을 세우는 이유는 무엇인가? 그건 바로 우리 인생에 '충격'을 주기 위해서다. 겉으론 잔잔해보이지만 사실은 급물살에 휘말려 떠내려가고 있다는 현실을 직시하기 위해서다. 당장은 아무일도 없을 것처럼 고요해보이지만 사실은 태풍의 눈 안에 앉아 있다는 사실을 각성하기 위해서다.

세계적인 컨설턴트 마거릿 헤퍼넌은 《의도적으로 외면하기(Willful Blindness)》에서 다음과 같이 말한다.

"무게 1,500그램의 단백질 조직인 사람의 뇌는 모든 정보를 공평하게 대하지 않는다. 고정관념에 들어맞는 정보는 선뜻 수용한다. 편안하기 때문이다. 그렇지 않은 정보는 무시하고 배척한다. 생명·재산을 지키기 위해 꼭 알아야 할 사실이라도, 그것이 불편한 진실이라면 두 눈을 감는다. 이 같은 '의도적으로 외면하기'가 위험을 낳는다."

우리는 편안함과 안락함을 이유로 분명한 위험을 인지한다 할지라도 그것이 불편한 진실이라면 외면하고 만다. 다시 말해 지금 매우 위험한 상황에 처해 있음을 잘 알고 있다 할지라도, 그것을 직시하기보다는 눈을 질끈 감는 편이 더 낫다고 생각한다.

따라서 당신의 5년 전략은 보고 싶은 것만 보는 전략이 되어서는 안 된다. 불편하고 거슬리고 충격적인 것들을 직시할 수 있는 전략이어야 한다. 허황한 장밋빛 꿈이 5년 전략에 담겨서는 안 된다. 그보다는 5년 후의 악몽을 먼저 철저하게 고려해야 한다. 5년 후의 악몽을 먼저 그려봄으로써 그 악몽이 현실이 되는 일을 결사적으로 막는 전략이 당신에게는 필요하다.

어떤 경우에도 눈을 감고 고개를 돌려서는 안 된다. 불편할수록, 힘겨울수록 두 눈을 부릅뜨고 그것들의 실체를 치밀하게 들여다보아야 한다. 그때야 비로소 당신의 5년 후가 장밋빛 인생으로 거듭나게 될 것이다.

3장

바꿀 것인가,
떠날 것인가,
사랑할 것인가

주도적인 인생을 살고자 하는 사람이라면 자신의 가치관에 따라 미션을 결정하면 된다. 미션은 타인에게
드러내 보이기 위함이 아니다. 굳이 멋지게 만들어 타인에게 들려줄 필요도 없다. 자신의 인생전략이 흔들
릴 때마다 몸과 마음을 다잡아주는 죽비 같은 역할을 할 수 있으면 충분하다. 시인이자 철학자인 랄프 왈
도 에머슨은 다음과 같이 조언한다. "성공의 첫 번째 비밀은 자기신뢰다. 자기신뢰란 당신이 이 세상에 나
온 것은 조물주에 의한 것이며, 당신에겐 당신만의 특별한 미션이 부여되었다는 것을 믿는 것이다."

Five Years From Now

목적지 선택을 위한
8가지 질문

우리는 모두 여행자들이다.

우리는 모두 인생이라는 여행길을 이미 떠났고, 어딘가를 향해 끊임없이 가고 있다. 어떤 사람은 분명한 목적지를 마음에 품고 그곳을 향해 달려가고 있다. 반면에 매일 열심히 걷고 또 걷지만, 제자리만 맴맴 돌고 있는 사람도 있다. 당신은 어떤가?

영국의 유명 설교가인 조셉 파커의 말이다. "독수리는 참새둥지에 안주하지 않는다."

가장 높이, 가장 유유히 나는 독수리가 되고 싶다면 참새둥지에 깃들어서는 안 된다. 어쩌면 당신은 독수리임에도 불구하고, 미운 오리 새끼처럼 당신 자신만 그 사실을 모르고 있는지도 모른다. 혹은 당신과 당신의 주변사람들만 모르고 있는지도 모른다. 날개를 펼쳐봐야 알 것 아닌가? 그 날개를 하늘로 퍼덕여봐야 알 것 아닌가?

이 책의 첫 장에서도 물었듯이 5년 후, 당신은 어디에 있을 것인가? 그 목적지는 대체 어디인가?

만일 아직 그 목적지가 불명확하다면, 다음의 8가지 질문에 차례대로 대답해보라. 그러면 아마도 보다 명확한 목적지가 드러나게 될 것이다.

질문 1_당신이 정의하는 성공이란 무엇인가?

그동안 어렴풋하게나마 많은 생각을 해왔을 것이다. 하지만 이번 만큼은 명쾌한 답변을 해야 한다. 나머지 7가지 질문을 가치 있게 활용하기 위해서는 이 질문에 대한 답변이 가장 중요하다. 우선 이해와 발상을 돕기 위해 위대한 인물들의 성공에 대한 정의를 몇 가지 소개한다.

- 성공이란 열정을 잃지 않은 채 실패에서 또 다른 실패로 나아가는 능력이다. _윈스턴 처칠

- 자유롭게 피어나는 것. 이것이 내가 내린 성공의 정의다. _게리 스펜스

- 돈이 무슨 소용인가? 아침에 일어나서 밤에 잠자리에 들고, 그

사이에 자기가 하고 싶은 일을 한다면, 그 사람은 성공한 것이다. _밥 딜런

• 성공이란 가치 있는 이상들을 꾸준히 현실로 만들어나가는 것이다. _얼 나이팅게일

• 성공이란 자신이 진정 행복해질 수 있는 것을 행하면서 인생을 향유하는 것이다. _빈스 파프

• 성공이란 자기 자신보다는 더 위대한 일을 위해 헌신했을 때 얻어지는 부산물이다. _빅터 프랭클

• 성공이란 결과가 아니라, 그것에 소비한 노력의 총합으로 측정해야 한다. _토머스 에디슨

• 성공이란 단순히 돈에 관련된 것이 아니다. 성공이란 자신이 꿈꾸는 삶을 영위할 수 있는 능력과 힘을 축적하는 것이다. _피트 자프라

• 세상에는 오직 하나의 성공밖에 없다. 당신의 인생을 당신이 원하는 방향대로 사용할 수 있는 능력을 갖게 되는 것, 그것이 성공이다. _크리스토퍼 몰리

• 성공이란 당신이 쓰러지는 횟수보다 한 번 더 일어서는 것이다. _올리버 골드스미스

• 성공은 3P로 이루어져 있다. passion(열정), persistence(끈기), patience(인내)가 그것이다. _더그 브론슨

• 성공은 날마다 되풀이되는 작은 노력들의 합이다. _로버트 컬리어

자, 이제 당신의 차례다. 당신이 생각하는 성공이란 무엇인가?

질문 2_당신은 실제로 어디에서 살고 싶은가?

5년 후 당신이 살고 싶은 곳, 혹은 일하고 싶은 곳의 물리적인 환경을 묻는 질문이다. 어느 나라, 어느 도시, 어떤 건물 등과 같이 구체적으로 대답해야 한다. 많은 사람들이 이 항목을 간과함으로써 예기치 못한 어려움을 겪곤 한다. 예를 들면, 막연하게 화려한 도시 생활을 그리다가 마침내 서울 강남역 부근 회사로 이직한 27세 청년이 있었다. 그가 태어나 자란 곳은 경남 통영. 취업 후 적당한 월세를 구하다가 결국 방을 얻은 곳은 안양. 아침저녁으로 만원 지하철에서 한 시간씩 시달리던 그는 1년을 못 버티고 사표를 내고 말았다. 그리고 안양에서 가까운 중소기업으로 회사를 옮겼다. 월급은 20% 정도 줄었지만, 삶의 질은 훨씬 나아졌다고 한다.

자, 당신은 어디에서 살고 싶은가? 어느 곳에서 일하고 싶은가?

서울 강남 한복판, 서울 외곽, 경기도, 분당, 일산, 천안? 충청도는 어떤가? 강원도, 경상도, 제주도는?

호주에서 사막 트레킹 가이드를 하고 있는 27세의 마이크라는 청년이 있다. 그는 외국에서 온 여행자들을 이끌고 험난한 사막을 횡단한

다. 전혀 때 묻지 않은 순수 자연을 벗하고, 여행자들과 짙은 우정을 느끼며 그는 누구보다 행복하게 살고 있다. 그는 놀라운 얘기를 들려주었다. 새로운 일을 하기 3개월 전만 해도 그는 미국 월스트리트의 대형은행에서 수십만 달러의 연봉을 받던 엘리트 직장인이었다. 17세에 미국으로 유학을 떠나 아이비리그 최고의 명문대학을 졸업하고 세계 금융의 심장이랄 수 있는 월스트리트에 입성했다. 하지만 그는 수많은 젊은이들이 선망하는 그 자리를 미련 없이 떠났다. 그리고 시골 정취가 가득한 정든 고향으로 돌아왔다. 그는 왜 이런 결정을 하게 되었을까? 촉망받는 금융인이었던 마이크는 자신에게 진지하게 물었다. '이봐, 마이크. 너는 정말 어디에서 살고 싶은 거니? 여기 월스트리트? 아니면 내 유년의 밤하늘에 아름답게 별이 뜬던 고향 땅?' 그것은 오직 자신만이 할 수 있는 질문이었고, 또 자신만이 할 수 있는 답이었다. 그는 솔직하게 답했다. '지금 이곳에서의 삶은 행복하지 않다. 나는 고향으로 돌아가 자연과 벗하며 살 것이다.' 그의 판단은 결국 옳았다. 그는 오늘도 대자연의 신비를 체험하기 위해 찾아온 낯선 여행자들과 함께 사막 탐험에 나서고 있다. 세상에서 가장 행복한 발걸음으로.

당신도 스스로에게 물어보라. '나는 지금 이곳의 삶에 만족하고 있는가?'

어쩌면 당신도 놀랄 만한, 그래서 당신 인생의 축이 크게 달라질 수도 있는 그런 대답을 할지 모를 일이다. 도시 생활을 정리하고 시골로 내려갈 수도 있다. 한국을 떠나 뉴욕이나 파리로 떠날지도 모른다. 오래된 기득권을 포기할 때 인생은 새로워진다. 무엇보다 중요한 것은 당신은 당신 자신의 대답을 경청하고 존중해야 한다는 것이다. 《모비딕》의 작가 허먼 멜빌은 말한다. "인생은 집으로 가는 여행이다."

새로운 인생이 모두 미지의 세계에 있는 건 아니다. 새로운 인생은 아름다운 곳으로 돌아가는 여정이 될 수도 있다.

무엇보다 중요한 것은 당신은 당신 내면에서 울려 나오는 목소리를 경청하고, 존중해야 한다는 것이다. 그것이 당신의 본심이고 당신의 미래이기 때문이다. 당신답게 살아가야 할 미래 모습을 방해하는 장애물이 당신 자신이 되어서는 안 된다. 그것은 당신 인생에 있어 최악의 시나리오다.

질문 3_당신에게 '의미 있는 삶'이란 어떤 것인가?

결코 간단치 않은 질문이다. 그렇기에 절대 가볍게 넘어가서는 안 될 질문이다. 시간이 걸리더라도 명쾌하게 떨어지는 답변을 자신에게 하고 넘어가야 한다.

'의미 있는 삶'이란 절대적이지 않다. 즉 누구에게나 그래야 한다고 강요할 수도 없고 또 강요해서도 안 된다. 각자의 가치관과 경험, 미래의 비전에 따라 그 '의미 있는 삶'은 제각각 다를 것이다.

내 가까운 지인은 늘 이렇게 말하곤 한다. "나는 사회인으로서 존경받는 삶을 살고 싶다. 그것이 내게 의미 있는 삶이요, 가치 있는 삶이다."

물론 나는 그의 의견을 존중한다. 하지만 그와는 다른 의견도 존중한다. 법정 스님은 《오두막 편지》에 이렇게 썼다. "누가 내 면전에서 나를 존경한다는 말을 할 때 나는 당혹감으로 몸 둘 바를 몰라 한다. 그리고 그런 말에 내심 불쾌감을 느낀다. 참으로 존경한다면 면전에서 말로 쏟아버릴 일이 아니다. 그런 말에 속아서는 안 된다. 타인으로부터의 존경은 눈에 보이지 않는 굴레요, 덫이다. 그 존경이라는 것이 언제 비난과 헐뜯음으로 바뀔지 모른다. 자기관리에 방심하면 이런 굴레에 갇히고 덫에 걸리기 십상이다. 내 솔직한 소망은 단순하게 사는 일이다. 그리고 평범하게 사는 일이다. 내 느낌과 의지대로 자연스럽게 살고 싶다. 그 누구도 내 삶을 대신해 살아줄 수 없기 때문에 나는 나답게 살고 싶을 뿐이다."

법정 스님은 자신의 생각에 부합하는 자신만의 충실한 삶을 살았다. 그가 정치적으로나 경제적으로 위대한 업적을 쌓은 것은 아니다. 그것은 그가 추구하는 자신만의 '의미 있는 삶'이 아니었기 때문이다. 그 대신 그는 정신적인 구도에 평생 정진했고, 그의 말과 글은 따뜻하고 아름다운 유산으로 남아 지금도 수많은 이들의 마음속에 살아 숨 쉬고 있다.

나와 당신의 삶도 이처럼 '자신만의', 또는 '자기다운' 의미 있는 삶이 되어야 한다. 그것은 저절로 되는 것이 아니라, 찾고 구하고 정하고 조정함으로써 이루어지는 것이다. 영원한 젊음의 우상인 제임스 딘은 우리에게 이런 말을 남겼다. "영원히 살 것처럼 꿈꾸고 오늘 죽을 것처럼 살아라."

종종 너무나 빨리 인생의 모든 것을 알아버린 듯한, 그래서 더 이상 가슴 뛰는 삶을 살지 못하는 사람들을 볼 때마다 제임스 딘의 이 명언이 떠오른다. 나만의 의미 있는 삶, 가치 있는 삶, 꿈꾸는 삶을 추구하는 것이 내 인생에 대한 가장 큰 예의 아닐까?

질문 4_당신은 왜 하필이면 그런 삶을 선택하려 하는가?

당신은 이제 '자신만의' 의미 있는 삶을 정의할 수 있게 되었을 것이다. 비록 완성은 아니라 해도 방향 정도는 잡았을 것이다. 이제 그에 대한 타당한 근거, 설명할 만한 사유를 얘기해야 할 차례다.

단순한 호기심인가? 명예, 부, 사회적 명성 때문인가? 아니면 당신이 가장 좋아하는 일이기 때문인가? 가장 잘할 수 있는 일이기 때문인가? 아니면 가장 오랫동안 할 수 있는 일이기 때문인가? 사회에 기여하는 일이기 때문인가? 부모의 기대 때문인가? 순전히 나의 만족을 위해서인가?

다른 사람들이 어떤 대답을 갖고 있든 간에, 그것은 당신이 상관할 바가 아니다. 마찬가지로 당신의 답이 그 무엇이든 간에, 자신 있게 소신껏 밀고 나가면 된다. 지금껏 우리는 너무 많은 시간을 남의 인생을 알고자 하는 데 바쳐왔다. 그것만으로도 충분하다. 이제부터는 오직 당신 내면의 부름에 응답하는 삶을 살도록 하라.

질문 5_의미 있는 삶을 사는 데 장애물은 없는가?

이상과 현실 사이에는 물론 거리가 있고, 또 장벽과 장애물이 놓여 있게 마련이다. 아무리 간단해 보이는 목표도 막상 이루고자 나서면 눈에 보이지 않던 걸림돌들이 불쑥불쑥 솟아나는 게 인생이다.

지금 당신 눈앞에 보이는 장애물들은 무엇인가? 앞으로 나타날 것이라 예견되는 장애물은 또 무엇인가? 돈, 시간, 사람 등등 생각나는 대로 말해보라. 그리고 가장 강력한 장애물부터 순번을 매겨 나열해보라. 1번은 무엇인가? 대체로 그 1번을 해결하면 나머지 문제들은 생각보다 쉽게 해결되곤 한다. 하지만 만일 그것이 어떤 수단을 동원한다 해도 정녕 극복할 수 없는 장애물이라면, 그래서 당신이 추구하는 의미 있는 삶마저 포기해야 하는 상황이라면 당신은 즉시 '질문 1'부터 다시 대답해 나가야 한다. 그 과정에서 대안적인 삶을 찾아야 한다. 그것은 분명 실패가 아니다. 좌절도 아니다. 단지 차선책일 뿐이다. 인생에서는 때로 차선책이 뜻밖의 큰 보상을 줄 수도 있다.

질문 6_당신이 원하는 삶에 대해 잘 알고 있는가?

누구에게나 원하는 삶은 있다. 그런데 그 원하는 삶을 구체적으로 설명할 수 있는 사람은 극히 드물다.

'나는 사업을 해서 큰돈을 벌 거예요. 그리고 나면 재단을 설립해 어려운 사람들을 도우며 살 겁니다.' 내 강의를 들었던 한 젊은 제자가 밝힌 포부다. 그런데 그는 정작 다음과 같은 내 질문에는 묵묵부답이었다. '어떤 사업을 할 것인가?' '어떤 산업에서 어떤 제품을 다룰 것인가?' '직원들에게서 어떤 경영자로 평가받고 싶은가?' '재단은 어떤 규모로 어떻게 운영할 것인가?'

이제 겨우 20대 후반인 청년에게 던지기엔 너무 앞선 실문이라고 생각되는가? 결코 그렇지 않다. 이들 질문에 구체적으로 답변할 수 없다면, 그만큼 그의 꿈은 한낱 일장춘몽에 그치기 쉽다. 빈틈없이 계획하고 설계하고 준비해도 될까 말까 한 게 꿈이고 비전이고 목표다. 하물며 어렴풋하게 대강대강 살아서야 어찌 그 꿈을 이룰 수 있겠는가? 사업을 정말 진지하게 준비할 생각이라면, 경영 전반에 대한 학습과 정보 습득, 그리고 무엇보다 자신을 그 환경에 던져 넣는 승부수를 띄워야 할 것이다. 자선재단에 관심이 있다면, 단돈 1,000원씩이라도 기부를 시작하거나 비영리단체에서 봉사활동을 하면서 나름대로의 경험치를 쌓아야 할 것이다.

질문 7_당신이 원하는 삶을 이미 살고 있는 사람이 있는가? 그들은 누구인가? 당신은 그들과 얼마나 자주 교류하고 있는가?

여행의 명확한 목표지점을 아는 것도 물론 중요하지만, 그에 못지 않게 그 길을 누구와 함께 갈지도 중요하다. 심리학자 데니스 웨이틀리는 동행자의 중요성에 대해 이렇게 말했다. "대부분의 사람들이 자신이 세운 목표를 달성하지 못하는 이유는 목표를 명확히 정의하지 않았거나, 그 목표를 이룰 수 있다는 믿음을 갖지 않았기 때문이다. 승자들은 자신이 어디로 가고 있는지, 그 길을 가면서 무엇을 할 것인지, 그리고 그 모험을 함께 할 사람이 누구인지에 대해 말할 수 있다."

즉 진정한 성취를 위해서는 내가 가고자 하는 길을 이미 가고 있는 사람, 나란히 발맞춰갈 사람, 내 생각과 뜻을 함께 나눌 수 있는 사람이 필요하다는 것이다. 히말라야 정상에 오르고자 한다면, 무엇보다 현명한 '셀파'가 있어야 하는 것과 마찬가지다. 당신의 꿈을 먼저 이룬 사람이 있다면 반드시 그를 만나야 한다. 아나운서가 되고 싶다면 현직 아나운서를 만나야 한다. 제빵사가 되고 싶다면 이미 일하고 있는 제빵사를 만나야 한다. 퇴직 후 재취업을 하고 싶다면 나보다 더 빨리 그 길을 가고 있는 사람을 멘토로 삼을 줄 알아야 한다.

물론 직접 대면이 가장 좋다. 하지만 여의치 않다면 책을 통해, SNS를 통해서라도 활발하게 접촉할 수 있어야 한다. 될 수 있으면 자주 만나고 교류할 수 있도록 하라. 아인슈타인은 이렇게 말했다. "인생은 자전거를 타는 것과 같다. 균형을 잡으려면 움직여야 한다."

그렇다. 가만히 있으면 그 어떤 곳으로도 갈 수 없다. 쉼 없이 페달을 밟아야만 조화롭게 목표를 향해 전진할 수 있다.

아인슈타인은 또 다음과 같이 말했다. "인생의 가장 큰 비극이 무엇인지 아는가? 겉으로는 숨을 쉬며 살아 있지만, 가슴과 영혼은 숨을 거두고 있는 것이다."

주어진 하루 일과를 열심히 수행하는 사람을 우리는 얼마든지 찾아볼 수 있다. 전철 안에도, 사무실 안에도 그런 사람들은 가득하다. 그런데 정녕 그들의 가슴은 힘차게 뛰고 있는 걸까? 그들의 영혼은 뜨거운 심장을 갖고 있을까? 내가 꿈꾸는 삶을 지금 살고 있는 사람을 통해 우리는 그 뜨거운 열정의 불씨를 나누어받을 수 있다. 베스트셀러 《사람을 얻는 기술》의 작가 레일 라운즈는 말한다. "성공에 필요한 사람을 얻어라. 행복을 함께 할 사람을 얻어라. 인생에 등불이 되어줄 사람을 얻어라."

질문 8_ 원하는 삶을 살고 있는 자신의 모습을 얼마나 구체적으로 묘사해낼 수 있는가?

두루뭉술해선 곤란하다. 자신이 살아갈 삶을 불명확하게 품고 있다는 것은 그만큼 자신의 삶에 대한 애착, 책임감이 낮다는 의미다. 더 사랑하라. 더 책임져라. 이를 위해서는 미래의 삶, 미래의 모습을 구체적으로 그릴 줄 알아야 한다. 다행히도 우리에게는 배우고 깨우침으로써 생각을 발전시켜 나갈 수 있는 뛰어난 학습능력이 있다. 끊임없이 세상을 통해, 사람을 통해 배워야 하는 이유가 바로 여기에 있다. 배우지 않고서는 자신의 미래를 명확하게 그릴 수 없다. 20세기 최고의 예술가 앤디 워홀은 배움의 중요성에 대해 이렇게 말했다. "인생을 어떻게 살지 배워야 할 필요를 더욱 깨달아야 한다. 인생은 매우 빠르고, 너무 순식간에 지나가기 때문이다."

나는 마음속으로 이런 생각을 한 지 꽤 되었다. '인생의 반환점을 돌았다.' 그래서 내게 시간은 그 무엇과도 견줄 수 없는 가장 소중한 자산이다. 점점 인생을 구체적으로 그려야 하는 이유다. 경제성, 효율성을 떠나서라도 그것은 인생에 대한 참다운 자세이기 때문이다.

'나는 이러이러한 철학과 가치관을 갖고 살겠다.'

'나는 나만의 인생관을 삶 속에 구현하기 위해 이러한 일을 하며 살겠다.'

'이러한 사람들과 함께 어울려 일할 것이고, 그들과 함께 이러이러한 비전을 향해 나아갈 것이다.'

이처럼 개념이나 구상, 아이디어를 구체적인 문장과 이미지로 만들 수 있어야 한다. 또 삶의 방향성도 정해야 한다. 미래 어느 날의 한 단면을 뚜렷하게 표현할 수도 있어야 한다.

대기업에서 일하던 지인이 있었다.

언젠가 그를 만났을 때 그는 내 앞에서 엄숙한(?) 선언을 했다.

"나는 지금 생계를 위해 직장에 다니고 있지. 하지만 앞으로, 그러니까 5년 정도 후에는 대학로에 공연전문 극장을 세울 거야. 극장주로서, 제작자로서 훌륭한 작품들을 관객들에게 선물할 거야. 사람들이 연극을 왜 잘 안 보는지 알아? 그건 말이야, 주차시설이 모자라서야. 멀티플렉스 같은 영화관들은 주차시설이 훌륭하잖아? 그런데 연극 등을 공연하는 극장들은 접근성이 좋지 않은 거지. 두고 봐. 멀티플렉스처럼 고객들에게 원스톱 서비스를 할 수 있는 좋은 극장을 만들 테니까. 그리고 돈 없어서 재능을 포기하는 공연기획자, 연출자, 배우들을 불러 모을 거야. 마음껏 무대에 설 수 있게 만들 거야."

솔직히 고백하건대 처음엔 현실성 없이 들렸다. 대학로가 얼마나 금싸라기 땅인데, 주차시설을 갖춘 연극 극장이라니. 하지만, 금세 나는 '아, 어쩌면 정말 이루겠구나.' 하는 느낌을 갖게 되었다. 안경 너머 눈동자에서 활활 타오르는 불꽃을 보았기 때문이다. 그로부터 몇 년 후 나는 그가 한 말 그대로 그가 대학로에서 맹활약하고 있는 모습을 볼 수 있었다. 구체적인 구상과 열정적인 표현의 힘이 얼마나 큰 것인가를 나는 또 한 번 생생하게 깨닫게 되었다.

원대한 비전만으로는 부족하다. 정말 원한다면 그 원대한 계획을 구체적으로 그려내야 한다.

이미 전 세계 수백만 명의 인생을 바꿔준 작가이자 강연가인 지그

지글러 역시 같은 주장을 펼친다. "목표에 도달하고 싶으면 이미 그 자리에 도달한 자신의 모습을 상상해야 한다. 당신이 되고 싶은 것, 하고 싶은 것, 갖고 싶은 것을 마음속에 그려야 한다. 정상을 넘어선 사람이 되어 학위를 받고, 꿈같은 집에 살면서 가족과 행복한 생활을 누리는 모습을 생생하게 그려야 한다. 바라는 직위를 얻은 자신, 책을 쓰는 자신, 연설하는 자신, 훌륭한 골퍼가 된 자신, 체중 감량에 성공한 자신, 경기에 이긴 자신, 기타 목표가 무엇이든 그것이 된 자신을 미리 만나야 한다."

얼마 전 한 모임에서 강연을 할 기회가 있었다. 그때 참석자들의 열기가 놀라울 만큼 뜨거웠는데, 그건 바로 자신의 미래에 대한 생생하고도 구체적인 이미지들을 그들이 갖고 있었기 때문이었다.

"대기업에서 직장생활을 3년 정도 하다가 적성에 안 맞아 지금은 그만두고 뒤늦게 웹디자인 공부를 시작했습니다. 나중에 가족이 있는 미국 서부로 이민을 갈 계획인데, 그곳에서 웹디자인 사무실을 차리고 자유롭게 사는 제 자신을 상상해봤습니다."

"저는 11년 동안 주부로만 살아오다가 아이들도 제법 크고 해서 헤어디자인을 배우게 되었습니다. 제 이름을 건 헤어디자인 숍을 열어서 열심히 일하고 있는 제 모습을 그려봤습니다."

"지금 해외영업직 일을 하고 있습니다. 우선 지금 회사에서 이사급까지는 진급하고 싶습니다. 워낙 연봉이나 복지가 좋아서 가급적 오래 있고 싶어요. 그 다음에는 오퍼상을 차려서, 주로 미주지역이나 유럽쪽과 무역 거래를 하고 싶습니다."

"저는 경영학과에 다니는 대학생인데요. 휴학기간 중에 서비스 업종에서 오래 일을 해봤습니다. 제 적성에 잘 맞는 것 같아 현장 서비스 쪽에서 계속 경력을 쌓은 후, 고객서비스 전문가가 돼서 책을 쓰고 강연을 하는 사람이 될 겁니다. 공부도 계속해서 심리학 박사학위를 따는 게 목표입니다."

"저는 베트남, 태국, 인도 등지의 여행을 좋아합니다. 특히 잘 알려지지 않은 오지 여행을 좋아하는데, 나중에 오지 여행 전문여행사를 차려 많은 사람들과 여행의 감동을 함께 나누고, 책을 쓰고, 청소년을 대상으로 강연을 하면서 새로운 세계에 대한 도전의식을 고취시키는 그런 일을 하고 싶습니다."

나 또한 그들의 열정에 취해 시간 가는 줄 모르고 이야기꽃을 피웠다. 인생을 살아가는 데는 오직 두 가지 방법밖에 없다. 모든 것을 기적이 아닌 것으로 받아들이는 삶, 그리고 모든 것을 기적처럼 받아들이는 삶이다. 당신은 인생의 두 가지 방법 중 어떤 것을 택할 것인가? 모든 것을 기적이 아닌 것처럼? 아니면, 모든 것이 기적인 것처럼?

5년 먼저 해보는 질문,
'나는 누구인가?'

《먼 나라 이웃나라》로 유명한 만화가 이원복 교수. 그는 한 인터뷰에서 자신의 정체성에 대해 이렇게 말했다.

"내 정체성이요? 당연히 만화가지요."

기자가 의아한 표정으로 되묻는다.

"교수님으로 재직 중이신 걸로 아는데요…"

그러자 그는 명쾌하게 답했다.

"교수는 직업이죠. 학생을 가르치는 직업. 나는 교수라는 직업을 갖고 있는 만화가입니다."

그의 말에 나는 전적으로 공감한다. 우리는 흔히 '그 사람의 직업=그 사람의 정체성'이라는 등식을 머릿속에 갖고 있다. 하지만 이 세상에는 직업과는 매우 다른 분야에서 자신의 정체성을 확보하고 있는 사람들이 많다.

기업체 대표라는 직업과 직함을 갖고 있지만, 사회사업가로서의 정체성을 갖고 있는 사람.

중소기업의 생산부에서 일하고 있지만, 과학자이자 발명가로서의 정체성을 지니고 있는 사람.

겉보기에는 그저 평범한 직장인 같지만 사실 그중에는 다음과 같은 정체성을 갖고 있는 사람들이 있다. 온라인 사업가, 여행작가, 영화 칼럼니스트, 향토사학자, 시민운동가, 엔젤 투자자, 요가 강사, 요리 연구가, 민속음악가, 포토그래퍼, 시인, 기타리스트 등등.

당신도 얼마든지 직업과 별개의 정체성을 가질 수 있다.

이 같은 인식의 전환이야말로 새로운 인생을 설계하는 데 매우 긴요한 과정이다. 만일 '지금 누군가 시켜서 하고 있는 이 일이 곧 나의 정체성'이라는 생각을 앞으로 10년, 20년 그대로 유지할 계획이라면, 당신은 새로운 인생을 포기하는 게 현명하다.

인생전략을 세울 때 가장 두려운 적들 가운데 하나는 '고정관념'이다. 고정관념은 삶의 패턴을 고착화시킨다. 인생에 대한 유연한 사고를 가로막는다. 나도 한때는 잘나가던 광고맨이었다. 하지만 나는 내 인생 전부를 '광고맨'이라는 카테고리 안에 몰아넣지 않았다. 매 순간 주어진 일에 최선을 다함으로써 광고업계에서 인정을 받았지만, 그때마다 내 인생은 내게 광고맨을 뛰어넘는 그 무엇이 되어야 한다고 끊임없이 주문을 걸어왔다.

그래서 나는 결국 사업가가 되었고 컨설팅회사의 대표가 되었다. 그리고 작가가 되었다. 국내 유수 대기업에 초빙되는 강연가가 되었고, 온라인 강사가 되었다. 또 교수가 되었다. 이 모든 일이 가능했던 것은 직업과 나의 정체성을 동일시하지 않았기 때문이다.

'직업과 나의 정체성을 동일시하지 않는 삶'은 왜 바람직한 걸까?

첫째, 자신의 삶을 주체적으로, 그리고 주도적으로 바라보게 된다.

예를 들어 당신이 A기업의 관리팀 대리라고 해보자. 그러면 당신은 자신도 모르게 'A기업 관리팀 대리'에 어울리는 사람으로 변해간다. 회사나 부서 입장에서야 바람직하겠지만 당신의 주체적인 삶의 관점에서 보면, 그것은 비극의 시작일 뿐이다. 그때 누군가는 별도의 삶을 준비한다. 즉 '자신만의 정체성을 지키는 삶'이다. 하지만 대부분의 직장인들은 그 삶에 안주한다. 작은 보상에 탐닉한다. 후배들이 '대리님'이라고 불러주고, 거래처에서 극진히 대접한다. 회사에서 인정을 받고, 연봉도 제법 내세울 만하다. 그렇게 7~8년이 흐르면 당신은 그 회사를 떠나서는, 그 부서를 떠나서는 독립적으로 생존할 수 없는 사람이 되고 만다. 자립할 힘을 잃고 마는 것이다. 따라서 당신이 미래 전략을 세울 때 우선적으로 고려해야 할 사항은 직업이 아니라 유연한 정체성이다.

둘째, 남들의 말에 쉽게 휘둘리지 않는다.

주체적인 삶을 살지 않는다는 것은 곧 주변사람들의 생각, 남들의 한 마디에 쉽게 휘둘릴 수 있다는 것을 의미한다. 대학 동창이 찾아와 '사업 제안'을 하면 곧바로 귀가 솔깃해진다. 그리고 생산적이지도 않은 고민에 휩싸인다. 진지한 고민보다는 고작 피상적인 '할 것인가, 말 것인가'의 수준에서 몇날 며칠을 고민한다. 그러고는 결국 '안 되겠어'라고 대답하며 원점으로 돌아온다. 그리고 몇 년 후 성공한 동창의 소식을 들으면, '아 그때 했어야 했는데…' 하면서 공연히 술잔에만 화풀이를 한다. 우리가 인생전략에 자꾸만 실패를 하는 이유가 여기에 있다. 확고부동한 목표와 뚜렷한 정체성이 없는 탓에 단기적인 시류나 트렌드를 쫓아 자꾸만 궤도 수정을 하기 때문이다. 그러다가 결국 지리멸렬하고 만다. 정체성이 불명확한 사람들은 과감하게 뛰어들지도 않고, 단호하게 거부하지도 않으면서 시간만 허비한다. 늘 미지근한 세월을 보낸다.

셋째, 진정한 의미의 몰입을 경험하게 된다.

'몰입'이라는 단어가 한때 커다란 화두로 떠오른 적이 있다. 사람들은 그 '몰입'이라는 단어 속에서 하나의 마법을 기대하는 듯 보였다.

'몰입만 제대로 하면, 짧은 시간에 엄청난 정보를 머리에 넣을 수 있겠지.'

'몰입 상태에서는 평상시 생각지도 못했던 엄청난 아이디어가 솟아

나겠지.'

하지만 수많은 기대들은 물거품으로 끝나고 말았다. 적어도 내 주변인물 수백 명과의 인터뷰 상으로는 그랬다. 대체 왜 이런 허무한 결과가 나타났을까? 전문가들이 말하는 몰입은 그저 하나의 허구였을까?

결코 그렇지는 않다. 적어도 몰입을 제대로 경험했고, 요즘에도 자주 경험하는 나로서는 '몰입의 경이로운 능력'을 절대적으로 신뢰한다. 그렇다면 왜 그런 놀라운 힘이 극소수의 사람에게만 발휘되는 걸까? 그 답은 바로, '자기 정체성의 확립 여부'에 있다. 자기 정체성이 흔들리는 사람에게 몰입할 수 있는 여유시간이 오롯이 주어진들 몰입이 될 수 있을까? 불가능하다. 반면에 자기 정체성이 확실하게 정립된 사람에게 주어진 시간은 그 환경이 아무리 좋지 않아도 완전 몰입 상태에 빠져들 수 있다. 가령 시끄럽고 번잡스러운 공항 터미널에서도 수백억 단위의 사업계획서를 쓸 수 있는 것이다.

넷째, 작은 이익보다는 커다란 대의를 따라 살게 된다.

인생은 선택의 연속이다. 사람은 어떤 선택을 하며 사느냐에 따라 그 인생이 결정된다. 잡지에 주로 등장하는 'yes or no' 앙케트와 인생은 그런 면에서 매우 유사하다. 주어진 첫 질문에 'yes' 또는 'no' 가운데 하나를 선택해 길을 가면, 다시 새로운 질문이 던져진다. 그렇게 둘 중 하나의 선택을 지속하다보면, 여러 개의 결론 가운데 하나의 도

달점에 이른다. 그러면 예외 없이 이렇게 시작되는 글과 맞닥뜨린다. '당신은 A유형이군요. 당신에게 필요한 것은…'

인생도 마찬가지다. 매 선택의 순간 당신은 인생의 길을 갈아타게 된다. 만일 당신 인생에 커다란 줄기가 하나 있다면, 그 줄기를 따라 선택을 해나가면 그만이다. 하지만 그것이 없다면 일시적이고 즉흥적인 선택만을 하게 된다. 작은 눈앞의 이익을 취함으로써 장기적으로 당신에게 꼭 필요한, 당신의 남은 인생을 풍요하게 이끌어줄 진정한 보물을 흘려버릴 수도 있다.

다섯째, 풍부한 상상력을 발휘할 수 있다.

7시 기상, 씻고 밥 먹고 출근.

9시부터 오전 근무, 전날 업무보고서 작성, 거래처 연락.

점심 먹고 오후 근무, 거래처 방문, 팀 회의 참석.

매일 반복되는 일상. 새로울 것도 없고 달라질 것도 없는 업무. 이런 나날이 지속되면 될수록 죽어가는 것이 있다. '상상력'이다. 당신은 원래 상상력이 뛰어난 사람이었다. 하지만 그 상상력이 오랫동안 쓰이지 않았기에 결국 당신은 아무런 아이디어도 떠올리지 못하는 삶을 살게 된 것이다.

아무리 뛰어난 특급 투수도 오랜 세월 마운드에 서지 않으면, 던질 곳 없는 녹슨 팔을 가질 수밖에 없다. 그저 평범한 동네 아저씨 야구단에나 어울리게 된다. 자신이 누구이고 어느 곳을 지향하고 있는지 정확하게 알고 있는 사람은 모든 정보가 머릿속에서 쉴 새 없이 서로 네트워킹을 한다. 그리고 새로운 생각들을 끊임없이 양산해낸다. 아이디어, 상상력, 창의성, 창조성이 당신의 삶에 적용되어 오늘보다 나은 내일을 만들어준다. 당신의 상상력이 당신으로 하여금 '진정 살아 있음'을 느끼며 살 수 있게 해주는 것이다.

확고한 자기 정체성을 지니고 있다는 것은 생소한 여행지에서 유능하고 진실한 가이드를 곁에 두고 있는 것과 같다. 그들은 길을 알고 있다. 가서는 안 될 길과 반드시 가야 할 길을 자신 있게 말해줄 수 있다. 이런 안내인과 동행하는 인생이라면 얼마나 든든하겠는가? 당신 안에 잠자고 있는 그 안내인을 흔들어 깨우는 것, 그리고 안내인을 믿고 따르는 것 모두는 온전히 당신의 몫이다. 이 선결조건 없이 급한 마음으로 자신의 인생을 바꾸려 덤벼든다면, 값진 소득은커녕 몸과 마음에 상처만 입은 채 어제와 똑같은 삶으로 돌아갈 가능성이 크다.

자, 시계를 빨리 돌려보자. 5년 후의 오늘로.

이제 다음의 질문에 답해보라. 5년 후의 오늘이기 때문에 미래 시제가 아니다. 현재 시제로 답해야 한다.

질문 : 당신은 누구입니까?

답 : 나는 (   )입니다.

톰의 말을
새겨들어라

톰 피터스(Tom Peters)를 아는가? 세계적인 경영 컨설턴트이자 베스트셀러 작가인 그는 일찍이 이런 주장을 펼쳐왔다. "당신이 곧 브랜드다. 당신을 고용하는 사람이나 당신에게 일을 맡기는 사람, 혹은 당신을 만나는 모든 사람이 당신의 고객이다. 당신의 노력 여하에 따라 당신이라는 고유 브랜드가 고부가가치 상품이 될 수 있다. 하지만 그 반대일 수도 있다."

나 역시 교수와 작가이기 이전에 '하우석'이라는 브랜드 그 자체다. 지금 이 책을 읽고 있는 당신은 틀림없이 '하우석'이라는 브랜드에 대해 어떤 식으로든 일정한 이미지를 형성하고 있을 것이다. 이 책에 실린 '하우석'의 프로필을 보고서, 또는 전작들을 읽은 경험을 통해서,

아니면 지금 이 책의 본문을 읽어가면서 '아, 하우석이란 사람은 이런 사람이구나' 하는 인상을 받았을 것이다.

당신도 마찬가지다. 당신 주변의 모든 사람에게 당신은 하나의 브랜드다. 그동안의 언행을 통해서, 주변의 평판에 의해서, 개인적 관심에 의해서 주변사람들은 당신이라는 브랜드를 자신만의 잣대로 평가하고 그 이미지를 머릿속에 각인하고 있다.

'그 친구, 참 똑똑하고 자기주장이 강하지.'

'이 부장님은 늘 밝고 친화력이 뛰어나죠. 친형님 같은 느낌이 들곤 합니다. 어려운 일이 생기면 제일 먼저 달려가 상의하고 싶은 분입니다.'

'박 대리는 왠지 믿음이 안 가. 자기 일에 불만도 많고 열의도 없어 보여. 큰 프로젝트를 맡기기에는 아직 부족한 게 많은 듯해.'

'김 선생님이요? 늘 궂은일을 도맡아 하시잖아요. 우리 학교에 김 선생님이 안 계시면 당장 사단이 날 거예요. 김 선생님을 대신해줄 분은 아무도 없을 걸요.'

당신이 원하든 원하지 않든, 당신에 대한 평가와 이미지는 지금 이 순간에도 만들어지고 있는 중이다.

다음에 소개하는 글은 나의 생각을 담아 톰 피터스에게 쓴 편지다. 이 글을 통해 톰 피터스의 깊은 생각과 통찰, 그리고 톰 피터스의 견해에 대한 나의 생각을 함께 읽어볼 수 있는 기회를 가져보기 바란다.

이 기회를 통해 '당신'이라는 브랜드 구축에 대한 탁월한 영감을 떠올리기 바란다.

친애하는 톰 피터스에게.

톰, 당신이 옳았습니다.

처음에 당신의 말을 들었을 때, 솔직히 한편으론 수긍이 가면서도 또 다른 한편으로는 너무 급진적이고 과격한 주장이 아닌가 하는 생각을 했습니다.

하지만 지금은 당신의 말이 전적으로 옳았음을 인정합니다. 당신의 글을 그저 가만히 앉아서 읽었을 때와 내 인생을 세상 속에 던져 넣고 바닥을 구르며 갈급한 마음으로 읽었을 때, 각각 그 느끼고 이해하는 정도는 하늘과 땅 차이였습니다. 내 이름을 걸고 세상을 헤쳐 나갈 때, 그때서야 비로소 당신의 말이 전적으로 옳았음을 인정하지 않을 수 없었습니다.

당신은 나에게 이렇게 말해주었지요.

"당신이 신고 있는 그 운동화는 옆에 있는 독특한 무늬만 봐도 한눈에 어떤 브랜드인지 알 수 있다. 당신이 들고 다니는 커피 잔⋯ 아, 당신은 미스터 스타벅스군! 소매에 챔피언의 머리글자 'C'가 새겨진 티셔츠, 그 유명한 리바이스 상표로 시선을 끄는 청바지, 겉에 새겨진 아이콘만으로 주인의 품격을 대변하는 시계, 제작자의 상표가 정교하게 새겨진 만년필… 당신은 브랜드로 둘러싸인 세계에서 살고 있다. 이제 당신과 함께 이 대형 브랜드들에게서 교훈을 배울 때가 됐다. 이 교훈은 노동의 신세계에서 주목받고 성공하려면 어떤 자질을 갖춰야 하는지 알고 싶어 하는 사람에게는 누구나 적용될 수 있다. 연령, 직위, 업종에 관계없이 우리는 모두 브랜드의 중요성을 이해해야 한다. 우리는 '나'라고 하는 기업의 최고경영자다. 비즈니스에 성공하기 위해 우리가 해야 할 가장 중요한 일은 '나'라는 브랜드를 판매하는 수석마케터가 되는 것이다. 이건 단순하지만 그만큼 어려운 일이다. 그리고 피할 수 없는 일이기도 하다."

그렇습니다. 내가 스타벅스 커피를 마시고 리바이스 청바지를 입는 이유는 그 브랜드에 대해 잘 알고 있기 때문입니다. 그리고 그 브랜드를 좋아하기 때문입니다. 더 나아가 그 브랜드를 구매했을 때 그 어떤 브랜드보다 만족했습니다. 그러니 그 브랜드를 더 좋아하게 되고, 계속 함께 하게 되는 거죠. 그뿐인가요. 주변사람에게 추천도 합니다. '스타벅스가 맛은 물론 분위기도 제일 좋아. 서비스는 또 어떻고.' '리바이스 스타일이 가장 세련돼서 좋아'라고 말입니다.

맞습니다. 커피가 팔리고, 청바지가 팔리는 곳을 시장이라고 하죠. 인력이 거래되는 곳도 시장입니다. 아무리 거창하게 표현한다

해도 본질은 시장임에 틀림없습니다. 노동력이든 능력이든, 그 사람의 경험이든 가능성이든 간에, 결국엔 그에 합당한 돈을 주고 사는 것이니까요. 나도 그렇게 시장에 늘 있었음을 부인할 수 없습니다. 나뿐 아니라 모든 직장인이 나 그렇겠죠.

여기까지만 생각해도, 가슴이 뜨끔해지는 게 사실입니다. '하우석'이라는 브랜드가 과연 구매자에게 스타벅스만큼 다양한 만족을 주고 있는가, 리바이스만큼 매력적인 대상인가 하는 의문이 들기 때문이죠.

자신감을 재점검하고 있는 나에게 당신은 다음과 같은 멋진 공약을 내걸었습니다.

"거대기업들이 앞다퉈 서로의 회사를 사들이거나 유망한 신생기업들을 집어삼키며 성장하려 든다. 1996년 미국의 기업 간 합병은 역대 최고를 기록했다. 할리우드는 블록버스터 영화만 만들고 출판사는 베스트셀러가 될 만한 책만 출판하려고 한다. 하지만 '규모'라는 스펙트럼에 매몰된 거대기업들의 광풍에 속아서는 안 된다. 진정 의미 있는 일은 그 반대쪽에서 일어나고 있다. 바야흐로 프리 에이전트 시대다. 프리 에이전트로서 자신의 분야에서 맡은 바 최선을 다하고 최고의 실적을 기록한다면 나이키와 같은 당신만의 브랜드를 만들 수도 있는 시대다. 그렇게 하면 당신은 손닿는 곳에(또는 노트북이 미치는 거리에) 있는 모든 기회를 거머쥘 수 있을 뿐 아니라 프리 에이전트 시장에서 유리한 위치에 설 수 있다. 희소식이라면 누구에게나 주목받을 기회가 있다는 것이다. 누구든 배우고 스스로를 발전시키고 능력을 갈고 닦을 기회가 있다. 입소문을 탈 만한 브랜드가 될 기회는 누구에게나 있다."

당신의 메시지들은 적어도 나에게만큼은 사실로 증명되었습니다. 나는 기획력, 기획서, 프레젠테이션에 대한 전문가로 인정받게 되었고 수많은 기업에 초청강연을 다녔습니다. 내가 쓴 책들 중 몇 권은 베스트셀러라는 수식어를 달게 되었습니다. 프리 에이전트라고 해서 반드시 회사를 떠난 독립군을 의미하지 않음을 압니다. 그것은 '마인드'를 얘기한 것이지요. 회사 안에서도 얼마든지 자신만의 확고한 브랜드를 구축할 수 있으니까요. 그런 사람이라면 독립을 해서도 능히 자신의 능력을 유감없이 발휘하겠지요. 많은 이들의 성원과 환호를 받으면서 말입니다.

나는 새로운 인생, 즉 과거와 다른 두 번째 인생을 꿈꾸는 이들에게 당신이 내게 선물한 메시지들을 똑같이 전해주고 있습니다. 나는 그들에게 당신을 대신해 이렇게 권유합니다.

"먼저 스스로를 경쟁자나 동료들로부터 차별화할 수 있는 특징이나 장점을 파악하라. 가령 이번 주에 당신은 두각을 나타내기 위해 어떤 일을 했는가? 당신의 동료나 고객들은 당신의 가장 큰 장점을 무엇이라고 말하는가? 가장 주목할 만한 당신의 특징은 무엇인가?

차별화 지점을 찾았다면, 이제 직장인들이 회사 구조 내에서 밀려나지 않기 위해 써먹는 홍보문구 따위는 내다버려라. 당신의 직위는 잊어버려라.

스스로에게 다음의 질문을 던져보라. '눈길을 사로잡고 측정 가능하며 비범하고 차별화될 수 있는 가치를 더하기 위해 내가 뭘 해야 할까?'

당신의 근무조건은 잊어버려라. 다시 질문을 던져라. '내가 가장 자랑스러워하는 일은 무엇인가?' 무엇보다도 지금의 자리에 이르기까지 거쳐온 승진의 사다리는 잊어버려라. 그 망할 놈의 '사다리'는 태워버리고 이렇게 자문하라. '한 점 부끄러움 없이 자랑할 수 있는 것은 무엇인가?'

만약 '브랜드 유(Brand You)'가 될 계획이라면 당신의 가치를 확장할 수 있는 일, 당신이 자랑스러워하고 당당하게 내가 한 일이라고 내세울 수 있는 일에 매진해야 한다. 이와 같은 질문을 다 마쳤다면 이제 자리에 앉아 당신의 브랜드를 규정할 수 있는 질문을 하나 더 던져야 한다. '나는 무엇으로 유명해지고 싶은가?' 그렇다, 당신은 유명해져야 한다."

경애하는 톰, 당신은 보통사람들(대부분의 직장인들이나 자영업자들이 이에 해당되겠지요)의 내적 갈등을 정확하게 진단했습니다. 보통사람들은 무엇을 하고 싶은지, 무엇이 되고 싶은지에 대해서는 상세하게 묘사합니다. 하지만 정작 자신이 무엇을 잘하는지, 무엇을 잘할 수 있는지에 대해서는 말을 아끼고 아낍니다. 이상향과 발을 딛고 있는 현실과의 간격이 너무 큽니다. 어른이 되고 싶어 하는 아이처럼 말입니다.

하지만 당신은 문제의 지적에만 머물지 않았습니다. 그 해결책을 명쾌하게 제시해주었습니다. 감사의 말을 전합니다. 아마도 전 세계에 당신의 말과 글로 인해 인생을 바꾼 사람은 수 만, 아니 수십 만 명에 이를지도 모릅니다. 나도 그 중 한 명입니다.

당신의 말은 진정 옳았습니다.

당신의 혜안에 진심으로 경의를 표하며, 글을 마칩니다.

대한민국의 한 교수이자 작가로부터

미션이
인생의 CEO다

30년 동안 열심히 공부하고 준비해서 들어간 직장. 그 기쁨과 흥분도 잠시.

결과는 말하지 않아도 누구나 잘 안다. 중학생도 안다. 기껏해야 10년, 15년 후에는 그 직장을 나와야만 한다는 진실을.

최근에 모 전자회사에 특강을 다녀왔다. 주로 1~3년차에 이른 마케팅관련 담당자들이었는데, 회사의 명성에 걸맞게 모두가 훌륭한 인재들로 보였다. 쉬는 시간에 그들이 나누는 휴대폰 통화는 영어나 중국어, 스페인어 등이 뒤섞여 있었다. 10분이라는 짧은 틈을 이용해 해외 바이어와 협의를 하는 모양이었다. 나는 속으로 '이런 인재들을 보유하고 있는 이 회사는 참으로 복이 많다'고 생각했다.

그런데 내게 다가온 한 대리 직원과의 짧은 대화는 그런 생각을 확 바꿔놓았다.

"저, 교수님. 제가 사업기획을 하나 한 게 있는데요. 한번 제가 찾아뵙고 자문을 좀 구하고 싶은데, 가능할까요?"

"회사의 중요한 일을 밖으로 오픈해도 되나요?"

"회사일이 아니고요. 사실은 곧 회사를 그만두고 사업을 시작할 생각이거든요. 그에 관한 프로젝트 기획서를 보여드리고 싶습니다."

"아, 네…"

내가 뜻밖이라는 표정을 짓자 그는 재빨리 가볍게 윙크를 하며 나지막이 말했다.

"남의 회사에 목숨 걸 생각, 없거든요."

"아니, 그렇다 해도 누구나 부러워할 만한 직장 아닌가요?"

"그래봐야 월급쟁이 신세죠. 시키는 일이나 하는 수동적 인간으론 살고 싶지 않습니다. 오해하실까봐 말씀드리는데, 저만 이런 생각 하고 있는 건 아니에요, 교수님. 여기 강의실에 앉아 있는 사람들 중 8할은 저와 같은 생각일 겁니다."

그에 따르면, 자타가 공인하는 대기업에 입사했지만, 막상 그 안으로 들어와 보니 여느 조직과 별반 다른 게 없었다고 한다. 자기계발을 통한 성장의 기회를 발견하기란 거의 불가능했다는 것이다. 그래서 그 회사의 평균 근속년수가 기껏해야 7년 정도였다. 즉 대리 말년차

정도면 회사를 떠난다는 뜻이다. 그래서 그 회사의 젊은 직원들은 둘 중 하나다. 전직을 고려하고 있거나 창업을 생각하고 있거나.

왜 굴지의 대기업에서조차 이런 현상이 벌어지는 것일까?

나는 회사와 개인직원과의 어쩔 수 없는 이해의 충돌 때문이라고 본다. 회사 입장에서야 인재를 붙들고 싶겠지만, 스스로의 가치를 아는 인재일수록 다른 기회와 더 나은 가능성에 베팅을 하게 마련이다. 또한 어떤 회사든 인재를 영입하기 위해 각별한 노력을 기울인다. 하지만 그와 동시에 인재가 없어도 회사가 차질 없이 운영될 수 있는 시스템을 구축하기 위한 노력도 잊지 않는다. 그래야만 회사가 안정적으로 유지될 수 있기 때문이다. 자, 그렇다면 직장인인 당신은 어떻게 해야 할까? 당신이 떠나도 회사는 돌아간다. 당신이 정말 붙잡고 싶은 인재였을지도 모르지만, 굳이 떠난다는 당신을 말릴 생각도 없다. 그것이 회사의 생리다. 회사는 당신의 부재에 따른 대안 시스템을 마련해놓고 있다. 그렇다면 당신은 어떤가? 어떤 대안을 갖고 있는가? 결론부터 말하자면, 지금 당신이 출근하고 있는 자리에 목을 매서는 안 된다. 설사 향후 5년, 아니 10년을 더 다니게 된다 하더라도 마음가짐만큼은 '내 운명은 내가 결정한다'는 강한 자신감을 갖고 있어야 한다.

바둑에 '대마불사(大馬不死)'라는 격언이 있다. '큰 세력을 형성해놓기만 하면 그 힘과 위세는 쉽사리 줄어들지 않는다'는 뜻이다. 이는 바둑계를 넘어 정치, 경제, 사회 전 분야에 걸쳐 널리 사용되고 있다. 물론 하늘 아래 영원한 게 무엇이 있으랴마는 그럼에도 불구하고 다른 무엇보다도 오래 견디고 힘을 유지하는 것이 있다면, 그것은 곧 대마불사의 한 예가 될 것이다. 우리가 5년 전략을 세워야 하는 이유도 바로 우리 인생에 '대마'를 만들기 위해서다.

대마불사의 출발은 '미션(mission)'에서 비롯된다. 자신의 미션을 명확하게 정의하고 품은 사람들만이 세상을 향해 힘찬 발걸음을 내딛을 수 있기 때문이다. 그들의 움직임은 결국 역사가 되고, 역사는 마침내 그들의 편이 된다. 한 나라의 역사가 그렇듯이 한 개인의 역사도 마찬가지다.

원룸 자취방에 컴퓨터 두 대 놓고 운동화를 팔기 시작한 20대 청년 토니 셰이. 그는 '자포스'를 세계적인 온라인유통기업으로 성장시킴과 동시에 개인 자산 1조원이라는 어마어마한 청년 재벌이 되었다. 이 정도 재산이 있다면, 회사 일을 맡기고 편히 쉬며 즐길 만도 한데, 그는 놀랍게도 라스베가스 사옥 근처에 18㎡의 캠핑카를 임대해 그 곳에서 살고 있다. 창업 당시와 다름없이 여전히 24시간을 오롯이 회사 일에만 전념하며 살겠다는 이유다. 세계 수많은 경영대학원에서 고객중심경영의 대표적 성공사례로 연구대상이 된 기업, 미국 대학생이 가장 입사하고 싶어하는 인기 절정의 기업, 이런 자포스를 실질적으로 이끌어 가고 있는 중심 에너지는 바로 토니 셰이의 가슴 속에 뜨겁게 펄떡이고 있는 그만의 '미션'이다. 그는 한 인터뷰를 통해 자신의 미션을 이렇게 밝혔다. "저는 단순히 돈을 버는 것을 목표로 하지 않았어요. 제 유일한 목표는 우리 직원과 우리 고객이 자포스로 인해 더 행복해지는 것입니다." 그는 자신의 미션과 철학이 고스란히 담긴 책을 펴냈다. '딜리버링 해피니스(Delivering Happiness)'라는 타이틀로.

월트 디즈니는 자기 인생의 미션에 대해 "사람들을 행복하게 만드는 것"이라고 정의했다. 구글의 CEO 에릭 슈미트의 미션은 "전 세계 모든 정보를 모으고, 그것을 누구나 쉽게 접근해 활용할 수 있게 하는 것"이다. 나이키의 창업자 필 나이트의 미션은 "세계의 모든 스포츠맨에게 영감을 불어넣고 그들로 하여금 혁신을 일으킬 수 있도록 하는 것"이다.

"세계를 열린 공간으로 만들어, 언제 어디서나 무엇이든 모두와 공유할 수 있는 서비스를 실현시키는 것" 이 미션은 과연 누구의 것일까. 쉽게 눈치 챘을 것이다. 바로 페이스북의 마크 주커버그가 20대 초반에 정의내린 인생 미션이다.

미션은 위대한 인물들의 전유물이 아니다. 나와 친분이 있는 한 교수는 다음의 미션을 갖고 있다. "살아가기에 합당한 지식과 지혜를 배우고 익힘으로써 학생들에게 좋은 본보기가 된다." IT 분야에서 높은 평가를 받고 있는 한 젊은 연구원은 내게 자신의 미션에 대해 다음과 같이 밝혔다. "빠르게 변하는 IT 분야의 흐름을 예의주시하고 예측함으로써 사회와 기업에 꼭 필요한 가이드로서의 역할을 충실히 수행한다."

미션이 꼭 자신의 일과 결부될 필요는 없다. 내가 아는 한 40대 여성은 이런 미션을 갖고 있다. "내가 품을 수 있는 사랑과 희생의 마음을 최대한 키운 후, 그것을 남김없이 이웃에게 사용함으로써 후회 없이 사랑을 실천하는 것, 그것이 나의 미션이다."

주도적인 인생을 살고자 하는 사람이라면 자신의 가치관에 따라 미션을 결정하면 된다. 미션은 타인에게 드러내 보이기 위함이 아니다. 굳이 멋지게 만들어 타인에게 들려줄 필요도 없다. 자신의 인생전략이 흔들릴 때마다 몸과 마음을 다잡아주는 죽비 같은 역할을 할 수 있으면 충분하다. 시인이자 철학자인 랄프 왈도 에머슨은 다음과 같이 조언한다. "성공의 첫 번째 비밀은 자기신뢰다. 자기신뢰란 당신이 이 세상에 나온 것은 조물주에 의한 것이며, 당신에겐 당신만의 특별한 미션이 부여되었다는 것을 믿는 것이다."

미션은 당신의 삶을 귀하게 만든다. 쓰임 깊은 삶으로 당신을 초대한다. 인류 최고의 복서로 평가받았던 슈거 레이 로빈슨은 말한다. "아무도 당신을 믿지 않을지라도, 당신만은 자신을 굳게 믿어야 한다. 그래야만 챔피언이 될 수 있다."

자신에 대한 확고한 믿음을 갖고자 한다면 자신의 미션을 굳게 붙들어야 한다. 미션은 시시각각 변해서는 안 된다. 일관되고 지속적이어야 한다. 언제 어디서나 균일하게 생각과 태도와 행동에 깊은 영향을 미치고 있어야 한다. 우리 삶의 CEO는 우리의 '미션'이다. 미션이 이끄는 삶을 사는 사람은 유혹과 좌절에 넘어지지 않는다. 이것이 곧 대마불사의 삶이다.

절대 자신을 과소평가하지 마라. 타인과 비교하지도 마라.

오늘 당신을 짓누르고 있는 무언가에 휘둘리지도 마라.

알리바바그룹 회장 마윈은 이렇게 조언한다.

"오늘 너무 비참하고 내일은 더 비참할지라도 모레는 반드시 찬란한 날이 온다. 다만 많은 이들이 내일 밤에 포기해버려 모레의 태양을 보지 못할 뿐이다."

당신은 지금 직장에서 어떤 어려움을 겪고 있는가? 상사와의 갈등? 실적 부진? 동료들과의 경쟁?

대마불사의 정신으로 그런 시시한 것들을 가볍게 제쳐라. 고개를 빳빳이 들고 큰 걸음을 내딛어라. 당신의 새로운 인생은 이 같은 당당한 태도를 통해 만들어진다.

"나는 그저 평범하게 살라는 뜻으로 신이 우리를 이 땅에 세운 것이 아님을 믿는다." 미국 풋볼 역사상 최고의 코치로 불리는 루 홀츠가 우리에게 주는 응원의 메시지다.

5년 전략의 최전선에 당신만의 미션을 놓도록 하라. 그 미션이 당신을 새로운 삶과 도전으로 이끌어갈 것이다.

사랑한다면
'다섯 손가락' 안에 들어라

어느 책에서 읽은 한 노인의 이야기이다.

어느 날 노인은 완전히 쇠약한 몸으로 병상에 누워 있었다. 그 날은 바로 그의 인생의 마지막 날이었다. 힘겹게 눈을 떠보니 많은 사람들이 침대를 빙 둘러 서 있는 게 보였다. 그들의 얼굴엔 슬픔이 가득했다. 노인이 간신히 입을 떼며 말했다.

"오, 자네들 왔는가. 내 어린 시절부터의 친구들. 작별인사를 하러 온 모양이지? 너무나 고맙네."

가장 가까이 서 있던 한 사람이 노인의 손을 꼭 쥐며 말했다.

"그래, 우리는 자네의 오랜 친구지. 무척이나 각별한 사이였다네. 하지만 자네는 아주 오래 전에 우리를 버렸네. 우리가 누군지 아는가? 우리는 자네가 단 한 번도 발전시켜보려 하지 않았던 '특별한 재능들'이라네. 또 자네가 단 한 번도 발견하려고 시도하지 않았던 '숨겨진 잠재력들'도 여기 함께 와 있네. 옛 친구여, 우리는 자네를 위로하러 여기 온 게 아니라네. 오늘 사네와 함께 숨을 거두기 위해 온 것이라네."

섬뜩하지 않은가? 한 번도 써먹지 않은, 발굴하지 못한 재능과 잠재력이 마지막 날에 함께 생을 마감하려 찾아오다니. 우리는 이 짧은 이야기 속에서 많은 교훈을 얻을 수 있다.

당신에겐 남다른 재능이나 특기, 잠재력 또는 흥미가 있을 것이다. 과연 그런 남다른 것들이 당신의 삶을 이끌고 있는가? 만일 그렇지 않다면 주저 없이 삶을 재구성해야 한다. 자신을 이끄는 것이 남의 지시나 그저 하루하루의 돈벌이인 채 살아간다면 그것처럼 재미없고 의미 없는 삶도 없다.

리더십에 대해 책을 쓰고 강연을 하는 존 맥스웰은 자신의 삶에 대해 이렇게 쓰고 있다. "내 강점은 많은 사람이 잘 알고 있듯이 사람들을 리드하고 소통하고 관계를 형성하고 교류하는 것이다. 나는 딱 이 4가지만 완벽하게 할 수 있다. 나머지는 평균 혹은 그 이하이며, 약점도 많다. 나 자신은 물론 주변 사람들도 잘 알고 있다. 그래서 나는 내 약점을 보완해줄 사람들로 팀을 꾸리고, 내 강점에 의존하는 방법과 습관들을 개발하고 익혔다. 나를 꿈으로 가까이 인도하는 습관들을 소개해보자. 나는 매일 리더십을 주제로 한 글을 읽는다. 나는 매일 리더십을 주제로 한 글을 정리한다. 나는 매일 리더십을 주제로 한 글을 쓴다. 나는 매일 리더십을 주제로 이야기한다. 나는 매일 리더십을 주제로 질문한다. 나는 매일 리더십을 주제로 사람들을 훈련시킨다. 나는 매일 리더십을 주제로 생각한다. 나는 매일 리더십을 주제로 사람들에게 가치를 부여한다. 나는 매일 리더십을 주제로 리더들에게 이야기한다."

존 맥스웰이 리더십이란 주제를 얼마나 사랑하고 있는지 느껴지지 않는가? 그는 당연하게도 리더십에 관한 한 독보적인 전문가로서 성공가도를 달렸다. 그의 리더십 관련 서적들은 글로벌 베스트셀러가 되었고, 세계 어느 곳에서든 그의 강연장에는 수많은 사람들로 가득 찬다.

당신은 어떤 주제에 몰두하며 하루를 보내는가? 당신이 좋아하는 일은 무엇인가? 당신이 지금 하고 있는 일은 무엇인가? 당신은 그 일과 함께 열정적으로 하루 일과를 보내고 있는가? 당신이 하는 업무와 관련해서 얼마나 읽고 배우고 생각하고 교류하고 발전시켜나가고 있는가? 당신은 그 일을 얼마나 사랑하고 있는가?

예전에 나는 마케팅과 광고 업종에 몸담고 있었다. 좀 더 구체적으로 말하자면 AE, 즉 광고기획자였다. 대한민국에 존재하는 광고대행사는 수백 곳에 이른다. 제일기획을 필두로 TBWA, 대홍기획 등 내로라하는 대행사가 즐비하다. 이들 회사 내에는 손꼽히는 유능한 기획자들이 차고 넘쳤으리라. 물론 내가 광고대행사에 다닐 때도 마찬가지였다. 그렇다면 당시의 나는 어땠을까? 과연 내가 속한 회사 내에서 손꼽히는 기획자였을까?

답은 '예스'다. 나의 경쟁상대는 회사 안에 없었다. 인물이 없어서가 아니다. 내가 잘나서도 아니다. 애초부터 나의 경쟁상대는 타 회사에 있었다.

'나는 업계 기획자들 중 다섯 손가락 안에 들겠다'는 목표를 갖고 있었다. 입사 후 1년이 지난 후부터 마음속에 각인한 목표였다. 목표가 뚜렷하면 뚜렷할수록 내가 무엇을 해야 할지가 명확해졌다. 또한 그것을 어떻게 해내야 하는지에 대한 로드맵도 쉽게 그릴 수 있었다.

날마다 내 가슴을 뛰게 하는 목표를 가진 후 나는 빨간날(휴일)을 제대로 쉬어본 기억이 없다. 그래도 나는 누구보다 행복했다. 휴일을 사무실에서 보내고 노을빛을 바라보며 집으로 향할 때 왠지 모를 뿌듯함이 내 몸을 감쌌다.

'돈을 벌면서 일을 배우는 게 얼마나 행복한 일인가!' 하는 생각이 절로 들 정도였다. 실제로 나는 많이 배울 수 있었다. 누가 시켜서가 아니라 내 일을 더 잘해내기 위해 나는 끈질기게 배워나갔고, 그 배움은 기쁨으로 돌아왔다. 어느새 내 스스로 자신감을 확보하기에 이르렀다. 그후 나는 사람들을 만날 때마다 내 목표는 '톱(top) 5'라고 당당하게 말할 수 있었다. 그렇게 되기까지는 물론 순탄하지 않았다. 수많은 좌절과 위기도 있었다. 상사에게서 가혹한 질타를 받은 적도 있었다. 클라이언트로부터 인격적인 수모를 겪은 일도 적지 않았다. 업무상 오류와 실수도 많았다. 하지만 지금도 기억이 생생한 다음의 두 가지 사건이 내겐 큰 성장의 밑거름이 되었다.

첫 번째 사건이다.

회사에서 살다시피 한 결과, 어느 날 나는 일정 수준 업무에 자신감이 붙어 있었다. 마케팅, 광고, 프로모션 등에 관한 지식들도 해당 연차보다 많이 축적되어 있었다. 다양한 프로젝트 경험으로 실전 능력도 꽤 인정받고 있었다.

슬슬 욕심이 났다. 규모가 큰 대행사로 옮기고 싶었다. 그래서 선택한 A사의 경력직 공채에 원서를 넣고 기다렸다. 면접에 와달라는 연락을 받았다. 자신이 있었다. 그런데 결과는 좋지 않았다. 지나친 자신감이었을까. 전날에 나는 대학동기 모임에서 그만 과음을 하고 말았다. 면접 당일 술 냄새가 풍길 정도였다. 자만한 결과가 어떤 것인지 뼈아프게 받아들일 수밖에 없었다.

두 번째 사건이다.

첫 번째 사건으로부터 수개월이 지났다. 이번에는 업계에서 꽤 꾸준한 실적으로 정평이 나 있는 B사에 지원했다. 해당 팀의 실무진과 사전에 만나 업무내용에 대해 의견을 나누었을 정도였으니까 이직은 결정된 거나 다름없었다. 형식적인 임원 면접이 남아 있다는 해당팀 장의 전언이 있었다. 그런데 면접 자리에서 만난 그 회사의 임원은 뜻밖의 말을 꺼냈다.

"우리 회사보다 규모가 작은 회사에서 전직할 경우에는 지원자의 경력을 80%만 인정합니다."

"네?"

황당했다. 5년 경력이라면, 그 자리에서 1년이 깎이는 거였다. 나는 정중히 사양하고 돌아섰다. 자존심이 허락하지 않았다.

이 두 번의 사건을 통해 나는 더더욱 내 능력을 키우는 데 전력을 기울이게 되었다. 몇 달 지나지 않아 다른 대행사로부터 스카우트 제의가 오기 시작했다. "죄송합니다만 지금 맡고 있는 프로젝트에서 제가 빠질 수가 없습니다."

스카우트 제의를 거절해야 하는 '즐거운 반전'은 내가 광고회사를 그만두는 날까지 지속되었다. 심지어는 광고회사를 그만두고 회사를 차려 내 사업을 하고 있는 중에도 전화가 울렸다.

"저희 회사에 오셔서 C그룹 광고를 맡아주셨으면 합니다."

"말씀은 감사합니다만…"

기분 좋은 미소가 절로 지어졌다.

직장인은 누구나 명함을 지니고 다닌다. 그 명함을 한번 들여다보자. 통상 명함은 자신이 다니는 회사명, 소속팀(부서), 직급, 이름 순으로 새겨져 있다. 즉 자신보다는 자신이 속한 회사의 우산 아래에 있는 형국이다. 누구도 이 같은 순서에 반감을 갖지 않는다. 너무 쉽게 받아들인다. 바로 이것이 문제다. 회사 이름에 짓눌려 있으면서도, 자신이 그저 회사에 속한 수많은 사람들 중 하나라는 사실에 자족하고 만다. 나는 이 같은 모습으로 살기 싫었다. 어떻게든 명함의 순서를 뒤바꾸고 싶었다. 내 이름, 즉 '하우석'이 명함의 주인이어야 한다. 내가 중요하고, 내가 드러나야 한다. 그래야만 그것이 내 명함이라고 자신 있게 내밀 수 있다.

광고업계에는 다음과 같은 격언이 있다. '광고대행사 AE는 3가지를 팔아야 한다. 첫째, 광고주의 제품을 팔아야 한다. 둘째, 소속된 광고회사를 팔아야 한다. 셋째, 자기 자신을 팔아야 한다.'

나는 이 격언을 처음 접한 그날의 가슴 떨림을 지금도 생생하게 느낄 수 있다. 나는 정말 열심히 팔러 다녔다. 광고주의 제품을 정말 열심히 팔았다. 매출에 도움이 될 것 같은 일은 '이게 내가 할 일인가?' 하는 의심이 들어도 물불 안 가리고 뛰어들었다. CF, 신문광고, 잡지광고, 이벤트는 물론 계절별 매장 디스플레이도 꼼꼼하게 챙겼다. 모르면 배워가며 일했다. 심지어 매장 유리문 공사도 도왔고, 비오는 날이면 천장의 방수공사까지 챙기느라 이리저리 뛰어다녔다. 그 덕분이었을까, 광고주들은 내가 몸담고 있는 회사보다 '하우석'이라는 이름을 먼저 기억해주고, 믿어주기 시작했다. 그리고 내게 중요한 프로젝트들을 맡기기 시작했다.

내가 다니는 회사도 정말 열심히 팔러 다녔다. 당시 광고업계 20위 권 밖이었던 회사는 어느 순간 무섭게 치고 올라가 10위권 안에 안착할 수 있었다. 제일기획, 대홍기획, 오리콤 등등 '톱 5' 회사들을 열심히 추격했다. 직원이 아니라 나는 전사였다. 임원들도 따내기 힘든 프레젠테이션 참여권을 평사원이 연거푸 두개나 따내자 회사는 깜짝 놀랐다. 직원들은 수군거렸다. '이번 프레젠테이션, 하우석 씨가 영업해 온 거래.' '정말? 지난 번 K사 건도 그랬는데…' 나는 단번에 회사 내 스타가 되어 있었다.

나는 나 자신도 열심히 팔았다. 물론 나를 팔기 위한 가장 좋은 전략은 위 두 가지였다. 광고주 제품을 열심히 팔고 내 회사를 열심히 판 결과, 나는 내 이름을 잘 팔 수 있게 되었다. 수월했다. 내가 모르는 그 누군가가 날 찾아올 정도가 되었으니 말이다.

어느 날 중견 광고대행사의 이사라는 사람이 전화를 걸어왔다.

"하우석 씨 되시죠?"

첫 전화에서부터 그는 본론을 꺼냈다.

"명성은 이미 여러 루트를 익히 알고 있습니다. 저희 회사에서 일하실 의향은 없으신지요?"

생각해보겠다며 끊었다. 3일이 지나자, 그가 나를 직접 찾아왔다.

"회사 아래 카페에서 기다리겠습니다."

연봉, 직급 모두 파격적이었다. 그는 유비의 '삼고초려'를 연상시키듯, 세 번 나를 찾아왔다. 나는 그 당시 너무도 즐겁게 일하고 있던 회사였던지라 고사하고 그냥 남았다.

이 일을 계기로 나는 더욱 나의 가치, 내 이름의 가치를 높이기 위해 노력했다. 다시 한 번 말하지만 그 노력은 결국 광고주의 제품을 잘 팔고, 내가 속한 회사를 잘 파는 것이었다. 하지만 나는 뚜렷하게 알고 있었다. 명함에서 결국 가장 중요한 글자는 바로 내 이름 석 자라는 사실을. 그리고 무엇보다 더 근본적이고 중요한 사실 하나를 마음속 깊이 간직하게 되었다. '일을 잘하고 싶다면 가장 먼저 그 일을 사랑해야 한다'는 깨달음이었다.

그레이트풀 데드 밴드의 리더 제리 가르시아는 다음과 같이 말했다. "최고 중 최고라는 평가에 만족하면 안 된다. 당신이 그 일을 할 수 있는 유일한 사람으로 기억되도록 해야 한다."

그렇다, '최고'에 만족해서도 안 된다. 최고의 자리는 금세 다른 이에게 빼앗길 수 있기 때문이다. 오직 '유일한 사람'으로서 존재하는 것을 목표로 삼아야 한다. '유일한 사람'으로 존재하기 위한 유일한 길은 오로지 그 일을 완벽하게 사랑하는 것이다.

최고의 달란트는
신념이다

인생은 새로움의 연속이다. 어쩌면 오늘 하루에도 당신은 온갖 새로운 것들을 마주했을 것이다. 전철에서 새로운 사람들과 나란히 앉았고, 새로운 광고물을 보았다. 새로운 뉴스를 접하고 새로운 단어를 보았다. 새로운 서류를 작성했고, 새로운 고객과 상담을 했다. 새로운 메일들이 왔고, 새로운 책도 읽었다. 또 새로운 드라마를 보고, 새로운 꿈을 꾸며 잠들었다가 아침에는 새로운 날을 맞으며 일어났다.

모든 새로움은 당신에게 도전을 요구한다. 그 도전에 당신의 의지를 담으면 담을수록 당신의 인생은 더 당신다운 모습으로 변화된다.

예를 들어보자. 그동안 머릿속으로만 그려왔던 문화생활을 펼쳐보고 싶은가? 그렇다면 예술의 전당으로 가라. 그리고 오케스트라의 연주를 감상하라. 인사동 길을 천천히 걸어라. 그러다가 마음에 드는 미술관에 들어가 둘러보라. 대학로로 향하라. 수많은 공연들 중 흥미로운 제목의 연극을 한편 골라 보라. 대형서점에 가라. 그동안 가보지 않았던 시와 수필 코너를 서성대라. 왠지 손이 가는 책이 한두 권 있을 것이다. 망설이지 말고 사서 읽어라. 카메라를 들고 공원에 나가라. 담아두고 싶은 피사체를 마음껏 담아라. 하늘, 건물, 나무, 꽃, 사람들.

어려운 이웃과 함께 하는 삶을 지금부터 실천하고 싶은가?

집안을 둘러보라. 안 입는 옷, 안 보는 책, 안 쓰는 장난감, 나에겐 필요가 없지만 누군가에게는 제법 쓸 만한 것들이 도처에 널려 있다. 그것들을 구제단체에 보내라. 결식아동을 돕는 자선팔찌를 몇 개 사라. 하나는 당신이 끼고 나머지는 가족과 친구에게 선물하라. 그리고 그 팔찌의 취지를 설명하라. 주머니에서 매일 빼놓는 동전을 그냥 두지 말고 저금통에 모아라. 어느 날 저금통이 꽉 차면 구세군 자선냄비로 가라.

어디 이뿐인가? 마음만 먹는다면 얼마든지 많은 일들을 해낼 수 있다.

두 사람이 대화를 나누고 있다. 한 사람은 새로 접하는 어떤 사물이나 사건에 대해 늘 긍정적인 이야기를 한다. 반면 또 다른 사람은 부정적인 면만 들춰내면서 전체를 부정해버린다.

만일 이 두 사람에게 도전과 성취에 대해 말해보라고 하면, 긍정적인 A는 분명 '이 세상은 도전해볼 만한 것들로 가득 차 있는 흥미진진한 곳이며, 나는 할 수 있는 한 많은 것에 도전해보겠노라' 하며 눈을 빛낼 것이다. 그러고는 '나는 도전을 통해 내가 이루고자 하는 바를 꼭 이루어낼 것'이라고 불끈 주먹을 쥐며 미소를 지을 것이다.

모든 것에 부정적인 B는?

'도전을 해봐야 성공확률은 지극히 낮다. 이 세상은 도전에 실패한 사람들의 한숨과 탄식으로 가득 차 있다. 도전은 가진 자, 여유 있는 자만의 유희에 지나지 않는다. 성취는 가진 자들이 나눠먹는 것이다. 가끔 신문이나 방송에 나오는 인간승리의 드라마는 말 그대로 기적일 뿐이다. 기적이 누구에게나 일어나리라고 믿는 사람이 있다면, 나는 그에게 어서 꿈을 깨라고 얘기해줄 것이다. 보통사람들은 그저 하루하루 주어지는 힘겨운 삶을 살아내는 것만으로도 벅차다' 라며 인상을 잔뜩 구길 것이다.

나는 지금 가슴 한켠이 아리다. 그 이유는 바로 이 부정적인 B가 내 주변에 있었던 실존인물이기 때문이다. 그의 삶은 그가 단언한 대로 '겨우 하루를 버티듯 살아가는 힘겨운 인생'이 되어버렸다.

부정적인 생각에 빠지는 것은 결국 자기파멸에 이르는 직행열차에 오르는 것과 같다. 반면 긍정적인 생각과 태도를 유지하는 것은 아름답고 푸른 희망의 하늘을 날아 성공과 성취의 대륙으로 향하는 특급

항공을 타고 있는 것과 같다.

앤드류 카네기 등 위대한 성공을 이룬 인물 500명을 밀착 취재해 마침내 그들로부터 공통된 '성공비밀'을 밝혀낸 바 있는 나폴레온 힐은 성공을 이루게 하는 마법과도 같은 힘으로 '긍정적인 정신자세'를 첫손에 꼽았다. 그는 《당신 안의 기적을 깨워라》에서 다음과 같이 설명한다.

"긍정적인 정신자세는 어떤 상황이라도 우리에게 이익이 되는 방향으로 변화시키겠다는 확고한 목표다. 달리 말하면 유리한 상황에서나 불리한 상황에서나 균형 잡힌 삶을 영위함으로써 궁극적으로 마음의 평화를 얻겠다는 목표다. 긍정적인 정신자세는 실패와 좌절, 역경 속에서도 '그에 합당한 보상의 씨앗'을 찾아내 그 씨앗을 자신에게 이익이 되는 방향으로 발아시키겠다는 의지다. 우리가 세상을 살아가면서 필연적으로 부딪칠 수밖에 없는 달갑지 않은 상황에서도 그에 합당한 보상의 씨앗은 긍정적인 정신자세를 가질 때 가능한 것이다. 다시 말해 긍정적인 정신자세를 가질 때 비로소 불행에서 교훈을 얻을 수 있다. 긍정적인 정신자세는 삶에서 원하지 않는 것을 떨쳐내고 대신에 상황을 끊임없이 원하는 방향으로 끌어가려는 의지다."

사업하던 시절 최악의 위기상황에 빠졌을 때의 일화다. 한창 사업이 피크일 때는 서울 청담동 대로변의 멋진 유리 건물 1개 층을 사무실로 썼었는데 어느 순간부터 이런 저런 악재가 겹치더니 경영악화로 인해 사무실을 임대료가 훨씬 저렴한 곳으로 옮겨야 했다. 지금 사정에 맞춰 물어물어 도착한 곳은 대로에서 한참 떨어진 후미진 골목길의 건물 지하층이었다. 근처 슈퍼마켓이 지하창고로 오랫동안 사용하던 곳이라는데, 혹시 사무실로 쓰고 싶다면 한번 써보라고 했다. 직접 가보니 정말 눈앞이 깜깜했다. 한 치 앞도 볼 수 없을 정도로 그 곳은 깜깜했고, 이런 데를 사무실로 써야 하는 현실도 깜깜했다. 한참 더운 여름철인데 창문 하나 없는 지하실은 찜통 같았고, 에어컨을 설치하는 데 연결선만 20미터가 넘게 필요했던 곳. 지금 돌아보면 나야 그렇다 쳐도 그런 열악한 환경에서 큰 불만 없이 일 해준 직원들에게 너무나 감사할 따름이다. 어쨌든 임대계약서를 쓰던 바로 그 날, 나는 아직도 기억이 생생한 귀중한 경험을 하게 된다. 보통 그런 건물주들은 임대차 계약을 할 때 거의 대리인을 내세우는 데, 이 곳 건물주는 웬일인지 직접 계약서에 사인을 하겠다며 나를 자신의 집으로 초대했다. 바로 그 건물 맨 위층이 그의 집이었다. 띵— 7층 엘리베이터가 열리고 집에 들어선 나는 집주인이 무척 검소한 사람이란 것을 한눈에 알아챌 수 있었다. 소파는 군데군데 변색되고 헤져 있었으며, 한쪽 벽의 괘종시계는 틀림없이 대를 이은 듯 보였다. 장식물이라고는 조금 근사해 보이는 화분 하나가 전부였다. 예상대로 허름한 옷차림의 건물주가 방에서 나왔다. 편안한 미소를 띠며 그는 이렇게 말했다.

"이 건물 지하실은 사무실 용도로 만든 게 아닙니다. 많이 불편할 겁니다. 처음엔 부동산중개인한테 안 된다고 거절했었지만 젊은 사업가라는 말에 마음을 바꿨어요. 여기가 안 되면 또 아까운 시간을 들여 계속 헤매고 찾아다녀야 할 거 아니에요. 마음에 드는 곳을 찾으라는 보장도 없을 거구요. 저의 옛 생각이 납니다. 섬유공장을 운영 했었는데, 화재로 쫄딱 망했었죠. 그 때 정말 목숨을 끊을 생각까지 했어요."

그는 불쑥 물었다.

"혹시, 물에 빠져본 적 있어요?"

초등학교 시절 구사일생으로 살아났던 경험을 얘기했다.

"그럼 잘 알겠군요. 나도 그런 적이 있죠. 강물 속에서 뭔가가 잡아당기는 것처럼 쭉 빨려 내려갔죠. 한참을 내려가다가 발바닥에 뭔가가 닿는 느낌이 들었어요. 바로 강바닥이었죠. 그 때 든 생각이 '와 이젠 살았다'입니다. 죽을힘을 다해 두 발로 강바닥을 차고 올랐죠. 숨이 끊어지기 직전에 수면 위로 고개를 내밀고 숨을 쉴 수 있었답니다. 그렇게 살아났죠. 공장 화재 때 생각했죠. '그래 강바닥에 닿은 거야. 한 번 더 차고 올라가보자.' 용기를 내서 결국 재기에 성공했습니다."

그는 이후로 승승장구했고, 강남에만 이런 빌딩을 네 채나 갖고 있다고 했다. 그는 이 마지막 말로 무척이나 지쳐있던 나를 일으켜 세워주었다.

"지하실이 강바닥이에요. 이제 더 이상 내려갈 데가 없잖아요. 그러니까. 이제 올라갈 일만 남았어요. 두 다리에 힘을 꽉 주고 차고 올라가세요."

나는 더 이상 내려가지 않았다. 사업은 지속 성장했고 결국 지하를 탈출, 빛이 잘 드는 지상으로 사무실을 이전하게 되었다. 지하실에서 사업이 멈출 수도 있었다. '이렇게까지 사업을 해야 되나' 하는 생각을 수도 없이 했으니까. 그러나 그런 내면의 갈등이 있을 때마다 '그 래도 해보자. 난 할 수 있을 거야.'라는 긍정의 마음이 '해봐야 소용없어.'라는 부정의 마음을 이겼다. 어떨 때는 70대 30으로 이겼고, 또어떨 때는 51대 49의 근소한 차이로 이겼다.

긍정의 마음이 부정의 마음을 이기는 게 중요하다. 그런데 이런 싸움의 결과는 이미 평상시의 신념에서 결정이 된다고도 볼 수 있다. 즉, 나에 대한 신념, 나의 미래에 대한 신념이 있느냐 하는 것이다.

나폴레옹 힐은 긍정의 습관과 신념에 대해 이렇게 썼다.

"긍정적인 정신자세는 모든 문제를 객관적으로 평가해서 극복할 수 있는 것과 극복할 수 없는 것을 구분하는 습관이다. 긍정적인 정신자세를 지닌 사람이라면 극복할 수 있는 문제를 해결하려 전력을 다할 것이며, 극복할 수 없는 문제에 부딪치더라도 그 때문에 긍정적인 정신자세가 부정적으로 변하지 않도록 다짐에 다짐을 거듭할 것이다. 긍정적인 정신자세는 냉철한 판단력과 굳은 의지력으로 감정을 다스리는 습관이다. 긍정적인 정신자세는 우리 삶에 영향을 미치는 어떤상황에서라도 감정에 흔들리지 않는 자세다. 특히 불행한 상황이 갑자기 닥칠 때에도 냉정을 잃지 않는 자세다. 긍정적인 정신자세는 창조주의 전능한 힘을 인정하는 것이며, 그 힘이 믿음이란 매개체를 통해 우리 목표의 성취에 도움을 줄 수 있다는 사실을 인정하는 것이기도 하다. 긍정적인 정신자세는 외부의 도움이나 방해 없이 자신의 정신을 완벽하게 조절할 수 있다는 생득적 권리를 계발시키는 유일한 방법이며, 장애물을 성공의 징검다리로 변화시킬 수 있는 방법이기도 하다."

최근에 한 여학생과 상담을 했다. 그녀는 자신의 현 상황에 대해 담담하게 말했다.

"저는 여기 학교가 정말 별로라고 생각해요. 학생들 수준도 낮고요. 내일 당장이라도 학교를 그만두고 싶어요. 방학 내내 고민을 하다가 어찌어찌 2학기가 시작돼서 지금은 뭐, 별 수 없죠.

더군다나 학교를 그만두겠다고 부모님에게 얘기를 할 수가 없어요. 이 학교에 올 때 반대하셨거든요. 제가 설득해서 여기에 왔으니… 휴 (한숨), 여기 학교에 올 때 오빠가 그랬어요. 거기 갈 바에는 그냥 고등학교 졸업하고 네가 하고 싶은 일을 하는 게 낫겠다고요. 오빠는 서울에 있는 괜찮은 대학에 다니거든요."

나는 그녀의 고민을 경청하는 중간 중간 내 생각과 몇 가지 제안을 건넸다. "네가 정말 하고 싶은 일을 새롭게 한번 찾아보는 건 어떨까?

결국 선택은 네가 하는 거니까. 네 인생에 대한 투철한 책임의식을 더 가져야 할 것 같은데⋯ 네가 바라는 인생을 글로 한번 정리해보렴. 어쩌면 그 안에서 미처 생각지 못했던 사실이나 가능성을 발견할 수도 있으니까."

하지만 그녀는 묵묵부답과 함께 깊은 한숨을 내쉴 뿐이었다. 긍정적인 돌파구를 찾아내고자 했던 내 시도는 그 순간 맥없이 힘을 잃고 말았다. 아마도 부정적인 생각들로 가득 차 있기 때문에 그 어떤 틈으로도 긍정의 말들이 스며들지 못하고 있다는 느낌이 들었다.

고백하자면, 나도 부정적인 생각과 부정적인 태도, 부정적인 말을 뿜어내던 사람이었다. 물론 지금도 불쑥불쑥 부정적인 감정이나 날이 튀어나오곤 한다. 그러나 예전의 나와 지금의 내가 달라진 점은 부정의 기운이 내 몸에 퍼지면 가장 먼저 내가 '아, 지금 좋지 않은 기가 나를 지배하려 하는구나' 하고 곧바로 알아차린다는 것이다. 그리고 곧 빨리 이 기를 털어내야겠다는 강력한 의지가 생겨난다.

마라토너들에게 꿈의 대회라 불리는 보스턴마라톤대회. 근대올림픽이 열린 바로 이듬해인 1897년에 시작한 세계에서 가장 오래된 마라톤대회이자 세계 최고(最高) 권위의 대회다. 이 대회가 유명한 또 하나의 이유는 바로 후반부 주로에 있는 마의 언덕, 'Heartbreak Hill' 때문이다. 32km지점에 있는 이 언덕에서 수많은 선수들이 완주를 포기하고 만다. 'Heartbreak Hill'의 고통을 이겨내고 완주를 해낸 마라토너들은 한목소리로 이렇게 말한다. "미리 겁먹을 필요는 없다. 'Heartbreak Hill'에서 필요한 건 오직 하나, 내가 이 언덕을 통과해 낼 수 있다는 믿음, 즉 나에 대한 믿음뿐이다."

마하트마 간디는 이렇게 조언한다. "할 수 있다는 신념을 품으면 처음에는 그런 능력이 없을지라도 나중에는 틀림없이 할 수 있는 능력을 갖게 된다."

신념이 재능을 만들어낸다는 뜻이다. 우리가 부정적인 생각에 길들여지는 가장 큰 이유는 전투의지가 없기 때문이다. 익숙한 삶의 맥락에서 벗어나는 상황을 두려워하기 때문이다. 어디로 갈 수도 없고, 어디로 가지 않을 수도 없을 때 부정적인 생각은 우리의 삶에 태연한 표정으로 끼어든다. 그리고 그 딜레마적 상황에 계속 머무를 수 있도록 갖가지 핑계를 달아준다. 앞에서도 강조했지만, 인생전략을 세울 때는 탈출구를 찾아서는 안 된다. 반드시 돌파구를 마련해야 한다.

우리에게 '앞으로 5년'이라는 전략이 필요한 건 변화를 위해서다. 처음엔 기존의 밸런스가 무너지고 맞지 않는 옷을 입은 듯 불편해지게 마련이다. 하지만 곧 그것 또한 익숙해지고 만다. 사람에겐 누구나 특유의 적응력이 있기 때문이다. 이 적응력의 물꼬를 부정적 방향으로 틀 것인가, 긍정적 방향으로 틀 것인가에 따라 인생은 놀라운 차이를 나타낸다.

전략을 세운다는 것은 전혀 차원이 다른 삶으로 가는 여행이다. 새

로운 목적지가 생겨난다. 그렇다면 망설이지 말고 떠나라. 진정 좋아
하고 원하는 일이 무엇인지 발견하게 된다. 그렇다면 망설이지 말고
그 일을 사랑하라.

4장

무소의 뿔처럼 가라

당신이 5년 전략을 세운 후 이를 향해 일로매진하면, 반드시 누군가 당신의 발목을 붙잡기 위해 안절부절 못할 것이다. 어떻게든 자신과 같은 수준으로 끌어내리기 위해 처음에는 같이 죽자고 사정사정하다가 그 것이 먹히지 않으면 태도를 돌변해 온갖 비난과 독설을 퍼부을 것이다. 하지만 눈썹 하나 깜짝 하지 마라. 가장 멋진 복수는 독설과 비난에 미소를 보내는 것이다. 그들이 원하는 대로, 예상한 대로 살아주지 않는 것이다. 그들이 당신에게 가진 두려움을 그대로 실현시켜주는 삶을 사는 것이다.

Five Years From Now

어떤 경우에도
자존감을 잃지 마라

오바마 대통령은 이렇게 말했다. "당신의 인생을 돈벌이에만 쏟아 붓는 것은 야망의 빈곤을 나타낼 뿐이다. 당신 자신에게 너무나 하찮은 것만을 요구하는 꼴이다. 당신이 현재의 당신을 뛰어넘는 큰 뜻을 펼치고자 할 때에야 비로소 진정한 당신의 잠재력을 발휘할 수 있다."

그는 흑인 혼혈아로서 미국의 비주류이자 이방인 취급을 당하며 살았다. 그에게 따뜻한 조국이란 없었고, 친밀한 사회 또한 부재했다. 청소년기에는 농구장 구석에서 마약을 친구들과 나누곤 했다. 그 친구들 가운데 오바마와 가장 많은 대화를 나누고 뜻을 같이 했던 친구가 있다. 그의 이름은 레이. 그로부터 수십 년이 지난 오늘날 오바마는 글로벌 리더로 성장했고, 레이는 LA에서 노숙자의 삶을 살고 있다. 왜 이처럼 극명한 차이가 생겨난 것일까? 이유는 간단하다. 오바마는 뒷골목을 벗어나 큰 길로 나왔고, 레이는 계속 뒷골목에 머물러 있었기 때문이다. 그렇다면 오바마는 어떻게 뒷골목을 벗어날 수 있었을까? 그는 말한다. "가슴이 기뻐하는 일을 했기 때문이다."

마약보다, 방황과 일탈보다 오바마에게 더 짜릿한 전율을 준 것은 가슴이 기뻐하는 일이었다. 그는 다시 이렇게 말한다. "다른 사람이 가져오는 변화나 더 좋은 시기를 기다리기만 하면 결국 변화는 오지 않을 것이다. 우리 자신이 바로 우리가 기다리던 사람이다. 우리 자신이 바로 우리가 찾는 변화다."

가슴이 기뻐하는 일을 하게 되면, 우리의 자존감은 한껏 높아진다. 다시 말해 우리 자신의 판단과 철학이 인생에서 부딪치는 크고 작은 문제의 가장 좋은 해결책이 된다. 우리의 인생이 우리 자신을 존중해 주는 것이다. 우리의 인생이 우리 자신의 목소리에 귀를 기울이게 되는 것이다.

자존감이 드높은 사람들은 결코 돈과 명예에 집착하지 않는다. 언제부터인가 우리 사회에서는 얼마나 더 많은 연봉을 받느냐가 성공의 유일한 척도가 되다시피 했다. 물론 경제적 여유가 경제적 궁핍보다는 더 좋다. 하지만 경제적 풍요가 인생의 풍요라는 등식은 어떤 경우에도 '참'이 아니다. 이 명제를 지금부터 증명해보자.

30층짜리 쌍둥이 빌딩이 30미터 간격을 두고 나란히 서 있다. 그리고 두 건물 꼭대기와 꼭대기 사이에 폭이 1미터 남짓한 나무 널빤지가 가로놓여 있다.

내가 당신에게 100만 원을 주면, 당신은 이 다리를 건너갈 수 있겠는가? 100만 원에 목숨을 걸 수는 없는 노릇이니 당신은 분명 고개를 가로저을 것이다. 그럼 1억이라면 건너겠는가? 작지 않은 돈이지만 여전히 당신은 건널 마음이 없을 것이다. 그렇다면 20억을 주겠다. 건너겠는가? 20억이라면 한국사회에서 매우 큰돈이다. 뭔가 인생역전을 노려볼 만한 금액이다. 극도의 고소공포증이 없는 한 당신은 진지하게 고민할 것이다. 인생의 벼랑 끝에 몰려 있는 상황이라면 당신은 심호흡을 하고 첫발을 내딛을지도 모른다.

여기서 질문을 바꿔보자.

널빤지 저쪽에서 당신의 세 살배기 아들이 당신을 발견하고는 까르르 웃으며 아장아장 건너오기 시작한다. 당신은 어떻게 할 것인가? 질문할 필요도 없이 당신은 아들을 구하기 위해 다리를 필사적으로 건너기 시작할 것이다. 100억을 줄 테니 건너지 말라고 해도, 당신은 무조건 다리를 건너고 말 것이다.

그렇다, 돈이 인생의 최고 가치가 아니다. 억만금을 줘도 바꿀 수 없는, 돈으로는 환산할 수 없는 깊은 가치들이 우리 인생에는 존재한다. 그것을 얻기 위한 노력에 인생을 바칠 때 우리는 위대한 성공을 열어갈 수 있다.

2011년 작고한 스티브 잡스는 위대한 성공을 일군 인물이었다. 그가 애플이라는 세계 최고의 기업을 이끌었기 때문에 위대한 것이 아니다. 그가 경제적 풍요에 만족한 평범한 성공자였다면 우리는 그의 죽음을 그처럼 애도하지는 않았을 것이다. 우리는 그가 평생에 걸쳐 돈보다 위대한 가치를 추구했다는 사실을 잘 알기 때문에 그를 추앙한다. 그는 단 한 번도 자존감을 잃지 않았던 사람이다. 자신이 가야 할 길을 정확히 알았고, 결국 그 길 위에서 눈을 감았다. 가슴이 기뻐하는 일을 하기 위해 그는 한 번도 굽히지 않았고 포기를 몰랐다. 우리는 잡스처럼, 살아야 한다.

어떤 일이 있어도 돈과 자존감을 맞바꾸지 마라. 역설적으로 들릴지 모르겠지만, 돈에 집착하면 할수록 우리는 결코 '풍요'에 이르지 못한다. 풍요란 더 많은 물질을 갖는다고 해서 얻을 수 있는 게 아니다. 풍요의 상태는 자존감이 한껏 고양된 상태다. 내가 결정한 일을 나 자신이 진심으로 존중하고 따를 때 자존감은 드높아진다. 다른 사람들이 인정하지 않아도 내가 원하는 일을 당당하게 밀고 나갈 때 자존감은 드높아진다.

우리의 5년 전략을 위대하게 만드는 것은 곧 우리의 '자존감'이다.

단순하게 살아라

성공하는 사람과 실패하는 사람이 가장 큰 차이는 무엇일까?

그건 바로 '단순함'의 차이다.

학창시절 우등생들을 떠올려보라. 그들은 이것저것 잡다하게 참고서들을 사들이지 않는다. 형형색색의 볼펜이나 포스트잇을 갖고 있지도 않다. 그들은 우직하게 한 권의 책이 너덜너덜해질 때까지 들여다본다. 동선도 단순하다. 학교에서 도서관으로, 도서관에서 집으로의 생활을 반복할 뿐이다. 한 달이 멀다 하고 다니던 독서실을 바꾸고, 교사를 가리고, 문제집을 갈아타는 학생 치고 공부 잘하는 사람, 없다.

노벨상을 받는 학자들도 마찬가지다. 그들의 인생은 연구실에서 시작해 연구실에서 끝난다. 탁월한 CEO들을 살펴보라. 그들은 사장실에 야전침대를 갖다놓고 회사에서 먹고 자는 걸 즐긴다. 스포츠 스타들은 또 어떤가? 그들은 최고의 경기를 머릿속에 그리며 생의 대부분을 훈련장에서 보낸다.

그렇다고 오해는 하지 마라. 수도승처럼 철저한 금욕생활을 하라는 것이 아니다. 단순하다는 것은 뭔가에 열중해 있다는 것이다. 최고 수준의 몰입을 추구하다 보면 삶은 자연스럽게 단순해진다.

단순하게 산다는 것은 인생의 본질에 집중한다는 것이다. 본질을 겹겹이 싸고 있는 비본질적인 것들을 과감하게 정리하고 청산할 수 있을 때 우리는 우리의 목표에 명확하게 접근해나갈 수 있다.

젊은 마케터들을 대상으로 강연을 한 적 있다. 그들은 그 기업에서 자타가 공인하는 '하이 퍼포머들(high performer)'이었다. 강연이 끝난 후 뒤풀이 자리에서 우리는 비즈니스맨들의 영원한 화두인 '성과'에 대해 심도 있는 대화를 나누었다. 그때 그들 가운데 한 사람이 다음과 같은 얘기를 내게 들려주었다. "제가 하고 있는 일에서 성과를 낼 수 있는 가장 좋은 방법은, 제 일을 가장 잘 아는 사람들과 함께 하는 자리를 많이 갖는 것이었어요. 밥을 먹을 때도 술을 마실 때도 잠을 잘 때도 오직 성과만 머릿속에 박혀 있기 때문에 사실 제 일을 잘 모르는 사람들과 자리를 하면 별로 재미가 없었어요. 특히 대학친구들이나 동창 모임 등에 나가는 게 가장 싫었죠. 서로 다른 분야에서 일을 하기도 하거니와, 그런 자리에서 나오는 얘기는 늘 똑같거든요. 공부 잘하는 자식 자랑, 주식으로 큰돈 번 얘기, 골프나 자동차 얘기 등등이죠. 차라리 그 시간에 나와 목표가 비슷한 사람, 고민과 열망이 비슷한 사람과 대화를 나누는 게 훨씬 재미있고 좋은 아이디어도 얻게 되죠. 그러다 보니 회사 내에서도 몇몇 사람들과만 밥을 먹고 술을 마시고 함께 야근합니다. 24시간 붙어 다니죠. 그렇게 인간관계가 단순해지다 보니까 성과는 자연스럽게 올라가더군요. 단순해졌다고 해서 결코 협소해진 건 아니에요. 지금 만나고 있는 사람들만으로도 제 인생은 즐겁고 행복합니다."

그는 꿈과 열정의 수준이 비슷한 사람들과의 관계에 집중함으로써 '성과'라는 목표를 실현해나갔다. 인간관계의 본질이란 바로 이런 것이다. 스마트폰에 수천 개의 전화번호가 저장되어 있는 것과 풍성한 인맥과는 별 관계가 없다. 많은 사람을 만나는 것이 아니라, 자신의 목표에 대해 많은 얘기를 나눌 수 있는 사람과 만나는 것이 중요하다. 한 달에 한 번을 모이더라도, 그런 관계를 유지할 수 있다면 그 사람은 인맥이 풍성한 사람이다. 그저 흥청망청 모여 직장과 상사의 험담이나 늘어놓는 사람, 고급 아파트와 자동차를 자랑하는 사람에게 기대할 수 있는 성공은 없다.

지금 당신이 알고 있는 주변인물 중 성공가도를 달리고 있다 할 수 있는 사람 다섯 명을 떠올려 보라. 그들의 삶, 그들의 일상은 어떤가. 평균보다 단순한가 아니면 복잡한가. 아마 대부분 단순하다는 답을 얻을 것이다. 아무리 뛰어난 재능과 능력을 가졌다 해도 그것을 여기 저기 흩뿌려 사용하는데 자원을 허비할 뿐 자신의 재능을 갈고 닦는 일에 소홀하다면 탁월한 성과창출은 기대할 수 없다.

프로야구 이병규 선수는 39세라는 (야구선수로서) 늦은 나이에 지명 타자부문 골든글러브를 수상하고 나서 이런 말을 남겼다.

'눈을 보호하기 위해 TV보는 것도 참고 스마트폰 사용도 자제한다.' 단순하지만 어려운 결심과 실천 아닌가. 하나를 얻기 위해서는 다른 하나를 버릴 준 알아야 한다. 남들 다 하는 것을 나만 버리고 차단시 킨다는 것은 곧 단순한 삶을 의미한다. 평야를 질주하기 위해서는 튼 튼한 근육과 강한 심장을 만들어야 한다. 휘날리는 멋진 머리칼? 유 명브랜드 운동복? 이런 것들을 앞세워선 안 된다. 본질적인 것, 근원 적인 것, 필수적인 것에 단순하게 집중해야 한다.

목표는 명확하고 전략은 단순해야 한다. 지금 5년 전략을 세우고 있 다면, 당신의 목표에 완전하게 열중할 수 있는 시간이 당신 삶의 대부 분이 될 수 있도록 스케줄을 짜야 한다. 이를 방해하는 소모적 시간들 은 철저하게 배제하라. 그렇게 5년을 살아보라. 최고의 시간들을 보낸 자신을 발견하게 될 것이다. 그리고 5년 후, 다시 새로운 5년을 최고 의 시간으로 만들 수 있는 습관을 자연스럽게 체득하게 될 것이다.

아무리 강조해도 지나침이 없다.

다시 뛰는 당신, 반드시 '단순하게 살아라!'

마이 웨이를 불러라

일본의 한 일간지에 실린 아주 작은 흑백 사진 하나가 나의 시선을 잡아끌었다. 그 바로 밑에 커다랗게 실린 화려한 색상의 광고보다도 그 사진은 더 커보였고, 더 강렬했고, 몇 년이 지난 오늘까지도 눈앞에 생생히 떠오를 정도로 내 머리에 각인되어 있다.

그저 스치듯이 일별하면, 그 사진은 그저 한 야구선수를 찍은 평범하기 짝이 없는 사진일 뿐이다. 방망이를 휘두르는 장면을 전문가의 솜씨도 아닌 아마추어가 자동카메라로 찍어낸 듯한 한 장의 스냅사진. 하지만 그 사진이 담고 있는 의미는 결코 가볍지 않았다.

명확하게 얼굴을 분간하기는 어렵지만, 사진과 함께 실린 기사에 따르면, 그 사진 속 주인공은 이승엽 선수였다. 그리고 그의 모습을 찍은 사람은 다름 아닌 이승엽의 팀 동료였다. 왜 그 일본인 동료는 이승엽이 연습하는 장면을 촬영했을까? 또 왜 그런 흔한 사진이 신문에까지 실리게 된 걸까?

해답은 그 사진이 촬영된 장소와 시간에 있었다. 사진을 찍은 일본인 동료에 따르면 그날은 훈련이 없는 날이었고, 그래서 모든 선수가 휴식을 취하고 있었다. 일부는 맛있는 식사 테이블에서, 일부는 골프장에서 스트레스를 풀고 있었다. 그런데 우연히 그의 눈에 들어온 이승엽 선수는 호텔의 주차장 한쪽에서 구슬땀을 흘리며 배팅 연습을 하고 있었던 것이다. 그는 이승엽 선수의 모습을 카메라에 담으며 이렇게 느꼈다고 한다. '자국 선수들도 발붙이기 힘든 일본 프로야구에서 최고 수준의 타자로 자리 잡게 된 비결은 바로 저런 지독한 연습이었구나…'

우리는 언제나 그가 화려한 스포트라이트를 받는 장면에만 익숙해 있다. 담장을 훌쩍 넘기는 타구를 날린 후 담담히 그라운드를 돌아 홈플레이트로 들어오며 손을 번쩍 들어 환호하는 모습. 기록을 깨뜨리고 나서 꽃다발을 목에 걸고는 환하게 웃는 얼굴. 그 뒤로 멋지게 하늘을 수놓는 형형색색의 불꽃들.

가장 높은 곳으로 공을 보내기 위해 가장 낮은 곳에서 그는 끊임없이 스윙을 했고, 자신의 한계를 담금질하는 각고의 시간을 보냈다. 한눈팔지 않고 한 길을 걷는 그의 모습이 있었기에 그는 이미 스포츠 역사에 길이 남을 영웅의 자리에 앉게 된 것이리라.

한국 스포츠계가 낳은 또 한 명의 영웅, 최경주. 그는 이미 주요 메이저 대회마다 어김없이 초청을 받는 세계적 유명인사가 되었다. 하지만 그의 마음은 늘 겸손하다. 한 언론과의 인터뷰에서 그는 다음과 같이 고백했다. "저는 제가 솔직히 골프에 뛰어난 재능이 있다고 생각하지 않습니다. 그런 면에서 타이거 우즈 같은 선수를 저는 부러워합니다. 신체적으로나 감각적으로 그는 재능을 타고 난 선수라고 생각합니다."

기자는 놓치지 않고 질문을 던졌다. "그럼에도 불구하고 당신은 최고의 무대에서 우승을 하지 않았습니까? 그 비결은 무엇입니까?"

그러자 역시 최경주다운 답변이 이어졌다. "저는 특기도 골프고, 취미도 골프고, 여가생활도 골프뿐입니다. 쉴 때도 골프를 생각하고, 제 인생의 모든 것은 골프로 채워져 있습니다. 그 밖에는 잘하는 것도 없고, 좋아하는 것도 별로 없습니다. 그러다 보니 꿈에 그리던 우승까지 하게 된 것 같습니다."

나는 이 인터뷰를 보고 많은 감동을 받았다. 최고의 경지에 오르는 길은 '한 우물을 파는 것'이라는 사실도 새삼 깨달았다. 살아가면서 오직 하나만 생각한다는 것은 쉽지 않은 일이다. 지루하고 고단한 일이다. 하지만 그 열매는 상상을 초월하는 기쁨을 안겨다준다. 우리가 일생에 한 번은 반드시 정상에 서야 할 이유가 바로 여기에 있다. 한 번 정상에 서면, 그곳까지 가는 길을 지혜로운 나침반처럼 몸과 마음에 새길 수 있기 때문이다. 그래서 새로운 정상을 향해 힘차게 진군할 수 있기 때문이다.

문득 엉뚱한 상상 하나를 하게 된다. PGA 무대에서 두각을 나타내지 못했을 때, 그래서 골프채를 내팽개치고 싶은 느낌이 자꾸만 들 때 누군가 최경주에게 다음과 같은 제안을 했다면 어땠을까? "최경주 선수. 동양인이 PGA 무대에 섰다는 것만으로도 얼마나 명예로운 일입니까? 자, 이제 선수생활을 접고 저와 같이 유소년들과 아마추어 성인들을 대상으로 '최경주 골프스쿨'을 해보면 어떻겠습니까? 아마도 구름처럼 사람들이 몰려들 텐데요."

아니, 실제로 이런 제안을 한 사람들이 많았을지도 모른다. 그때 최경주의 귀가 솔깃해졌다면, 우리는 최경주의 이름을 기억하지 못했으리라. 물론 그가 새로운 길을 찾아 나섰다면 더 큰 성공을 얻었을 수도 있다. 하지만 그는 결코 위대한 삶을 살지는 못했으리라. 그의 꿈은 이루어지지 않은 채 회환과 미련의 이름으로 영원히 잠들었으리라. 나약해질 때마다 골프채를 단단히 쥐고 밤새 수천 번, 수만 번 스윙 연습을 한 최경주의 꿈은 우승이 아니었다. 그의 꿈은 정상을 향해 끊임없이 도전하는 자세, 바로 그 자체였다. 그래서 우리는 그의 굳은 살이 박인 거친 손을 보며 무한한 감동과 힘을 얻게 되는 것이다.

《제3인류》《개미》《나무》등의 작품으로 명성을 얻은 프랑스 소설가 베르나르 베르베르. 그의 일상을 들여다보면, 소설만큼이나 독특한 그만의 사고방식과 삶의 운용방식을 알 수 있다.

그는 전 세계적으로 가장 성공한 소설가로 손꼽힌다. 우리는 그런 사실 하나만으로 다음과 같은 짐작을 하게 된다. '엄청난 인세 수입을 올렸겠지. 그렇다면 당연히 수영장이 딸린 대저택을 구입했을 테고, 멋진 최고급 차를 몰고 휴양지를 휘젓고 다니겠지.'

하지만 우리의 짐작은 그의 실상 앞에서 여지없이 깨지고 만다. 베르베르는 프랑스 파리 시내 한복판에 자리한 작은 원룸 아파트에서 혼자 살고 있다. 대중들의 호기심을 풀어주기 위해 한 기자가 그의 집을 방문한 적이 있었다.

"베르베르 씨, 솔직히 이해가 잘 되지 않습니다. 좀 더 좋은 곳에서 여유롭게 살 수도 있을 텐데, 왜 이런 곳에서 살고 있나요?"

다분히 현실적이고 솔직한 질문이었다.

베르베르는 대답했다.

"특별한 이유는 없습니다. 이곳이 저는 가장 좋습니다. 언제든지 시내로 나가 거리를 걸으며 사람들을 관찰하고, 그들과 함께 호흡할 수 있기 때문이죠. 친구와 레스토랑에서 식사를 하고, 오후에는 스쿼시를 치거나 영화를 보기도 하죠. 도시인이라면 누구나 마찬가지죠. 그걸로 충분하답니다."

그는 새벽 4시 반부터 8시 반까지 글을 쓰고 나머지 시간은 평범한 도시인의 일상대로 살아간다. 기자는 여전히 뭔가 특별한 것이 있으리라 기대하고 집요하게 질문을 던졌다. 하지만 길고 긴 인터뷰가 끝나가도록 그의 바람 속에 있던 '특별한 무엇'은 없었다.

다급한 마음에 기자가 마지막으로 질문을 던졌다.

"그렇다면 당신의 엄청난 상상력은 대체 무엇으로부터 나오는 것인가요?"

베르베르의 대답은 평범했다.

"신문이죠. 그 안에 인간의 모든 것, 세상의 모든 것이 담겨져 있으니까요. 신문을 읽으면 지구 반대편의 어느 도시에서 어떤 사람이 어떤 일을 했는지 다 알 수 있지요. 신문은 제가 세상을 바라보는 창이라고 볼 수 있습니다. 제가 쓴 소설들의 주제나 소재는 대부분 신문에서 발굴한 것이라고 해도 과언이 아닙니다."

이처럼 베르베르는 자신을 과시하거나 과대포장할 생각이 추호도 없는 인물이었다. 그럼에도 그는 당당하고 빛나보였다. 그 이유는 무엇일까? 자신이 선택한 길을 흔들림 없이 걷고 있었기 때문이다. 자신이 걷고 있는 길을 다른 사람에게 강요하지도 않았고, 따라오라고 권유하지도 않았으며, 그 길만이 옳다고 생각하지도 않았다. 마치 물이 위에서 아래로 흐르는 것처럼, 순리대로 살아갈 뿐이었다.

이승엽에게는 이승엽의 길이 있고, 최경주에게는 최경주의 길이 있고, 베르베르에게는 베르베르의 길이 있다. 그들이 위대했던 것은 그들이 자신들의 길 위에서 한 번도 내려오지 않았기 때문이다. 미국의 저명한 저널리스트 크리스토퍼 몰리는 성공에 대해 이렇게 해석했다. "이 세상에는 오직 한 가지 성공이 있을 뿐이다. 바로 자기 자신만의 방식으로 삶을 살아갈 수 있느냐다."

당신에게는 당신의 길이 있는가? '마이 웨이(My Way)'를 부르며 걸을 수 있는 길이 있는가?

무소의 뿔처럼 당당하게 혼자서 갈 수 있는 길이 있는가?

따뜻한 독종이 되라

독한 놈.

당신은 지금껏 살면서 '독한 놈' 소리를 들어본 적 있는가. 듣기에 따라서는 부정적인 의미로 들릴 수도 있지만, 내가 여기서 말하는 '독한 놈'이란 도처에 널려 있는 유혹과 함정에 일절 눈길조차 주지 않고, 오로지 자신이 가고자 하는 길을 꿋꿋이 걸어가는 굳은 의지와 강한 정신력의 소유자를 말한다.

'독한 놈'의 진정한 의미는 이런 것이다.

'저 친구 아주 독한 데가 있어. 나중에 되도 아주 크게 되겠어.'

'김 대리 말이야, 정말 지독한 친구야. 내가 뭐든 믿고 맡길 수 있는 유일한 녀석이지.'

'뭐? 하루에 5시간을 불어 공부에 투자한다고? 대학 때는 영어에 미쳐 있더니 이젠 불어까지… 직장 다니면서 그게 정말 가능하기나 한 거냐? 대체 너의 끝은 어디니?'

내가 말하는 '독한 놈'이 어떤 의미인지 정확히 알았으리라. 그런데 이 독한 놈이라는 표현 속에는 우리가 사회생활을 하면서 꼭 갖춰야 할 덕목들이 고스란히 들어 있다는 사실을 과연 몇 명이나 알까? 또 실제로 성공가도를 달리는 사람들 중에 '독한 놈' 소리 한두 번쯤 안 들어본 사람 없다는 사실을 누가 제대로 알까?

우리는 결과만 보는 데 익숙해 있다.

한 개인의 성공을 놓고도 그러하다. 그 사람이 어떤 생각을 가지고 어떻게 살아왔는지, 어떤 문제를 어떻게 극복했으며, 어떤 목표를 세우고 그것을 어떻게 달성했는지, 이런 세부적인 과정에는 별로 관심이 없다.

만일 당신이 정말 성공하고 싶다면, 이미 성공한 사람의 현재 겉모습만 봐서는 곤란하다. 그보다는 성공이라는 골라인에 닿기 전까지의 세월, 즉 무언가를 끊임없이 계획하고 준비하고 인내하고 위기를 극복했던 그 과정을 들여다보아야 한다. 그래야 그들의 삶으로부터 진정한 교훈을 얻을 수 있다.

결과는 피상이다. 껍데기일 뿐이다. 진짜 알맹이는 따로 있다. 성공한 사람들 중 어떤 이는 그것을 '정신'이라 부른다. 또 어떤 이는 '태도'

혹은 '자세'라고도 한다. 사람 수만큼이나 그 이름은 다양하다. 땀, 노력, 열정 등등.

나는 그 모든 것을 편하고 쉽게 '독한 놈 마인드'라 부른다. '독한 놈 마인드'만이 과거 지향적 인생을 미래 지향적 인생으로, 구속된 인생을 자유로운 인생으로, 의심의 인생을 확신의 인생으로, 주저하는 인생을 과감한 인생으로 바꿔줄 수 있다.

대한민국 청년들의 멘토, '시골의사' 박경철.

그는 실제로 의과대학을 졸업하고 병원을 운영 중인 의사다. 하지만 그를 더 유명하게 만든 것은 주식전문가로서 활동한 필명 '시골의사'다. 그는 웬만한 주식전문가들은 흉내조차 내지 못하는 방대한 경제지식을 갖고 있으며, 그를 바탕으로 놀라운 예측력을 발휘하기도 한다. 자신의 노하우를 책으로 담아내 베스트셀러 작가의 반열에 오르기도 했다. 경제적 안목뿐 아니라 폭넓은 인문적 지식에 바탕한 그의 책들은 인생에 대해 깊이 사유할 수 있는 길을 열어준다. 한 방송국에서 경제전문 프로그램의 메인 MC를 맡아 오랫동안 시청자들의 뜨거운 사랑을 받기도 했다.

그는 왜 의사로서 보장받은 삶에 만족하지 않았을까? 의사로서 살아가는 삶만으로도 버거웠을 텐데, 대체 어떻게 그처럼 분야를 가리지 않는 지식을 집대성할 수 있었을까? 이 또한 이른바 '독한 놈 마인드'에서 찾을 수 있다. 한 언론과의 인터뷰에서 그는 한때 자신이 낡

시에 흠뻑 빠졌던 경험을 털어놓았는데, 이는 그가 얼마나 집요한 성격의 사람인지를 잘 보여준다.

30대 초반의 나이에 대전에서 고용의사로 일하고 있던 그는 금강에서 누군가 대낚시로 잉어를 잡아 올리는 광경을 목격했다고 한다. 그때 그는 자신도 꼭 잉어를 낚아보고 싶다는 생각을 했다. 그는 곧장 서점으로 가서 《찌맞춤의 원리》 등과 같은 이론서 열댓 권을 사고, 낚시 전문지 구독을 신청했다. 그러고는 빨간 줄을 그어가며 이론서들을 낱낱이 독파했다. 그리고 나서야 비로소 낚싯대를 구입했다.

'침대에 누워 내가 물고기라면 어떤 떡밥을 좋아할까?' 하는 것까지 고민했다고 하니 참으로 지독한 인물이 아닐 수 없다. 병원에서 쓰는 영양제는 실험용 떡밥이 됐고 의사로서의 해부학적 지식 역시 어류(魚類) 이해의 밑천이 됐다. 그러다가 문득 낚시를 평생 취미로 삼기엔 시간낭비가 너무 심하다는 데 생각이 미쳤다. '낚시는 잉어를 잡을 때까지만 하겠다'고 선언한 뒤 그해 4월부터 9월까지, 심지어 태풍이 몰려와도 잉어를 낚기 위해 퇴근 이후에는 무조건 낚시터로 향했다. 어떤가? 정말 혀를 내두를 만한 독종이 아닌가?

'클래식 음악'에 대한 그의 또 다른 에피소드 하나.

대학시절 그의 별명은 '퀴즈의 제왕'이었다. 퀴즈동호회를 중심으로 PC통신에서 활동했다. 그 당시 그가 가장 싫어했던 퀴즈는 음악에 관련된 문제였다. 트로트나 김광석의 선율에 익숙했던 그의 귀에 클래식이란 넘을 수 없는 산 같았다. 그러던 어느 순간 그것을 반드시 극복해야겠다는 생각이 들었단다. 그래서 그는 클래식 전문가인 친구에게 초보자가 들을 만한 클래식 명반 100장을 추천받았고, 곧장 매장으로 달려가 레지던트 한 달치 월급을 몽땅 털어 그것들을 사들였다. 그 뒤로 수술을 할 때도, 차트를 정리할 때도 반드시 모차르트와 하이든의 음악을 하루 20시간가량 들었다. 그렇게 넉 달이 흐르자 생소했던 클래식 선율들이 자연스럽게 머릿속을 떠다녔고, 6개월이 지나고 나자 그 음악들을 다시 듣고 싶다는 감흥이 일어났다. 오케스트라의 합주 속에서 각각의 악기들이 자아내는 소리들이 하나하나씩 귀에 들어왔고, 드디어 새로운 세상이 열린 듯한 느낌을 갖기에 이르렀다.

생각해보라. 하루 20시간씩 클래식 음반 100장을 들었다니, 평범한 사람들은 엄두도 못 낼 일이 아닌가? 이처럼 성공하는 독종들은 1분 1초가 아까워 발을 동동 구르는 사람들이다. 평범한 사람들의 한 시간을 그들은 두 시간, 세 시간처럼 산다. 그러니 어떻게 성공을 하지 않을 수 있겠는가? 언젠가 대기업 임원 한 분이 내게 이런 말씀을 해주셨다. "하 교수, 세상에는 '성공하는 사람'은 없어요. 오직 '성공할 수밖에 없는 사람'만 있죠."

실패가 조금도 끼어들 수 없는 사람, 그래서 성공할 수밖에 없는 사람, 성공 외에는 다른 도리가 없는 사람은 한결같이 미친 듯이 파고드는 독종이다.

내 이웃에도 '독한 놈 마인드'로 무장된 사람이 살고 있다. 그의 슬로건은 '공부만이 살 길!'이다. 실제로 그의 집 거실에는 이 슬로건이 담긴 대형 액자가 걸려 있다. 종종 그의 집을 방문할 때마다 나는 그 액자를 바라보며 공연히 가슴이 뛰곤 한다. 새롭고 싱그러운 에너지가 몸을 감싸는 느낌이다.

퇴근하자마자 그가 향하는 곳은 집이 아니다. 회사에서 30분 거리에 있는 한 경영대학원의 강의실이다. 6시 30분에 시작하는 강의시간에 맞추기 위해서는 이 눈치 저 눈치를 봐가면서 도망치듯 회사를 빠져나가야 한다. 물론 사전에 팀장에게 양해를 구했지만, '회사보다 자기계발에 혈안이 된 놈'으로 비쳐지는 건 아닐까 하는 생각이 들기도 한다. 부하직원들에게도 '부서원들은 나 몰라라 하고 자기만 살려고 발버둥치는 사람'으로 여겨질까 늘 노심초사다. 그래서 주어진 시간 안에 그 누구보다 깔끔하게 일을 처리하느라, 단 1분도 허투루 쓰는 법이 없다.

저녁을 굶는 건 기본이다. 9시 30분이 되어서야 강의가 끝나고, 편의점에서 삼각김밥 하나와 컵라면으로 허기를 달랜다. 거의 11시가 다 되어서야 집 현관에 들어선다. 피곤에 지쳐 쓰러질 지경이지만, 눈에 힘을 주고 다음 시간에 맡은 세미나 준비를 한다. 새벽 2시가 되어서야 끝난다. 그럼에도 그는 언제나 싱싱하다. 빈틈없이 시간을 알차게 보냈다는 뿌듯함이 그에게 가장 큰 위안이다. 그리고 그 위안은 그의 삶을 탄탄하게 만든다.

그에게 토요일은 그야말로 '배우는 날'이다. 영어회화 주말반에 등록한 지 두 달째. 사원시절부터 꾸준히 다닌 덕분에 이제는 고급회화반에서 프리토킹 위주로 교육을 받는다. 그는 말한다. "승진하는 데 영어실력이 뒷받침이 된 건 사실이죠. 회사 실무에 꼭 필요한 영어를 구사할 줄 안다는 점 때문에 아직 살아남은 게 아닐까 생각하기도 해요. 앞으로는 중국어가 필요한데, 해야죠. 뭐."

그뿐 아니다. 그는 신간서적들은 서점에 들러 꾸준히 들여다본다. 그리고 '남들이 많이 본다' 싶은 책은 어김없이 구매해 탐독한다.

"생존을 위한 겁니다. 회사 임원이나 외부 거래처 사람들과 얘기할 때, 그들의 말을 못 알아들으면 어떻겠어요? 그런 경험을 몇 번 해봤는데 그것처럼 창피한 일이 없더군요. 모든 사람이 '블루오션, 블루오션' 하는데 저만 '그래서 푸른 바다가 어쨌다는 거야?' 했거든요. 세상 흐름에 뒤처지고 있다는 생각을 한 그날 이후로 이를 악물고 책을 읽기 시작했죠. 지금은 습관이 되었어요. 읽지 않아도 손에 책이 들려 있지 않으면 불안할 정도입니다."

최근에는 새벽시간을 활용해 골프연습장도 다닌다. 물론 빼먹는 날이 많지만, 그 필요성을 느낀 이상 그대로 흘려보내지 않는다. "골프를 좋아해서 연습장에 다니는 사람들도 있겠지만, 제 경우에는 필요해서 배우는 거예요. 앞으로 거래선 관리하는 데 필수적이라는 판단 때문에…"

사회생활에 첫발을 내딛었을 때는 이렇게 고단한 일상을 사는 사람이 될 줄은 꿈에도 몰랐단다. 하지만 목표를 향해 차근차근 접근하고 있다는 느낌 때문에 피곤한 줄 모른다고 웃어 보인다. "지금 당장 무엇을 취한다기보다는 '내일 혹시 무슨 일이 벌어졌을 때 낭패를 보면 안 되지' 하는 심정으로 하루하루 살아갑니다. 그래서 배우고, 배우고, 또 배우는 거죠. 그러다 보니 점점 자신감이 붙는 것 같아요. 무슨 일을 하든, 잘해낼 것 같다고나 할까요? 맞습니다, 두려움을 없애는 가장 간단한 비결은 배우는 것입니다."

지식정보화 사회에서 가장 무서운 것은 정보격차다. 정보격차가 경제격차와 지위격차를 만들어내기 때문이다. 즉 세상 돌아가는 정보에 둔감하면 돈도 못 벌고, 사회적 지위도 낮아진다는 말이다. 앨런 웨버는 《당신이 알아야 할 모든 것은 그들에게 있었다》라는 책에서 배움의 중요성에 대해 통찰 깊은 조언을 우리에게 선물한다. "당신이 몇 살인가는 중요하지 않다. 당신이 열정을 쏟는 대상과 함께 시작하라. 부자가 되겠다는 생각은 하지 마라. 당신이 끌리는 무언가에 대해 생각하라. 돈 한 푼 못 벌어도 할 것 같은 무언가를. 당신이 열정을 품은 대상에 대해 가능한 모든 것을 배워라. 손에 잡히는 대로 무엇이든 읽으라. 당신보다 아는 것이 많은 사람을 찾아 꼭 붙어 다녀라. 자신의 열정을 보여주는 발표회부터 시작하라. 공예품, 역사, 표본 등 습득하고 싶은 대상에 관해 찾을 수 있는 것이라면 무엇이든 그것으로 당신의 방을 뒤덮어버려라. 자신이 좋아하는 그 대상에 관해서는 그 누구보다도 많이 알게 될 때까지 계속 전진하라. 이것이 창업 비결이라는 말은 아니다. 부자가 되거나, 유명해지거나, 성공하는 법에 대해 말하고 있는 것도 절대로 아니다. 내 말은 이렇게 하면 당신이 원하는 곳까지 갈 수 있다는 뜻이다. 자신이 가장 열정을 불태우는 분야에서 최고의 전문가가 될 수 있을 것이다. 일반적인 지식은 갖추었지만 구체적인 지식은 갖추지 못한 사람들과는 차별화될 수 있을 것이다. 그리고 미래가 요구하는 가장 중요한 기술, 곧 배우는 기술에 대한 지속적인 탐색을 시작할 수 있을 것이다. 평생교육이 아니다. 살기 위해 배우는 것이다."

'독한 놈 마인드'는 하나의 습관이며, 태도다. 일이든 공부든 취미든, 한 가지 일에 몰입해 끊임없이 도전해본 사람은 그 어떤 대상에도 쉽게 몰입하고 도전할 수 있게 된다.

지금껏 살면서 내가 만나본 독종들은 결코 독한 사람들이 아니었다. 그들은 따뜻한 사람들이었다. 자신의 삶과 일, 자신이 살고 있는 세상을 넉넉하게 품어 안기 위해 그들은 밤낮을 가리지 않고 노력한다. 또한 그들은 무슨 일이든 일단 결심이 서면 어떻게든 판을 벌려놓아야지만 직성이 풀리는 사람들이다. 그들은 조금도 머뭇거리거나 고민하거나 망설이지 않는다. 목표를 세우면 곧장 그곳으로 달려가기 위해 구두끈을 조여맬 줄 안다. 내일이 아니라 오늘 바로 시작할 줄 안다.

《탈무드》에는 다음과 같은 글귀가 담겨 있다. "0에서 1까지의 거리가 1에서 100까지의 거리보다 길다."

많은 사람들은 1이란 숫자를 하찮게 여겨 100부터 바라본다. 그러다가 결국 1까지 가보지도 못한 채 0에 머문다. 반면에 1의 가치를 알고 1의 성취를 위해 모든 노력을 기울여 1을 달성해본 사람은 100까지 일로매진한다. 성취는 곧 다른 성취를 낳고, 작은 성취는 또 큰 성취로 이어지기 때문이다.

오프라 윈프리 또한 우리에게 의미심장한 조언을 던진다. "인생의 큰 비밀은, 큰 비밀 따위는 없다는 것이다."

인생의 진리는 단순하다. 시간만 있으면 누구나 성공한다. 성공하려면 시간을 내야 한다. 따뜻한 가슴과 차가운 머리를 가진 독종만이 시간을 자신의 편으로 만든다.

앞으로 5년. 당신을 독종으로 만들어줄 스톱워치를 지금, 바로, 눌러라.

비난에 감사하라

'당신은 한물 간 쓰레기.'

만일 누군가가 이런 독설을 퍼붓는다면, 당신은 어떻게 반응하겠는 가? 더군다나 그 독설이 유력 일간지에 실렸다면? 아마도 좌절감과 패배감, 혹은 치밀어 오르는 모멸감과 분노로 더 이상 정상적인 삶을 영위하기 힘들어질지도 모를 일이다.

여기 실제로 그런 일을 당한 사람이 있다.

그는 어린 시절부터 큰 시련을 겪었다. 초등학생 때 일이다. 그는 선생님들로부터 구제불능의 아이로 낙인찍혔다. 한 선생님은 생활통 지표에 한심하다는 듯 이렇게 썼다. '이 아이는 주위가 산만하고, 늘 창밖만 내다본다.' 그 아이에게는 그럴 만한 이유가 있었다. 난독증에

다가 학습장애까지 겹쳐 있었기 때문이다. 하지만 그 당시는 그런 병명조차 알려지지 않았던 시절이기에 소년은 그저 '미래가 어두운 형편없는 녀석'으로 취급당했다. 간단한 덧셈과 뺄셈조차 못했다. 노년에 접어든 지금까지도 구구단을 외우지 못할 정도이니까.

어떤 재능도, 어떤 관심사도 없어보이던 아이에게 어느 날 문득 하나의 흥밋거리가 생겨났다. 바로 그림을 그리는 것이었다. 그림 그리기에는 알파벳도 숫자도 필요 없었다. 그렇게 시작한 그림은 그의 삶에 중요한 한 축이 되었다. 청년으로 성장한 그는 드디어 자신의 이름을 건 전시회를 열게 되었다.

그런데 야심만만한 그 청년의 앞에는 무시무시한 비평가의 칼날이 도사리고 있었다. 한 유명 미술비평가가 그의 작품에 대해 논하면서, 이렇게 표현했다.

"팝아트의 조류가 빠져나간 해변에 떠밀려온 쓰레기."

그것도 미국의 대표신문인 〈뉴욕 타임스〉의 거의 한 면을 장식하면서.

예술계에서 이 같은 수준의 혹평은 일종의 사형선고와도 같은 것이었다. 하지만 그는 굴하지 않았다. 오히려 그런 평가를 영광스러운 훈장으로 받아들였다. 그리고 끊임없이 자신의 길을 갔다. 그것은 독창적이었고, 끝내 미술비평가와 애호가들의 호의를 얻기 시작했다.

그의 이름은 척 클로스. 미술에 조금이라도 관심이 있는 사람이라면 잘 알고 있는 이 시대를 대표하는 구상미술의 대가다.

우리는 누구에게나 좋은 평가를 얻기를 원한다. 하지만 그것은 불가능하다. 같은 사물을 보고도 누구는 이래서 좋다 하고, 누구는 이래서 싫다 한다. 이런 평가들에 일희일비한다면 자신의 길을 제대로 걷기가 힘들다. 자신의 길을 가기 위해서는 뜻을 세울 때의 신념보다 더욱 강력한 유지 능력이 필요하다. 밀어붙이는 힘, 흔들리지 않고 끝까지 물고 늘어지는 힘이 그것이다.

당신의 앞길을 방해하는 세력들은 오늘도 끊임없이 활동하고 있다. 모기처럼 주변에서 앵앵거리기도 하고, 또 탱크처럼 앞을 막아서기도 한다. 중요한 것은 그것이 모기냐, 탱크냐가 아니라 결국 나의 길을 가로막고 있다는 점이다. 결국 그것을 가볍게 여길 줄 알아야 한다. 그 어떤 무서운 독설과 방해공작도 '그것쯤이야, 내가 가볍게 넘겨주지' 하는 여유 앞에서는 힘을 쓰지 못한다. 가장 중요한 것은 나 자신의 평가다. 나 자신에게 '지금 이 길이 옳은가?'라고 질문을 던질 때마다 '그렇다'라는 대답이 나오면, 그것이 인생의 정답이다.

회사에 다니던 시절, 나 또한 독설을 들은 적 있었다. 그것은 독설이라기보다는 욕설에 가까웠다. 아직도 그 기억이 생생하다.

7년간 다닌 광고회사. 그곳은 내 청춘이었다. 그곳은 내 인생의 첫 전쟁터였다. 그곳은 또한 내게 인생을 가르친 학교였다. 미래의 비전도 키울 수 있었고, 평생 더불어 지낼 선배와 후배, 친구들도 만났다.

나에겐 마치 어머니의 품속같이 아늑한 곳이었다.

너무나도 볕이 따뜻한 4월 마지막 날, 나는 사표라는 것을 처음 써 보게 된다. 드라마를 보면서 '대체 저 사표 봉투 안에는 뭐라고 쓰여 있는 걸까?' 하고 궁금해 한 적은 있지만 내가 사표를 쓰게 될 줄은 정말 몰랐다.

인사 담당 직원에서 구내전화를 걸었다.

"사표를 쓰려고 하는데, 어떻게 쓰는 거야?"

"네? 혹시 차장님이 직접 쓰려고 물으시는 건 아니죠?"

공채 후배인 그가 깜짝 놀란 목소리로 물었다.

"맞아. 내가 쓰려고."

그는 할 말을 잊은 듯 잠시 침묵에 잠겨 있다가 전화를 끊었다. 그러고는 결국 사직서 양식이라며 직접 나를 찾아와 건네주었다.

'아, 사표란 게 별 거 아니군.'

그 양식에는 이렇게 인쇄되어 있었다.

'사직서(辭職書)'(제일 위에 크게 쓰여 있다)

'사유'(간단하게 한 줄 쓸 수 있게 밑줄이 그어져 있다)

그러곤 소속부서, 직급, 이름을 쓰고 서명.

그게 전부였다.

'뭐야 이거. 이렇게 시시한 거였어?'

7년간 몸담았던 진심으로 사랑했던 직장을 떠나는데 이렇게 간단한 양식 하나로 처리된다는 게 왠지 서운한 마음마저 들었다.

이미 본부장과 이사에게는 구두로 사직의사를 밝힌 후였다. 사업구상이 다 끝난 상황이었으므로 본부장과 이사는 '잘해보라'며 격려해주었다. 결재판에 끼워진 내 사직서에 의무사항이라도 된 듯 정성껏 '마지막 싸인'을 해주었다.

이제 최종결정권자인 그 분만 만나면 됐다. 상무님(당시 사장은 공석이었다).

사직서를 바라보는 그의 눈빛이 날카롭게 빛났다.

"그래서, 앞으로 뭘 하려고?"

"네, 이미 사업 준비를 다 끝냈습니다. 회사설립 절차도 마쳤습니다."

긴장감이 흘렀다. 그의 시선은 사직서와 직각을 이룬 채 조금의 흔들림도 없었다. 3~4분은 그대로였던 것 같다.

"지금 와서 마음을 돌릴 수는 없겠군."

"네, 죄송합니다만 그렇게 됐습니다."

내 대답을 듣는 그의 인상이 구겨졌다. 마치 듣기 싫은 소음을 듣는 듯한 표정이었다.

"그럼, 이만 가보겠습니다."

내 마음도 아팠다. 길게 앉아 있어봐야 서로에게 도움이 안 될 것 같았다.

"열심히 하겠습니다. 자주 찾아뵙겠습니다."

인사를 하고는 돌아섰다. 그리고 방문을 열려는 순간, 뒤통수에 날카로운 목소리가 비수처럼 날아와 꽂혔다.

"하우석, 넌 미친 놈이야."

문을 공손히 닫고 나오며 나는 속으로 이렇게 말했다.

'네, 상무님 맞습니다. 저는 지금 미쳤습니다. 미친 놈 소리 듣는 게 당연합니다. 그렇지 않고서야 어떻게 이런 일을 시작하겠습니까."

그때 내가 뒤돌아섰다면, 지금의 나는 가보지 않은 길에 대해서 여전히 미련을 갖고 있을 것이다. 또 시도조차 해보지 않은 나의 나약함을 자책하고 있을 것이다. 그렇게 나의 새로운 인생이 시작되었다. 그리고 지금껏 나는 정말 좋은 의미에서 미친 놈이 되기 위해 노력하고 헌신했다. 미친 놈이란 독설을 최고의 찬사로 승화시키기 위해 부끄럼 없는 인생을 살고자 했다.

"저는 외팔이라고 놀림을 받았습니다. 그래서 이를 악물고 야구를 했습니다. 결국 메이저리그 무대에 설 수 있었습니다. 그러니 당신도 무엇이든 할 수 있습니다. 자, 저를 보세요. 힘을 얻으세요."

수많은 사람들에게 무한 감동을 선사한 그의 이름은 피트 그레이. 그는 여섯 살 때 트럭 주변에서 장난치며 놀다가 바퀴에 깔려 오른팔을 잃고 만다. 또래 아이들은 그를 두고 '병신, 괴물, 외팔이'라고 놀려

댔다. 그들의 놀림도 고통이었지만, 소년을 더욱 힘들게 한 것은 '저 아이는 앞으로 정상 생활하긴 틀렸다'고 자신의 미래를 싸잡아 비하하는 주변 어른들의 편견이었다. 아무리 노력해봐야 내일이 없는 삶, 그래서 그에게 남은 인생은 아무런 의미가 없는 듯 여겨졌다. 하지만 피트는 그들의 비웃음과 부정적 전망이 완전히 틀린 것임을 증명해보이고 싶었다. 피트는 메이저리거가 되겠다는 꿈을 꾸었다. 원래 오른손잡이였던 그는 자신의 꿈을 이루기 위해 남은 왼팔 하나만으로 혹독한 훈련을 한다. 마침내 그는 왼손만으로 공을 잡고, 던지고, 또 타격을 할 수 있는 경지에 오른다. 정상 선수 못지않은 외야수로서의 실력을 갖게 된 그는 25세 때 마이너리그에서 첫 프로선수 생활을 시작했고, 3년 만에 한 시즌 홈런 5개, 도루 68개라는 놀라운 기록을 세우며 최우수선수가 된다. 그의 활약에 감탄한 메이저리그 구단 세인트루이스 브라운스는 그를 스카우트했고, 그는 드디어 메이저리거의 꿈을 이룬다.

팔다리가 없이 태어난 오토다케 히로타다. 500만부 판매고를 기록한 《오체불만족》의 작가로도 유명한 그의 어린 시절 일화다.

"저는 제가 이상한 몸으로 태어난 줄을 모르고 살았어요. 가족들이 그렇게 대해주었으니까요. 그런데 처음 학교에 가서 같은 반 아이에게 이런 말을 듣게 되었죠. '야, 팔다리 없는 이 괴물아!'. 그 때 제가 뭐라고 대답했는지 아세요? '왜, 이 팔다리 있는 괴물아!'라고 응수했죠. 하하하."

그의 장애에 대한 태도, 인생에 대한 의지가 그대로 묻어나는 한마디이지 않은가. 그는 역시 모두의 예상대로 바르게 성장했고, 일본의 최고명문대 와세다대학을 나와, 초등학교 교사를 거쳐 스포츠 전문기자로 활약하고 있다.

자, 이쯤에서 나는 당신에게 한 가지 제안을 하고자 한다.

누군가 당신에게 독설을 퍼부었다면, 당신은 이를 당신에 대한 '질투'로 받아들여라. 자기보다 더 높은 목표를 달성할지도 모른다는 두려운 마음에 처음부터 당신의 기를 눌러버리고자 한 술책에 불과하다고 생각하라. 누군가 당신을 비난하면, 그 비난을 감사하게 받아들여라. 대부분의 사람은 단점을 들춰내기를 좋아한다. 당신 자신이 미처 생각지 못했던 단점을 지적해준다는 점에서 고마워하라. 비난에 맞서 화를 내고 분노하는 것만큼 어리석은 일도 없다. 비난에 일일이 대응하는 것만큼 피곤한 일도 없다.

당신이 5년 전략을 세운 후 오로지 그 하나의 목표달성을 위해 정진해나간다면, 반드시 누군가 당신의 발목을 붙잡기 위해 안절부절못할 것이다. 어떻게든 자신과 같은 수준으로 끌어내리기 위해 처음에는 같이 쉬자, 같이 놀자 사정사정하다가 그것이 먹히지 않으면 태도를 돌변해 온갖 비난과 독설을 퍼부을 것이다. 하지만 눈썹 하나 깜짝하지 마라. 가장 멋진 복수는 독설과 비난에 미소를 보내는 것이다.

그들이 원하는 대로, 예상한 대로 살아주지 않는 것이다. 그들이 당신에게 가진 두려움을 그대로 실현시켜주는 삶을 사는 것이다.

어떤 비난도 먹히지 않는 사람이 되고 나면, 당신을 비난하던 사람들은 반드시 당신에게 허리를 굽히게 되어 있다. 그것이 인생의 이치임을 한시도 잊지 말고 명심하라.

인생에서 가져야 할 단 하나는
'기백'이다

"바다를 단번에 만들려 해서는 안 된다. 우선 냇물부터 만들어야 한
다."

《탈무드》에 나오는 명언이다. 원대한 꿈은 작은 발걸음에서 시작한
다는 인생의 진리를 담고 있다.

1997년, 나는 월간 〈쿠폰 클럽〉이라는 잡지의 창간호를 펴내면서
내 인생 첫 사업을 시작했다. 20~30대 젊은 소비자들을 타깃으로 시
내 곳곳의 먹을거리, 볼거리, 즐길 거리를 위한 다양한 할인 쿠폰이
가득한 잡지였다.

창간호가 나오자마자 주요 일간지로부터 취재 요청이 쇄도했다. 당
시는 IMF 외환위기 사태의 여파로 모든 기업과 가계가 허리띠를 졸

라매야만 했던 시절이었다. 따라서 시기적으로 〈쿠폰 클럽〉은 기자들의 구미에 딱 맞는 취재 아이템이었다. 하지만 영업 현장의 분위기는 사뭇 달랐다. 지금은 소셜 커머스의 반값 할인 쿠폰 등 할인 마케팅 전략이 기업이나 소비자에게 모두 익숙하지만, 그때만 해도 쿠폰에 대한 인식이 그리 폭넓지 못했다. 쿠폰 요청을 위해 음식점, 카페, 미용실 등을 부지런히 찾아다니던 내게 돌아온 가장 흔한 답변은 '그런 거 필요 없소' 였다.

더군다나 음식 값을 깎아주는 것도 모자라 쿠폰을 게재하는 비용을 내라니? 당시 많은 점포주들에게 내 말은 좀처럼 먹혀들지 않았다. '돈이 썩었소? 당신들 좋으라고 그딴 짓을 하게!'라며 호통을 치는 사장들도 적지 않았다.

서울 시내 전역에 무려 8만 부나 배포되는 잡지이므로 홍보효과는 물론이거니와 쿠폰을 통해 고객 수가 획기적으로 증가할 것이라는 끈질긴 설득에도 그들은 쉽게 마음을 열지 않았다. 하지만 내겐 확신이 있었다. 조금 오래 걸리겠지만 결국엔 모든 점포주가 쿠폰의 필요성을 스스로 깨닫게 될 것이라는 굳은 믿음으로 나는 지치는 줄도 모르고 길거리를 누비고 다녔다.

신촌, 대학로, 명동, 종로, 강남역 일대를 하루 12시간씩 돌아다녔다. 손님이 있건 없건 간에 점포들은 늘 바쁘게 마련이다. 나와 마주 앉아 '그래, 어디 설명 좀 들어봅시다' 하고 잠시나마 짬을 내주는 사장들은 가뭄에 콩 나듯 했다. 특히 주점의 경우에는 사장과 10분 대화를 나누기 위해 새벽 2~3시까지 기다리는 것은 보통이었다. 그래도 천신만고 끝에 쿠폰 계약을 하나 따내면, 나는 15만 원의 매출을 올릴 수 있었다. 지금 생각해보면 정말 단단히 미쳤었지 싶다. 제 정신이 아니고서야 어떻게 그렇게 문전박대를 당하면서도 지치지 않고 돌아다닐 수 있었겠는가.

그러던 어느 날, 전에 다녔던 회사 후배로부터 전화가 왔다. 상의할 게 있다고 했다.

나는 바쁘니까 신촌으로 오라고 했다. 그날은 마침 이화여대 앞으로 영업을 나가는 날이었다. 그 당시엔 솔직히 여유롭게 누군가를 만날 시간이 없었다. 아니, 그 시간이 낭비되는 것 같아 아까웠다. 어쨌든 나의 조언이 필요했던 후배는 강남에서 이대 앞까지 찾아와 나를 졸졸 따라다녔다. 그러면서 자신의 얘기를 할 틈을 엿보는 듯했다. 나는 여러 점포와 사전에 정한 시간 약속들이 있어서, 후배와 인사도 하는 둥 마는 둥 발걸음부터 재촉했다.

이대 정문 앞 한 미용실을 방문했다. 나는 그곳의 젊은 여직원 앞에서 공손히 머리를 숙였다. "고맙습니다. 사장님에게 꼭 말씀 좀 전해주십시오. 효과는 쿠폰 회수율로 검증될 수 있으니까, 이번에 한번 해보시고…"

나는 대기업 클라이언트를 대하듯이 그녀에게 열과 성을 다해 설명했다. 그리고 그곳을 나왔다. 다음 약속 장소인 한 레스토랑을 향해서.

묵묵히 나를 따라오던 후배가 드디어 입을 열었다.

"선배, 고작 이런 거 하려고 회사 때려치웠어요?"

후배의 표정이 착잡했다.

나는 아랑곳 하지 않고 태연하게 대답했다.

"이런 게 어때서?"

"우리 회사에서 제일 잘 나가던 선배였잖아. 몇 달 전만 해도 100억짜리 광고주를 쥐락펴락하던 사람이었잖아. 그런데 그깟 15만원을 벌려고 그렇게 쩔쩔매며 영업을 다녀? 그것도 스무 살짜리 어린 여자애한테."

나는 그를 천천히 바라보며 미소를 지었다.

"꼭 돈 때문이 아니야. 이 일은 내 인생에서 가장 가치 있는 일이야. 자존심이 상하지 않느냐고? 다른 사람들 앞에서 고개를 뻣뻣이 드는 것보다 공손하게 굽히는 게 더 진정한 자존심 아닐까? 100억짜리 클라이언트도 내겐 소중한 고객이고 15만 원짜리 클라이언트도 내겐 소중한 고객이야. 돈의 많고 적음을 따져 고객을 대하는 사람이야말로 치졸한 사람이지. 안 그래?"

후배는 와락 울음을 터뜨렸다. 믿고 따랐던 선배가 보따리행상처럼 이곳저곳을 돌아다니는 게 아무래도 속이 상했던 모양이었다. 나는 그의 등을 따뜻하게 토닥이며 위로했고, 그는 결국 고개를 끄덕이며 돌아갔다.

한고조(漢高祖) 유방을 도와 천하를 통일한 한신은 젊은 시절 부랑자들의 바짓가랑이 사이를 눈 하나 깜짝 하지 않고 기어서 통과했다. 그렇지만 오늘날 그 일을 두고 누구도 한신을 손가락질하지 않는다. 자신의 위대한 목표를 이루기 위해서라면 그 어떤 일도 천하게 생각하지 않는 것, 그것이 곧 '기백(氣魄)'이다.

5년이라는 긴 시간을 위대한 목표를 위해 바치겠다고 결심했다면, 당신은 이 같은 기백이 넘치는 사람이 되어야 한다. 중국의 철학자 공자(孔子)가 말했듯이 다른 사람이 나를 알아주지 않아도 결코 성내지 않는 군자의 기백을 갖춰야 한다.

나는 스무 살 젊은 여성에게 공손히 굽히는 법을 배웠기에 내가 뜻한 바를 이루는 데 필요한 도전정신을 드높일 수 있었다. 문전박대를 당해 쫓겨나듯 문을 나설 때도 미소와 여유를 잃지 않는 법을 배웠기에, 인생의 매 순간 진정한 '살아 있음'을 만끽할 수 있었다. 성공의 샴쌍둥이는 '시련'이라는 사실을 배웠기에 차가운 실패 속에도 뜨거운 성공의 단서가 깃들어 있다는 인생의 교훈을 얻을 수 있었다. 안락한 사무실에서는 도저히 배울 수 없는 인생을 길거리에서 배웠기에 어떤 역경 속에서도 새로운 삶의 싹을 틔울 줄 아는 지혜를 얻을 수 있었다.

그래서 현재 나는 학생들 앞에 당당히 설 수 있고, 글을 쓸 수 있고,

또 앞으로 새롭게 시도할 인생에 대한 전략을 구상할 수 있다. 내가 구상한 사업을 위해 내가 했던 헌신의 결과와 보상은 내 인생의 비옥한 밑거름이 되어주었다. 당장 밥을 굶어도 늘 기백을 잃지 않고자 했던 당당함이 내 인생의 가장 빛나는 등불이 되어주고 있다.

기백을 가진 사람은 결코 일희일비하지 않는다. 남이 나를 알아주지 않을까 전전긍긍하지 않는다. 기백을 가진 사람은 유유자적 가볍게 걷는다. 거침없이 자신의 삶을 향해 똑바로 걷는다.

중국의 철학자 노자(老子)는 말한다. "큰 나무도 가느다란 가지에서 시작된다. 10층 석탑도 작은 벽돌을 하나하나 쌓아 올리는 것에서 출발한다. 천릿길도 한 걸음부터 시작이다. 마지막에 이르기까지 처음과 마찬가지로 주의를 기울이면 어떤 일이라도 탁월하게 해낼 수 있다."

큰 것을 택한다고 그것이 무조건 기백은 아니다. 아무리 작은 것이라도 부끄럼 없이 자신의 결단대로 선택하는 것, 그것이 기백이다.

기백의 반대편에는 '자기합리화'의 유혹이 손짓하고 있다. 우리의 인생전략이 그 유혹에 포착되는 순간, 우리의 삶은 변명으로 일관된다. 세계적인 자기계발 컨설턴트 브라이언 트레이시는 《결심의 기술》이라는 책에서 다음과 같이 말한다. "보통사람은 일이 잘 풀리지 않으면 늘 다른 사람이나 환경 탓으로 돌린다. 그러나 뛰어난 사람은 자신의 내면을 성찰한다. '나의 어떤 점이 나 자신을 주저하게 만드는 것일까?' 하고 스스로에게 묻는다."

성공은 가능성에 초점을 맞추고, 실패는 합리화에 초점을 맞춘다. 성공하는 사람들은 1%의 가능성을 추구하고, 실패하는 사람들은 실패할 수밖에 없는 99%의 이유를 추구한다. 실패하는 사람들도 목표는 위대하다. 하지만 그 목표에 도달할 수 있는 단 하나의 루트를 찾는 데 집중하지 않는다. 도달할 수 없는 수백 가지의 이유를 찾는 데 혈안이 된다. 그렇게 해야만 심리적 갈등이 없어지고 만족을 얻기 때문이다.

지방대를 졸업하고 대기업에 입사해 임원이 된 지인이 있다. 그는 언젠가 내게 이런 말을 들려주었다. "제가 임원의 자리에까지 오른 가장 큰 비결은, 제가 '가진 것'이 없었기 때문입니다. 아시다시피 대기업에는 명문대 출신들이 즐비합니다. 그들은 서로서로 통하는 네트워크를 갖고 있죠. 그런데 이 네트워크란 게 부작용이 큽니다. 서로가 서로를 끌어주고 밀어주며 시너지 효과를 내면 좋은데, 그렇지 않은 경우가 많이 생기죠. 가령 A와 B가 같은 명문대 출신이라고 해보죠. 그러면 A와 B는 선의의 경쟁을 펼치기보다는 서로 암묵적으로 담합을 할 가능성이 많아요. A는 B가 한 만큼만 일을 합니다. B는 A가 한 만큼만 일을 합니다. 어느 날 상사가 A와 B를 불러 야단을 칩니다. 그래도 A와 B는 별 충격을 받지 않습니다. 혼자 깨진 게 아니라 같이 깨졌으니까요. 일종의 동료의식 같은 게 두 사람 사이에 강하게 작용하는 거죠. 그래서 별 발전이 없습니다. 하지만 저와 같은 경우, 회사 내에 같은 학교 출신이 거의 없습니다. 네트워크를 만들 수가 없죠. 무조건 각개전투를 해야 합니다. 어떻게든 명문대 출신들의 틈바구니에서 홀로 치고 올라가야 합니다. 그러다보니 자연스럽게 독종이 됐고, 깨지는 걸 못 견뎌하게 됐죠. 함께 깨져줄 사람이 없으니까요. 내가 깨지면 손가락질할 사람들이 언제나 줄지어 기다리고 있었으니까요. 그걸 절대 용납하지 않았기에 임원까지 승진할 수 있었던 것 같아요."

가진 것이 없는 사람이 가진 것 많은 사람보다 성공할 가능성이 더 높다는 사실을 당신은 어떻게 받아들이는가? 이는 매우 의미심장한 성공방정식이다. 결국 무소의 뿔처럼 혼자서 가는 사람이 성공하는 것이다. 가진 것이 없다고 해서 슬퍼하거나 노여워 할 일이 결코 아니다.

인생에서 우리가 가져야 할 것이 단 하나 있다면, 그건 바로 당당한 기백이다. 기백과 동행하는 한 당신의 인생은 천군만마를 얻은 격이다. 스티브 잡스는 이렇게 말했다. "위대한 목수는 아무도 볼 수 없다고 해서 장롱 뒤판에 나쁜 목재를 쓰지 않는다."

인생전략을 설계할 때 결코 나쁜 목재를 써서는 안 된다. 세상사람 다 몰라도 당신은 안다. 당신 자신에게 한 치의 부끄럼이 없는 기백을 가져라.

그러면 당신은 성공할 수밖에 없는 인생을 살게 될 것이다.

전략은 버킷리스트가
아니다

나는 골프를 칠 줄 모른다. 테니스도, 볼링도, 족구도 할 줄 모른다. 어찌어찌 시늉이야 내겠지만 누군가에게 보여줄 만한 실력은 아니다. 그 흔한 고스톱도 할 줄 모른다. 당연히 포커와도 담을 쌓고 산다. 또한 나는 길눈이 어둡다. 재차 방문하는 곳도 미리 약도를 확인하지 않으면 번번이 헤맨다.

나는 책을 빨리 읽을 수 없다. 남들은 두어 시간이면 읽을 책을 나는 하루 종일 걸리기도 한다. 나는 기억력이 좋지 못하다. 남의 것은 물론, 내 물건조차 어디에 두었는지 까맣게 잊곤 한다. 책을 읽다가도 앞의 내용이나 이름을 잊어 책장을 앞으로 다시 넘기기 일쑤다.

나는 잠이 많다. 새벽에 글 쓰는 작업을 하느라고 조금 일찍 일어나는 편이다. 그래서 남들이 9시 뉴스 보는 시간에 잠자리에 들 때도 많다. 많은 사람들이 희한하게 여길 만한 일이다. 또 하나의 고백을 하자면, 나는 내가 부러워하는 몇몇 사람들처럼 명석한 두뇌를 갖고 있지 않다. 그래서 내가 할 수 있는 수준보다 조금 더 노력하며 살았는지도 모르겠다.

이 밖에도 셀 수 없을 정도로 못하는 것, 부족한 것투성이다. 그렇다고 나는 그 부족한 것들을 머릿속에 담고 다니지 않는다. 괴로워하지도 않는다. 자책하지도 않는다. 마음을 쓰지도 않는다. 남과 비교하며 나를 스스로 깎아내리는 일도 거의 없다. 그러므로 나는 좌절, 후회, 한탄과 거리를 두며 살아가고 있다. 오히려 나는 늘 새로운 희망을 안고, 앞으로의 내 삶에 기대하며, 즐거운 마음으로 살아간다. 좀 이상하지 않은가? 부족한 것투성이, 못 하는 것투성이인 내가 누구보다 만족한 삶을 살고 있다니?

그 비결은 간단하다. 나는 내가 할 수 없는 것들을 버릴 줄 안다. 세상에는 너무나 많은 인생 레슨이 존재한다. 그 레슨을 다 받는다는 것은 불가능하다. 얻을 줄 아는 삶보다 버릴 줄 아는 삶이 더 행복하다는 사실을 알면, 인생은 자유로워진다.

당신의 인생전략 노트에는 수많은 것들이 담겨 있을 것이다. 그리고 그것들의 대부분은 당신에게 부족한 것들일 터다. 만일 그렇다면 지금 당장 펜을 들고 당신이 지금껏 하지 못해왔던 것들은 지워버려

라. 그것들은 영원히 하지 못하는 것이 될 가능성이 높다. 지금껏 하지 못한 일을 어느 날 할 수 있게 되는 경우는 없다. 그것들은 그저 스트레스로만 남게 된다.

골프, 테니스, 볼링을 못하지만 나는 튼튼한 두 다리로 산을 오르는 것을 즐긴다. 그래서 내 전략 노트에는 정상에 오르고 싶은 산들의 이름이 적혀 있다. 못하는 것을 하려고 하지 않고, 잘하는 것을 더 늘리려는 전략이다. 나는 또 가볍게 걷는 산책을 좋아한다. 하지만 산책을 위한 시간을 군이 확보하려 하지 않는다. 그렇게 시간을 쪼개 쓰려고 하면 한도 끝도 없다. 그렇다고 산책을 포기할 생각은 없다. 그래서 나는 가족과 함께 보내는 시간에 산책이란 테마를 끼워 넣는다. 가족과 함께 북한산 둘레길을 걸을 때 일정한 구간은 나 혼자 걸을 수 있도록 전략을 짬으로써 한 번에 두 가지 일을 동시에 충족하고자 한다.

고스톱, 포커 등은 칠 줄 모르지만, 나는 들판에 나가 자연과 함께 즐기는 법을 안다. 사람들이 잘 모르는 나뭇잎의 생김새, 새의 지저귐을 나는 고요히 느낄 수 있다. 가을 초입의 산과 늦가을의 산이 보여주는 각각의 아름다움에 어떤 차이가 있는지를 알아채고, 그 아름다움에 취해 한없는 행복감에 젖을 수 있다. 그래서 그 행복감을 지인들과 나누기 위해 캠핑을 계획한다. 온라인 게임 따위로 여가를 보내는 지인들을 자연으로 끌어내어 그들이 맛보지 못한 즐거움을 제공하고자 한다.

길눈이 어두워 단번에 목적지를 찾을 수 없지만, 나는 미리 준비하고 여유 있게 출발할 수 있게 시간전략을 짠다. 그래서 약속에 늦는 일이 거의 없다. 당연히 상대에게 신뢰감을 줄 수 있다. 길눈이 어두운 관계로 차를 몰고 다니기보다는 버스나 지하철 등의 대중교통을 적극적으로 활용한다. 그래서 나는 매우 가까운 시선으로 사람들을 관찰할 수 있다. 그 관찰을 통해 글을 쓰고 책을 만든다. 세상을 바라보는 시선을 확장하고, 사람살이의 생생한 호흡들을 발견한다.

책을 빨리 읽지 못하지만, 그 대신 나는 그 행간의 의미를 폭넓게 해석하고 충분히 공감하며 책장을 넘길 수 있다. 그래서 책을 읽을 때는 항상 아이디어 노트를 함께 펼쳐놓는다. 책을 읽다가 문득문득 강연과 집필에 유용한 것들을 발견해내기 때문이다. 독서와 집필, 강연 준비가 동시에 진행될 수 있도록 전략을 짠다. 또한 나는 기억력이 좋지 않다. 과거에 안 좋았던 일, 괴로웠던 일조차 쉽게 잊는다. 그래서 나는 늘 과거보다는 미래에 집중한다. 내가 쓰고 있는 다이어리를 살펴보면, 항상 미래 지향적인 내용으로 채워져 있다.

전략노트는 소유하고 싶은 것들의 목록이 되어서는 안 된다. 모든 전략은 소유가 아니라 지혜로운 '활용'이 그 궁극적 목표가 되어야 한다. 전략은 '버킷리스트'가 아니다.

안 되는 것은 안 된다.

되는 것을 더 잘 되게 하라.

5장

시간을 지배하는 자가
승리한다

누구나 똑같은 초침과 시침을 가진 시계를 갖고 있지만, 누구나 똑같은 시간을 살아가는 건 아니다. 우리가 5년 전략을 세워야 하는 이유들 중 하나는 우리 삶의 '플러스 한 시간'을 찾아내기 위해서다. 이 '플러스 한 시간'은 인생을 새로운 기회의 무대에 세운다. '오늘은 또 어떤 일이 내게 생길까?' 하는 기대를 만들어 낸다. 화가 파울 클레는 말한다. "우리를 조금 크게 만드는 데 걸리는 시간은 단 하루면 충분하다."
세상의 모든 기회와 행운이 우리를 찾아오는 데 걸리는 시간은 '하루 한 시간'이면 충분하다.

———————————— Five Years From Now ————————————

반복이
행운을 만든다

눈앞에 쌓여 있는 일, 당장 처리해야 할 일이 크고 어렵고 부담스러운가? 언제 끝내나, 한숨이 나오는가? 끝도 없는 일을 언제까지 반복해야 할지 답답한가?

그렇다면 시인 에머슨의 말을 들어보자. "우리가 하고자 하는 일은 점점 더 쉬워진다. 일 자체가 쉬워지기 때문이 아니다. 그 일을 처리하는 우리의 능력이 그만큼 증대되기 때문이다."

10년 넘게 교육현장에서 학생을 가르쳐오고 있는 나로서는 에머슨의 말에 100% 동의한다. 학생의 능력 계발 중에서도 가장 성취가 어렵다 여겨지는 창의력 계발 부문에 있어서도 나는 학생들의 드라마틱한 능력 향상과정을 매학기 목도하고 있다.

'아이디어 발상법' 강의 첫 시간에 나는 칠판에 그림 두 개를 크게 그린다. 왼쪽에는 벽돌, 오른쪽에는 식빵. 그리고 묻는다.

"자 왼쪽엔 뭐?"

"벽돌이요."

"오른쪽엔?"

"식빵이요."

"맞아. 한 한기 동안 여러분의 뇌를 벽돌에서 식빵으로 만들어줄게. 말랑말랑하게 말이야."

학생들은 아직 못 믿는 눈치다. '한 학기 만에 달라져야 얼마나 달라지겠어.' 하며.

매 수업시간 나는 학생들의 상상적 사고력 범위를 조금씩 늘려나간다. 지속적인 반복훈련을 통해서. 예를 들면, '콜라병 하나로 할 수 있는 것 20가지 쓰기' '가을 하면 연상되는 단어 30개 쓰기' 등의 미션을 매주 수행하면서 학생들은 내가 계획한 대로 자유분방하게 상상하는 법을 배워간다. 그리고 맨 마지막 프로젝트로 난이도가 가장 높은 미션을 수행하게 된다. 4,5명으로 구성된 각 조는 내가 제시하는 50장의 낱말카드 중 무작위로 두 장을 뽑는다. 그리고 그 두 낱말을 조합하여 새로운 상품이나 서비스를 만들어내야 한다. 두 장의 카드를 뽑아든 대부분의 조는 처음에 황당한 헛웃음을 짓는다. 그러나 수분 후부터 학생들은 진지한 표정으로 한 학기 동안 익혀온 창의력을 동원해 기발한 아이디어를 내놓기 시작한다.

기억에 남는 한 사례를 소개하자면, 그 조는 '태양'과 '남자'라는 단어를 뽑았다.

"하필이면 이렇게 어려운 걸 뽑아왔어." 조원들은 낱말을 뽑아온 조장을 탓하기도 하고 우린 망했다며 가벼운 투정을 하기도 했다. 하지만 표정은 이내 달라지기 시작했다. 토론은 뜨겁게 이어졌고, 어느 순간 '이거야. 됐어!' 하며 탄성이 터졌다.

드디어, 조별 프레젠테이션 날.

이들은 새로운 애니메이션 기획안을 들고 나왔다.

"저희 조는 '태양'과 '남자'를 조합해서 새로운 애니메이션 상품을 만들었습니다."

이들은 '태양'을 일본전범기로 상징되는 일본 제국주의로, '남자'는 그에 맞서다 목숨을 바친 한 무명 독립투사로 풀어냈다. 이들은 한 실존인물을 토대로 감동적인 스토리를 만들어냈다. 그리고 제목을 이렇게 붙였다. 〈태양을 가린 남자〉

이 대목에서 나는 물론 모든 학생들이 전율을 느끼고 박수를 보냈다. 이렇게 모든 팀들은 서로에게 놀라고 또 자신에게 놀라며 한 학기를 마친다.

불과 석 달 만에 학생들은 스스로 놀랄 만큼의 상상적 사고력을 키워낸 것이다. 이는 다분히 고되고 지루한 반복 연습을 매시간 참아가며 지속했기에 가능한 성과였다. 학생들은 나와 함께 한 이 체험을 통해 창의력에 관한 한 자신감을 갖게 되었으며, 향후 그들에게 어떤 과제가 주어져도 미리 겁먹거나 움츠러들지 않을 것이다.

어떤 분야에서건 지독한 연습 앞에선 돈도 배경도 학벌도 인맥도 무력해진다. 그리고 지독한 연습은 늘 '행운'과 동행한다. 의식적으로든 무의식적으로든, 우리는 늘 미래의 모습을 생각한다. 인간은 좀 더 나은 것을 지향하는 본능을 갖고 있기 때문이다. 그래서 우리는 늘 '희망'을 품고 살아간다. 희망은 곧 무엇인가를 '바라는 마음'이다. 하지만 안타깝게도 신은 우리에게 이 '바라는 마음'은 주었지만, 이를 실현하고자 하는 '열망'은 주지 않았다. 열망은 신이 아니라 오롯이 우리의 몫이다.

열망을 만들어내는 힘, 그것이 바로 지독한 연습이다.

프랑스 최고의 정신과 의사로 평가받는 크리스토프 앙드레 박사는 《나라서 참 다행이다》라는 책에 다음과 같이 썼다. "생각하고 행동하는 것만으로는 충분치 않은가? 그렇다. 충분치 않다. 생각하고, 행동하고, 우리를 발전시키는 것을 수없이 반복해야 한다. 인간의 뇌는 사유를 위한 것 이전에 행동을 위한 것이다. 바로 그렇기 때문에 머리로는 완벽히 이해해도 현실적으로는 전혀 이해하지 못할 수도 있다. 생각의 결실을 실천하지 않으면 아무것도 변하지 않는다. 수공업자나 예술가처럼 똑같은 행동을 수십 번, 수백 번 반복하지 않으면 안 된다. 그러므로 행동은 소소하되 규칙적이어야 한다. 한 번으로는 안 된다. 과연 끝이 있기는 한가? 그 답은 '그렇다'와 '아니다' 둘 다."

월드스타 비는 하루도 빠짐없이 노래와 춤을 반복했다. '노래와 춤이 좋아서'라는 경지를 넘어 그것이 삶의 일부분이 되었기 때문이다. 이 같은 반복적 연습을 중학교 2학년 때부터 시작한 그는 그 무엇을 보든 간에, 그것을 춤으로 만들 수 없을까 생각했다. 그는 한 언론과의 인터뷰에서 이렇게 말했다. "할아버지가 지팡이를 짚고 가는 모습을 보면, 지팡이로 춤을 만들 수 없을지 생각한다. 차를 탈 때도 자동차를 이용해 새로운 안무를 짤 수 없을지 생각한다. 그렇게 무엇이든 춤과 노래로 연결할 수는 없는지 생각하고 또 생각한다. 그리고, 아이디어가 구체화되면 그것을 연습하고 또 연습한다."

평범한 사람은 결코 반복적인 일을 하지 못한다. 성공하는 사람만이 무한 반복이라는 높은 경지에 오를 수 있다. 어떤 일을 반복적으로 실행한다는 것은 그만큼 깊은 몰입의 상태에 있다는 뜻이다. '반복'을 크리에이티브한 일과는 상관없는 단순노동으로 생각하는 사람들이 많다. 하지만 그것은 전적으로 착각이다. 탁월한 창조는 끝없는 반복적 연습의 결과로 얻어진다.

파블로 피카소. 우리는 그를 천재화가로 부른다. 하지만 그가 지독한 연습벌레였다는 사실을 아는 사람은 많지 않다. 그는 그림의 기본기라 할 수 있는 데생 작업에 실로 엄청난 시간을 투자한 인물이었다.

그리고 그가 남긴 작품의 수는 무려 4만 5,000점에 이른다.

발레리나 강수진, 그녀는 1년에 발레슈즈를 1,000개나 갈아치운다. 그녀의 어마어마한 연습량을 말해준다.

골프의 최경주. 그는 하루에 4,000번 스윙 연습을 한다.

세계적인 색소폰 연주자인 케니 지. 그는 색소폰을 입의 가운데로 물지 않고 약간 옆으로 비스듬히 문다. 어려서부터 너무 오랫동안 색소폰을 물고 연습을 한 탓에 앞니가 상했기 때문이다. 멋을 위해서, 소리를 위해서가 아니라, 연습의 결과에 따른 어쩔 수 없는 선택이었다.

액션배우 성룡은 어린 시절 가난 때문에 정규교육을 받지 못했다. 문맹인 그는 주변사람에게 대본을 읽어달라고 부탁하고는 그걸 귀로 들으면서 대본을 통째로 외워버렸다. 물론 다른 배우의 대사까지도 말이다. 그런 식으로 그는 100편 이상의 영화를 찍었다. 또한 대역배우를 쓰지 않고 모든 무술연기를 지독한 연습을 통해 직접 해냈다. 팔다리 골절, 두개골 함몰 등은 고통이 아니라 그를 그림자처럼 따라다니는 '훈장'이다.

"연습하면 할수록 더 많은 행운을 얻게 될 것입니다(The more I practice, the luckier I got)."

전설적인 골프선수 게리 플레이어가 남긴 말이다. 성공한 사람들의 피나는 노력과 연결해 이 문장을 해석해보니 더욱 생생하게 가슴에

와 닿는다.

"지속적인 노력, 이를 대신해줄 수 있는 것은 아무것도 없다. 재능도 아니다. 재능을 지니고도 성공 못한 사람은 너무도 많아 발에 채일 정도다. 천재성도 아니다. 보상받지 못하는 천재성이란 말도 있지 않은가. 교육도 아니다. 세상은 교육받은 낙오자들로 넘쳐난다. 인내와 의지만이 모든 것을 가능케 한다." 미국 29대 대통령 캘빈 쿨리지의 말이다.

우리는 외형적으로 성공할 조건을 갖췄음에도 불구하고 실패를 거듭하는 사람을 보게 된다. 반대로 모든 악조건에서도 성공을 거듭하는 사람도 있다. 그들에게 성공의 비결을 물으면 이렇게 답하곤 한다. '나는 단지 운이 좋았습니다.'

당신도 운이 좋은 사람이 되고 싶은가? 행운이 언제나 당신 인생에 함께 하기를 원하는가? 그렇다면 반복하라. 또 하고 또 하라. 성공은 연습벌레를 당해낼 재간이 없다.

나만의 주파수를
찾아라

도화지에 당신을 그린다고 치자. 윤곽선을 먼저 그린 다음 색깔을 칠해야 하는데, 어떤 색의 물감을 선택하겠는가? 어둡고 가라앉은 색, 아니면 밝고 화려한 색?

대다수의 사람들은 밝고 화려한 색의 선택을 부담스러워한다. 과거는 늘 어두웠고 현재는 늘 어렵기 때문이라고 자신의 모습을 생각하기 때문이다. 그저 희미한 색으로 자신의 모습을 그리는 데 익숙해 있기 때문이다.

강연회를 통해 알게 된 20대 후반의 여성이 어느 날 메일을 보내왔다. 간단한 인사말이 끝나자마자 그녀는 자신의 어려운 현실을 토로하기 시작했다. 직장에서 인정을 못 받는 것, 가정이 화목하지 않은 것, 점점 세상으로부터 도피하고 싶어진다는 것 등등 메일은 시종 우울했다. 그녀의 짧지만 심각한 메일을 통해 파악할 수 있는 것은 다음과 같았다.

그녀는 분명 도가 지나친 과거지향적 성격을 갖고 있었다. 다시 말해, 그녀는 과거의 사건들에 대한 회한과 집착이 온 마음을 점유하고 있는 탓에 희망적인 미래에 대해 전혀 생각할 틈이나 여유가 없었다.

과거는 가치중립적이지 못한 반면 미래는 가치중립적이다. 즉 과거는 구체적으로 묘사할 수 있는 팩트이기 때문에 '좋았다', '나빴다'와 같이 가치평가를 객관적으로 내릴 수 있다. 하지만 미래는 어느 누구도 눈에 본 듯이 서술을 할 수가 없다. 미래에 관한 모든 표현은 예측이자 하나의 가능성일 뿐이다. 그러므로 희망적으로 미래를 보는 사람에게는 '미래=희망'이라는 등식이 성립하는 반면, 미래를 어둡고 괴로운 것으로 보는 사람에게는 당연히 미래는 곧 참담함이다.

미래에 어두운 회색을 입히는 가장 큰 이유는 '징크스' 때문이다. 과거 특정한 경험과 좌절이 인생 전반에 커다란 영향을 미치고 있는 것이다. 미래를 가능태가 아닌 과거의 연장선상으로 받아들임으로써 인생을 개척이 아니라 도피의 대상으로 삼는 것이다. 하지만 여기 분명한 사실이 있다. '과거는 과거일 뿐이다. 미래는 과거와는 전혀 다르다.'

많지는 않지만 내 주변에는 항상 미래를 멋지고 환상적인 것으로 묘사하는 사람들이 있다. 솔직히 말하자면 그들의 과거는 그리 화려하지 않았다. 하지만 그들에게 과거란 아름다운 추억일 뿐이다. 과거의 잘못에 대해 자책하지도 않고, 과거의 실패에 대해 상처받지도 않는다. 과거는 용서받을 일도, 용서할 일도 아니다. 그저 흘러가는 물과 같을 뿐이다. 어디서 흘러왔는지가 중요한가? 그렇지 않다. 어디로 흘러갈 것인지가 매 순간 중요할 뿐이다. 드넓은 바다로 나아갈 찬연한 꿈만이 소중할 뿐이다.

젊은 학생들을 오랫동안 가르치다보니 나는 이제 어떤 스타일의 학생이 어떻게 성장하고, 사회에서 어떤 역할을 하게 되는지 그 흐름과 윤곽이 점점 뚜렷하게 보이는 수준에 올라섰다.

장밋빛 미래를 꿈꾸는 학생들은 우울한 미래를 걱정하는 학생들보다 훨씬 더 좋은 직장을 구한다. 그리고 그곳에서 꾸준한 성장과 성취감을 쌓으며 활발한 활동을 펼친다. 반면에 매사에 부정적이고 회의적인 학생들이 좋은 직장에 들어가 자신의 인생을 마음껏 펼치는 경우는 지금껏 보지 못했다. 그들은 늘 이직을 고려하고, 자신의 결정에 늘 의문을 갖는다. 장밋빛 미래를 가진 학생들의 메일은 언제나 건강하고 싱싱하다. 그들은 나와 나누는 대화와 상담을 통해 자기 인생의 분명한 답을 찾는다. 하지만 그렇지 못한 학생들은 끊임없이 상담을 요청하고 찾아오지만, 자기 인생에 대한 어떤 답도 발견하지 못한 채 발걸음을 돌린다.

나는 광고대행사에서 근무할 때 내 이름이 표지에 새겨진 첫 책을 출간했다. 2003년 10월에 출간된 《100억짜리 기획력》이다(훗날 《하우석의 100억짜리 기획노트》로 개정 증보되었다).

이 책은 경제경영 부문 베스트셀러에 오르며 기대 이상의 좋은 반응을 얻었다. 그 당시에는 최선의 원고라고 생각하며 출간을 결정했지만, 지금 책장을 들춰보면 어설픈 구석들이 여기저기 눈에 들어온다. 이처럼 부족한 책이 많은 사람들에게 읽혀졌고, 또 지금도 읽혀지고 있다니 정녕 고마울 따름이다.

내 책이 대형서점에 진열되어 있는 모습, 그리고 누군가 그 책을 집어 들어 읽고 있는 모습을 지켜보며 느낀 감동과 희열은 오랜 세월이 지난 오늘날까지 생생하게 떠오른다. 그 감동과 희열이 지금껏 내 인생에 최고의 에너지로 쓰이고 있다.

그후 10권 정도의 책을 더 펴냈지만, 뭐니뭐니 해도 나는 내 첫 책에 가장 애착이 간다. 단지 작가의 길을 걷게 해준 처녀작이어서가 아니다. 내용이 뛰어나서도 아니다. 그 어느 책보다도 '꼭 쓰고 싶다'는 강렬한 열망이 가장 충만하게 담겨진 책이기 때문이다. 또한 내 청춘의 가슴 벅찬 꿈과 희망, 그리고 나의 천직인 기획자로서의 열정과 노력, 환희와 고통이 고스란히 녹아들어 있기 때문이다.

이처럼 무엇과도 바꿀 수 없는 첫 책을 집필하게 된 동기를 얘기하자면, 초판이 나온 2003년으로부터 10여 년을 더 거슬러 올라가야 한다.

1990년 12월. 나는 한 광고대행사에 신참내기 기획자로 배치되면서 '기획'의 세계에 첫발을 내딛게 되었다. 기획의 세계는 내게 너무나 많은 것을 제공해주었다. '기획'은 내게 친구였고, 스승이었고, 재미였고, 놀이였다. 때로는 좌절과 시련의 근원이기도 했고, 또 새로운 날을 향한 비전이자 희망이었다. 내 인생의 20대를 관통하는 하나의 키워드가 있다면 역시 '기획'이었다. '기획' 외에는 그 어떤 키워드도 내 가슴을 뛰게 하지 않았다. 1년 365일, 하루 24시간 '기획'과 함께 했다. '기획'을 떠나서는 아무것도 한 기억이 없다. 남들 다 가는 그 흔한 여름휴가도 10년 동안 가본 적이 없으니까.

그렇게 기획의 세계에 푹 빠져 있던 어느 날, 나는 문득 스스로 이런 다짐을 하게 되었다.

'좋아, 10년 후에는 기획과 관련된 책을 한 권 꼭 내도록 하자!'

나와의 약속을 기억의 서랍 속에 담아 두었다. 십여 년이 휙 하고 지난 어느 날, 사무실에서 새벽까지 기획서 작업을 하던 내게 섬광처럼 스치는 단어가 있었다.

'책, 그리고 나와의 약속.'

그 순간 나는 기획서를 잠시 밀쳐두고 글을 쓰기 시작했다. 물론 주제는 '기획'이었다. 그렇게 일기를 쓰듯이 매일 써내려갔다. 결국 그 글들이 모여 첫 책이 되었다. 평균 하루에 3페이지씩 꾸준히 썼고, 전체 240페이지 분량을 완성하는 데는 약 석 달이 걸렸다. 10년 전 내가 내게 한 약속을 지키게 된 것이다.

그렇게 만들어진 나의 첫 책은 내가 나에게 선사한 최고의 선물이었다. 누가 알아주지 않아도, 나는 내가 자랑스러웠다. 대견하고 가슴 뿌듯했다. 최고 수준의 성취감이었다.

첫 책이 출간된 후 내 사회생활에도 적지 않은 변화가 일어났다. 어느 날 한 기업으로부터 전화가 왔다. 강연을 부탁한다는 내용이었다. 그 전화를 시작으로 전국 곳곳의 기업과 공공기관, 대학교, 대학원 등으로부터 강연과 교육 요청이 쇄도했다. 나중에는 강연 일정만을 위한 스케줄 노트를 따로 마련해야 했다. 그렇게 시작된 강의와 강연 경험들은 고스란히 내 새로운 인생의 길을 열어주는 데 밑거름이 되었다. 가르침의 연장선에서 직업이 대학교수로 바뀌게 되었고 지금도 여전히 기업들의 요청에 따른 특강을 하고 있다.

첫 책을 내는 과정에서 친분을 쌓은 출판사 편집자는 내게 이런 말을 했다. "처음 책을 내는 게 어렵지, 다음부터는 훨씬 더 쉽게 책을 내실 수 있을 거예요."

나는 그저 건성으로 "아, 예…" 하고 받아넘겼다. 내 목표는 책을 한 권 내는 것이었고, 그 달성이 목전에 있었기에 또 다른 책 같은 건 안중에도 없었다. 하지만 시간이 지나자, 그 편집자의 말은 내게 현실이 되었다. 곧바로 두 번째 책을 쓰게 되었으니까 말이다. 나 자신과의 작은 약속에서 출발해 작가의 길로 들어서기까지는 불철주야의 노력이 있었고, 그 노력에 행운이 함께 했다. 작가로 살면서 나는 평범한 직장인으로서는 도저히 몰랐을 인생의 또 다른 풍부한 매력을 경험할 수 있게 되었다.

그때 내가 내 인생에 대해 한 가지 색깔만 알고, 그 한 가지 색깔만 고집했더라면 나는 내 인생에 대해 별로 알지 못한 채 무덤에 들어가게 되었을 것이다. 누구나 갖고 있는 천편일률적인 색깔이 아니라 조금은 낯설고 생소한 색깔을 선택함으로써 좀 더 다채로운 삶을 살게 된 것이다.

또한 책을 쓰면서 나는 '스타일'이라는 키워드에 눈을 뜨게 되었다. 이는 매우 소중한 깨달음이었다. 성공적인 인생을 살기 위해선 나만의 독창적인 스타일을 가져야 한다. 내게 책 집필은 책의 출간으로 그치지 않는다. 내게 책 집필은 나의 인생 전체를 매력적인 스타일로 디자인하는 창조적 작업으로 확장된다. 그래서 역시 자신만의 색깔을 통해 자신만의 인생 스타일을 만들어내고자 하는 독자들을 위해 내 집필 스타일을 소개해보도록 하자.

첫째, 주제는 내가 잘 알고 있는 것으로 한정한다. 특히 어떤 형태로든 나의 경험담을 풍부하게 담아낼 수 있는 주제여야 한다. 만일 욕심을 내어 내가 잘 알지 못하거나 경험이 일천한 주제로 글을 쓰기 시작하면 결국 그저 그런 짜깁기 책이 되어버린다. 쓰는 나도 재미없고,

독자도 맥이 빠진다. 이런 집필 스타일은 학생을 가르칠 때도 그대로 적용된다. 내가 말하고자 하는 내용에 학생들이 흠뻑 빠져들 수 있도록 나는 내 생생한 경험담을 사례로 제시한다. 현학적인 자세를 지양하고 내가 아는 것만을 유머와 위트를 섞어 전달하고자 노력한다. 이로써 학생들의 재미와 흥미를 이끌어낸다.

둘째, 아주 가까운 사람 한 명에게 이야기하듯이 쓴다. 나는 빼어난 문장력을 갖고 있지 않다. 그래서 억지로 유려한 문장을 꾸며내려고 애쓰지 않는다. 그보다는 마치 선배가 들려주는 것처럼, 혹은 친구가 곁에서 이야기해주는 것처럼 진솔하고 실감나게 쓰려고 노력한다. 이런 흐름은 역시 강단으로도 이어진다. 단지 일방적인 강의나 강연으로 끝나지 않도록 한다. 좀 더 쉽고 친근하게 다가감으로써 강의를 듣는 학생이나 비즈니스맨들이 나와 계속 만남을 유지하고 싶어 하게끔 관계를 발전시킨다. 즉, 일회성보다는 지속성을 지향하며, 가르치기보다는 상호작용을 실천한다. 내가 아는 것을 나누고, 내가 모르는 것을 배우는 풍요하고 건강한 인간관계를 창출한다.

셋째, 원고를 쓰는 작가인 동시에 책을 읽는 독자가 되어본다. 나는 책을 쓸 때, 실제 책을 보는 것처럼 최종 편집된 형태로 쓴다. 즉 컴퓨터 워드 프로그램에 설정된 A4 규격을 가로로 뉘이고 좌우를 분할한다. 왼쪽 페이지를 다 쓰면, 오른쪽 페이지로 넘어간다. 페이지 당 줄 수도 실제 책처럼 스물두 줄 정도로 정한다. 시각적으로 최대한 실제

독서 상황과 비슷하게 만드는 것이다. 이 같은 스타일로 원고를 쓰는 이유는 책이 실제 읽혀질 때의 느낌을 최대한 근사치로 느껴보기 위해서다. 내가 독자가 되어보는 거다. 이렇게 하다보면, 나중에 편집과정에서야 볼 수 있는 오류들을 미리 방지하거나 고칠 수 있다. 이 같은 자세는 내가 다양한 인생전략을 짤 때도 유용한 도움이 된다. 규격과 디자인이 미리 정해진 전략노트보다는 내게 가장 자극이 되는 나만의 스타일리시한 노트를 직접 만들어 활용함으로써 그 실행력을 배가시킨다.

넷째, 무리한 일정을 짜지 않는다. 스스로 완료 일정을 정할 때나 출판사와 탈고 일정에 대해 협의할 때 너무 빡빡하게 정하지 않는다. 계산된 날짜보다 여유 있게 작업일정을 잡는다. 글을 쓰다보면 예기치 않았던 급한 일이 끼어들기도 하거니와, 또 글의 진도가 전혀 나가지 않는 슬럼프에 빠지기도 한다. 그럴 때 일정이 숨통을 조이면 절대 마음에 드는 글을 쓸 수가 없다. 이 같은 자세는 내 인생의 다른 부분에도 고스란히 적용된다. 나는 언제나 시간에 쫓기지 않기 위해 노력한다. 시간을 주도적으로 관장하는 사람만이 성공한다는 사실을 잘 알고 있기 때문이다.

다섯째, 원고를 쓸 때는 가급적 새벽시간을 활용한다. 누구에게나 머리회전이 잘 되는 특정 시간대가 있다. 나는 그게 주로 새벽시간이다. 새벽에 글이 잘 풀리기 시작하면, 그 '필(feel)'을 살려 단 하루 만에 보름치 분량의 글을 써내기도 한다. 또한 새벽을 활용하기 위해 밤에 일찍 잠자리에 든다. 글을 쓰면서 규칙적인 생활습관도 얻었고, 그 덕에 전보다 더 건강해진 몸과 마음을 얻었다.

이처럼 나는 집필을 통해 내 인생의 모든 스타일을 완성해간다. 내게 '집필'이라는 인생 전체를 관장하는 주파수가 있듯이, 당신에게도 당신의 인생을 조율하는 주파수가 있다. 고유의 능력이 있고, 자질이 있다. 고유의 느낌이 있고 고유의 에너지가 있다.

그것을 찾아야 한다. 무채색 인생은 그 누구도 기억하지 않는다. 누군가의 기억에 아무런 자극도 남기지 못하는 인생만큼 슬픈 인생도 없다. 하물며 자기 자신에게조차 희미한 인생을 산다는 것은 죄악에 가깝다. 오직 당신만의 색깔로 당신만의 스타일을 만들어라. 그토록 당신이 원하던 인생이 그곳에서 시작된다.

투비리스트를
먼저 챙겨라

유난히 이런저런 사건과 사고로 고단한 삶을 사는 사람이 있는가 하면, 특별한 어려움 없이 순탄하게 살아가는 사람이 있다.

전자의 사람은 늘 주변이 번잡스럽다. 항상 그 주변에는 크고 작은 일들이 많이 생긴다. 하지만 정작 본인에게 그 일의 결과나 소득은 별로 신통치 않다. 자연히 불평불만이 는다. 주변사람은 그런 그를 반갑게 맞이하기 힘들다. 그저 마지못해 만나고 얘기를 건성건성 들어주고 만다. 반면에 후자의 사람은 별 이야기 거리가 없다. 딱히 어려운 사정도 없고, 그렇다고 대놓고 자랑할 만한 사항도 없다. 아니, 혹여 있더라도 그걸 홀딱 까놓고 자랑을 늘어놓을 만큼 가벼운 사람도 아니다. 주변에는 사려 깊고 신중한 성품의 그를 좋아하고 따르는 사람들이 모여든다. 친하지는 않더라도 그를 '좋은 사람', '괜찮은 사람'이라고 평가하고, 그렇게 제3자에게도 알려준다.

이 둘의 인생은 왜 이리 다른 걸까?

많은 사례들을 관찰하면서 나는 이런 결론을 얻을 수 있었다. 전자의 피곤한 삶의 주인공은 '3순위 인생'을 살아왔고, 후자의 평온한 삶의 주인공은 '1순위 인생'을 살아왔기 때문이다.

'1순위 인생'은 뭐고, '3순위 인생'이란 대체 뭘까?

'1순위 인생'은 자신에게 가장 소중한 것을 인생의 중심에 놓는다. 이를 통해 삶을 재편하고 남과 비교하지 않는 힘을 얻는다. 나아가 자신의 삶을 주도적으로 즐기며 성공을 향해 유유히 항해한다.

반면에 어떤 체계나 맥락도 없이 매 순간 잡다한 일들에 쫓겨 사는 삶을 '3순위 인생'이라고 부른다. 1순위 인생은 진정한 자아실현을 이루는 삶이다. 나답게 사는 '진짜 인생'이다. 그렇지 못한 3순위 인생은 '가짜인생'이다.

그렇다면 '1순위 인생'을 사는 사람과 '3순위 인생'을 사는 사람의 일상을 들여다보자. 그러면 그들의 삶이 왜 그렇게 큰 격차로 벌어질 수밖에 없는지를 쉽게 알 수 있다.

예를 들어 모처럼 가족과 남해안으로 1박 2일 일정으로 주말여행을 가기로 약속을 했다고 하자. 그런데 갑작스럽게 예전에 모시던 상사에게서 전화가 왔다. 사무실을 오픈했는데, 개업식을 토요일 저녁에 갖기로 했다고 말이다.

만일 당신이 그런 전화를 받은 40대 가장이라면 어떤 선택을 하겠는 가?

먼저 3순위 인생을 사는 사람이라면 십중팔구 이렇게 생각할 수 있다. '가족과의 여행이야 나중에 가도 되지만, 개업식은 단 한 번 하는 거잖아? 그러니 꼭 가야 돼.'

그럴듯한 핑계를 대고는 개업식에 참석하기로 결정한다. 그리고 아내에게 그 뜻을 전한다. 아내의 반응은 예상보다 훨씬 차갑다.

"아이들하고 철석같이 약속을 해놓고는 이렇게 쉽게 어기면 어떻게 해. 그래서 당신은 애들한테 신뢰를 못 받는 아빠가 되는 거라고."

"내가 놀러 가는 거야? 이게 다 비즈니스 아냐. 개업식에 얼마나 많은 VIP들이 오는지 당신이 알기나 알아? 바깥일을 모르면 잠자코 있으라고!"

뜻하지 않은 충돌이 일어나고 만다.

그 사이 아이들은 이불을 뒤집어쓰고 훌쩍거린다.

엉뚱한 화살은 아이들에게로 향한다.

"야, 이게 무슨 울 일이야. 뚝 그치지 못해!"

그렇다면 '1순위 인생'을 사는 사람은 어떻게 대처할까?

그는 이미 삶의 원칙이 세워져 있기 때문에, 돌발적인 상황에 크게 당황하거나 흔들리지 않을 것이다.

"정말 축하드립니다. 그런데 죄송합니다. 참석이 어려울 것 같습니다. 중요한 선약이 있어서요. 그 대신 제가 근사한 화환 하나 보내드리도록 하겠습니다. 그리고 그 꽃들이 시들기 전에 한 번 찾아뵙겠습니다."

그러면 저쪽에선 어떻게 생각할까? 괘씸하다고 생각할까? 그렇게 생각하는 사람이라면 앞으로도 만날 필요가 없다. 그릇이 작은 사람들과 어울리느니, 가족과 함께 시간을 보내는 편이 인생에선 훨씬 중요하다. 만일 그릇이 큰 사람이라면, 당신의 참석 불가 통보에 크게 마음 쓰지 않을 것이다. 아니, 오히려 마지못해 참석하는 아부꾼들보다 당신을 더 높게 바라볼 것이다.

이것이 곧 '3순위 인생'과 '1순위 인생'의 차이다. 하나의 예를 들었을 뿐이지만, 이렇듯 두 개의 상반된 의견과 개념, 혹은 일 사이에서 의사 결정을 해야 하는 순간은 하루에도 수십 번씩 일어난다. 그 수십 번의 결정에서 매번 바람직하고 무리 없는 선택을 하는 사람과, 사사건건 충돌과 갈등을 일으키는 선택을 하는 사람이 각각 살아가는 모습은 크게 달라질 수밖에 없다. 그 둘의 삶이 비슷하다면, 오히려 그게 더 괴이한 일이 아니겠는가?

'1순위 인생'을 사는 사람은 자신이 나설 자리와 빠질 자리를 분명하게 구분한다. 꼭 필요한 행동과 발언이라면 하되, 그렇지 않은 경우엔 조용히 자리를 뜨거나 침묵을 지킬 줄 안다. '3순위 인생'을 사는 사람은 전혀 필요치 않은 말과 행동을 서슴지 않는다. 그러다보면 쓸데없이 관계의 혼란을 일으키는 도화선이 되곤 한다. '1순위 인생'을 사는 사람은 중요한 일과 덜 중요한 일, 급한 일과 덜 급한 일의 우선순위를 정하고 그에 따라 행동한다. 반면에 '3순위 인생'을 사는 이들은 즉흥적이고 무계획적이다. 때로는 중요하고 긴급한 일을 뒤로 한 채, 지엽적이고 사소한 일에 매달린다. 결국 큰 소득 없이 시간과 돈, 에너지를 낭비하고 만다. '1순위 인생'을 사는 사람은 뚜렷한 자기 주관을 따르고 지킨다. '3순위 인생'을 사는 사람은 주변사람의 한 마디에 결정을 번복하고, 작은 일 하나하나에 일희일비하며 감정을 지속 소모한다.

그렇다면 어떻게 해야 '1순위 인생'을 살 수 있을까?

그 비결은 바로 '투두리스트(to-do list)'를 챙기기 전에 자신이 무엇이 되고 싶은지, 어떤 사람이 되고자 하는지에 관한 '투비리스트(to-be list)'를 먼저 챙기는 것이다. 즉 여행가방을 싸기 전에 자신의 목적지를 명확하게 해야 한다는 말이다. 에베레스트 산이냐, 남태평양 외딴 섬이냐에 따라 필요 장비와 짐 목록은 전혀 다를 수 있다. 그럼에도 불구하고 그저 눈에 보이는 물건을 주워 담거나, 남의 말대로 짐을 싼다면 결국 그의 여행길은 고행길이 될 게 뻔하다. 인생도 이와 똑같다. 언제나 '투두리스트'보다 '투비리스트'가 우선되어야 한다.

현재의 삶은 우리가 선택한 길을 따라 펼쳐지고 있다. 따라서 모든 인생의 결과는 전적으로 우리 자신의 책임이다. 대기업 임원으로서 누구나 부러워하는 삶을 살고 있다고 할지라도 문득 스스로 '이건 아니야'라고 판단되면, 미련 없이 사표를 던지고 나올 수도 있다. 그 다음 농사를 짓건 웨이터가 되건, 그건 그의 선택일 뿐이다.

오늘 우리가 일을 하는 것은 본질적으로 오늘을 사는 하나의 존재양식일 뿐이다. 그럼에도 우리는 부지불식간에 일에 의해 삶을 휘둘리고 있다. 일에 굳게 묶여 있다. 이는 우리의 의식구조에 악영향을 미친다. 왜냐하면 이런 상태에서는 자유분방한 삶의 영위를 감히 꿈조차 꿀 수 없는 정신적 불구자가 될 수 있기 때문이다. 다음과 같이 비유하면 쉽게 이해될 것이다.

한 아이가 있다. 그 아이에게는 괴팍한 성격의 부모가 있다. 그 아이의 꿈이나 적성 따위는 안중에도 없고, 그저 자기들이 운영하는 푸줏간에서 고기를 나르고, 자르고, 배달하는 일만 가르쳤다. 고기를 잘못 자르거나 배달을 늦게 하는 등 조그만 실수라도 있으면 커다란 몽둥이로 매질을 해댔다. 그러나 그 아이와 이야기를 나눠본 이웃들은 한결같이 이런 생각을 했다.

'그 아이가 학교를 다니고, 좋은 선생님 밑에서 제대로 교육을 받을 수만 있다면 분명히 좋은 인재가 될 텐데… 예의바르고 성품도 좋은 아이인데… 쯧쯧쯧, 불쌍하기도 하지…'

동네 아저씨와 아주머니 몇 명은 그들의 생각을 아이에게 털어놓았다. 하지만 아이는 고개를 가로저었다.

"그런 말씀 마세요. 우리 엄마 아빠는 '넌 고기 나르는 일 외에는 아무것도 제대로 하는 게 없어'라고 소리치세요. 그 말이 처음엔 듣기 싫었는데, 이제는 그 말이 딱 맞는 말이란 생각이 들어요. 정말로 제가 할 수 있는 일이란 고기 나르는 일뿐이거든요."

결국 이웃들의 안타까움 속에 그 소년은 고기만 나르다가 청년이 되었고, 어느덧 중년을 맞게 되었다. 그러던 어느 날, 그는 충격적인 이야기를 듣고 만다.

"너도 옆집 아들처럼 학교를 제대로 다녔다면 나라를 다스리는 훌륭한 관리가 되었을 텐데… 아버지의 강요 때문에 나도 어쩔 수 없이 너를 다그쳤구나. 미안하다, 눈을 감는 지금 그게 가장 한으로 남는구나."

임종을 앞둔 어머니가 마지막으로 남긴 한 마디였다.

어머니의 그 짧은 탄식은 그의 인생을 송두리째 뒤흔들었다. 하지만 인생을 되돌리기에는 너무 늦었다.

우리는 이 우화 속 소년처럼 안타까운 주인공이 되어서는 안 된다. 만일 이 소년의 마음속에 '난 경찰관이 될 거야. 아니, 선생님이 좋겠어. 아니야, 사업가가 되어서 돈을 많이 버는 게 나아' 등과 같은 꿈과 소망이 있었다면 어땠을까. 그 꿈을 너무 쉽게 버린 탓에 그는 먼 훗날 한 평생 전부를 후회의 소용돌이 속에 던져 넣게 된 것이다. 당연히 채워져 있어야 할 꿈과 소망의 자리에 대체 무엇이 이를 대신하고 있었을까? 그것은 다름 아닌 '난 지금 무엇을 해야 해'라는 소위 '쳐내야 할 목록들'이었다. '그렇지, 지금은 고기를 날라야 하고, 다음에는 고기를 잘라놓아야 해. 그래야 다섯 군데 배달을 갈 수 있거든.' 오늘도, 내일도, 모레도…

당신의 오늘 삶은 어떤가?

'판매실적 보고서를 써야 해. 주간회의 자료도 작성해야 하고 거래처 미팅도 준비하고, 두 군데 거래처는 오늘 꼭 방문해야 해. 가만 있자, 오늘은 야근해야겠구나. 내일까지 사장님한테 보고할 게 있으니까. 휴…'

이렇게 하루를 보내고 있지는 않은가?

물론 당장 오늘 직장에서, 상사의 잔소리에서 벗어날 수 없을지 모른다. 하지만 어쨌든 당신이 당신의 인생에 책임을 져야 할 유일한 사람이기에 자신의 소중한 꿈과 소망까지 버린 채 살아서는 안 된다.

나는 학생들에게 말한다.

"나는 늘 가슴이 뛴다. 너희들을 마주하고 있는 지금 이 순간도 그렇다. 왜냐하면 나는 지금 새로운 도전을 하고 있기 때문이다. 아직 수많은 새로운 분야에 대해 모르기 때문에 배우는 중이고, 그 배움이 얼마나 즐거운지 모르겠다. 모르는 것을 배워나가겠다는 나의 목표에 나는 오늘도 한 걸음 다가가고 있는 중이다. 그래서 나의 하루는 보람 있다고 자신 있게 말할 수 있다."

스무 살 학생들은 눈을 반짝이며 듣는다. '꿈을 꾼다는 건 나이와 상관없는 것이구나' 하며 깨닫는 표정을 나는 읽어낼 수 있다.

지금 당장 스스로 너무 많은 '투두리스트'에 짓눌려 살고 있는 것은 아닌지 자신과 주변을 돌아봐야 한다. 동서남북도 모른 채, 그저 어딘지 모를 곳을 부유하고 있는 모양새는 아닌지 점검해야 한다. 어느 곳으로 향하는지가 우선이다. 그래야 지금 내가 해야 할 일, 쳐내야 할 일들의 의미가 살아난다.

많은 사람들이 입버릇처럼 달고 다니는 말이 있다.

'이게 나한테 무슨 도움이 되는지 모르겠어.'

'나에게 아무 의미도 없는 일이야.'

이런 말들은 어쩌면 정말 도움이 안 되고, 무의미하기 때문에 나오는 것이 아니라 자신이 그 일 안에서 어떤 의미도 발견하지 못했기 때문일 수 있다.

"우리의 핵심에 있는 것은 우리의 가치관이다. 우리가 내리는 모든 결정과 행동들은 모두 그 가치관을 반영한 결과일 뿐이다." 스티브 잡스가 밝힌 자신의 인생철학이다.

이제 행동을 위한 '투두리스트'를 챙기기 전에 우리의 가치관이 오롯이 담겨 있는 '투비리스트'부터 만들고 다듬어야 할 것이다.

'플러스 한 시간'을
만들어라

지혜의 경전 《탈무드》에는 다음과 같은 문장이 담겨 있다. "사람들은 돈을 시간보다 더 소중히 여긴다. 그러나 그로 인해 잃어버린 시간은 돈으로 결코 사들일 수 없다."

현대 경영철학의 구루인 피터 드러커는 《피터 드러커의 경영 블로그》라는 책에서 현대인에게 시간관리가 얼마나 중요한지에 대해 이렇게 말했다. "자기관리의 핵심은 시간관리다. 성과를 올리는 사람은 일에서 시작하지 않는다. 시간에서 시작한다. 계획으로부터도 시작하지 않는다. 무엇에 시간을 빼앗기고 있는가를 분명히 아는 것에서 시작한다. 그 다음에는 시간을 낭비하는 비생산적인 요구를 멀리한다. 마지막으로 이렇게 얻어진 여분의 시간을 효과적으로 배치한다."

자신의 인생을 주도적으로 사는 사람, 그 결과, 목표한 바를 얻어내는 사람들의 공통점은 바로 피터 드러커의 말대로 시간관리에 탁월하다는 것이다. 아무리 바쁜 사람이라 해도 하루 한 시간 정도는 자신의 의지대로 마음껏 활용할 수 있을 것이다. 바로 그 '하루 한 시간'만 제대로 경영하면 인생이 바뀐다. 아니, 정확하게 얘기하면 '자신이 원하는 모습의 인생으로' 바뀐다.

나의 지난 날 중 한 장면이 떠오른다.

"지금 네 나이가 몇인데, 이제 와서 공부냐?"

한 친구가 내게 핀잔 섞인 한 마디를 던졌다.

"맞아. 이제 와서 그깟 대학원 다닌다고 네 인생에서 뭐가 크게 달라지겠어?"

또 다른 친구가 거들었다.

"아니, 그동안 해온 게 아까워서 그렇지 뭐. 조금만 더 다니면 되는데."

나는 괜히 죄지은 사람처럼 대답했다. 그렇게 조촐한 술자리는 나의 대학원 이야기로 뜨거워졌다.

"지금 사업도 위기라면서, 근데 대학원이 웬 말이냐 이거지."

친구는 내가 딱해보였나 보다.

'글쎄, 나중으로 미루면 더 어려워질 것 같아서…'

속으로 중얼거렸지만, 더 이상 얘기하진 않았다.

그 당시 나는 사업을 하고 있었고, 일시적인 위기였다. 하지만 대학원을 못 다닐 정도의 긴박한 상황은 아니었다. 1주일에 이틀만 학교에 출석하면 됐고, 수업과 과제 등을 다 합해도 평균 잡아 하루 한 시간 정도 투자하면 충분한 수준이었다.

내 인생의 또 다른 한 장면이 떠오른다.

"야, 정말 대단하다. 어떻게 이런 책을 쓸 생각을 했니?"

선배는 내가 내민 책을 쭉 넘겨보며 놀라워했다.

"그동안 짬짬이 써 온 거예요."

나는 계면쩍은 듯 쑥스럽게 웃었다.

"책을 쓰는 데 짬짬이만 갖고 됐겠어? 에이, 설마…"

나는 딱히 대답할 말이 없었다.

"정말 오래 걸리겠지. 이 정도 분량의 책을 한 권 펴내려면 말이야. 대체 얼마나 걸렸니?"

"한 3~4개월 정도요."

"뭐? 농담이지? 말도 안 돼. 그럼, 하루에 대여섯 시간씩 썼겠네?"

"아니요, 하루 한 시간 정도만 썼는데요."

선배는 도무지 믿으려 하지 않았다.

"에이, 무슨 소리야. 하루 한 시간씩 써서 어떻게 석 달 만에 책을 써. 암튼 대단하다, 대단해."

선배는 끝내 내 말을 믿지 않았지만, 나는 진실을 얘기했을 뿐이었다.

하루 한 시간씩만 글을 썼고, 그렇게 꾸준히 지속한 결과, 서너 달 만에 책 한 권 분량의 원고를 완성했다. 그 원고는 출판사로 보내졌고, 곧바로 책으로 나왔다.

나는 하루 한 시간을 투자해 대학원을 졸업했고, 하루 한 시간을 투자해 책 한 권을 펴냈다. 이는 내가 실천한 '60분 경영' 가운데 극히 일부의 예일 뿐이다. 이 두 가지 실천만으로도 내 인생은 엄청난 변화를 내게 선물했다.

대학에 자리를 잡았고, 작가가 되었다. 강연가가 되었고, 일간지 칼럼니스트의 기회가 주어졌다. 방송을 통해 이름을 알릴 수도 있었다. 기업과 공공기관, 대학에서 강연 의뢰가 왔다. 국내 최고의 온라인 교육기관과 제휴해 교육 프로그램을 만들었다. 하루 한 시간 투자했을 뿐인데, 정말 많은 것을 얻었다. 무엇보다 이 모든 경험을 통해 나는 규칙적으로, 그리고 꾸준하게 새로운 인생전략들을 실천에 옮길 수 있는 힘을 얻게 되었다.

《카네기 명언집》에는 다음과 같은 말이 나온다. "목수의 아들로 태어나 증기기관을 발명한 와트는 기계공 시절에 화학과 기계학을 독학하면서 염색업자로부터 독일어를 배웠다. 스티븐슨은 야간근무를 하는 동안 수학과 측량학을 독학으로 공부했고 낮에는 짬을 이용해 석탄 운반차 측면에 분필 쪼가리로 계산을 하곤 했다. 끈기만 있다면 자투리 시간을 활용하여 큰 성과를 얻어낼 수 있다. 무가치한 일에서 하루 한 시간씩만 떼어 유익한 일에 활용한다면, 평범한 능력을 가진 사람도 과학의 한 분야쯤에는 정통할 수 있다."

세계적으로 가장 장사를 잘한다는 중국 화교들 사이에는 이런 얘기가 있다.

한 화교의 집 앞을 매일 아침 정해진 시간에 지나가는 트럭이 있었다. 그 트럭에는 늘 산더미처럼 목재들이 쌓여 있었다. 그런데 그의 집 앞 도로는 울퉁불퉁한 비포장도로였다. 그래서 트럭은 종종 덜컹거리다가 목재들을 조금씩 떨어뜨리곤 했다. 그는 매일 아침마다 그 트럭이 지나가기를 기다렸다가, 떨어진 목재들을 줍기 시작했다. 그 일을 15년간 지속했다. 그리고 그는 마침내 커다란 목재상의 사장이 되었다. 가랑비에 속옷 젖는 줄 모른다는 말이 있다. 하루 한 시간이 모이면, 그것은 실로 엄청난 에너지로 적립된다. 하루 한 시간을 적립하면 다른 사람들이 24시간을 살 때 당신은 25시간을 살 수 있다.

요즘도 나는 계속 글을 쓴다. 전과 달라진 게 있다면 학교에서 교수학습센터장 등 보직을 맡으면서 점점 일이 많아져 글 쓸 시간이 적어졌다는 점과 그렇기 때문에 꼭 자리 잡고 앉아 집필하지 않는다는 점이다. '궁하면 통한다'고나 할까. 지금은 특별히 집필시간을 내기도 힘들기에 아예 걸어 다니며 글을 쓴다. 학교 캠퍼스, 기차, 버스, 공원 등 장소와 상황을 가리지 않는다. 스마트폰과 글쓰기 앱이 있기에 가능해진 놀라운 변화다. 지금 내 스마트폰 안에선 각각 다른 주제의 책 3권이 동시에 써지고 있다. 누군가의 강연을 듣거나 책을 읽다가 또는 그냥 길을 걷다가 불현 듯 글감이 떠오르면 지체 없이 앱을 누른다. 그러면 작성중인 노트들의 리스트가 뜨고, 그 중에 해당되는 하나를 눌러 계속 이어 쓰면 그만이다. 과거에는 글감의 수집 작업과 집필 작업이 분리되어 있었지만 지금은 동시진행이다. 글감이 포착되는 순간 바로 쓴다. 아이디어 메모 수준이 아니라 아예 본문을 써버리는 비율이 점차 늘고 있다. 하면 할수록 익숙해지고 입력속도도 빨라진다.

시간을 만들어내는 데 유용하다면 그 어떤 도구라도 적극 활용할 필요가 있다.

누구나 똑같은 초침과 시침을 가진 시계를 갖고 있지만, 누구나 똑같은 시간을 살아가는 건 아니다. 우리가 5년 전략을 세워야 하는 이유들 중 하나는 우리 삶의 '플러스 한 시간'을 찾아내기 위해서다. 이 '플러스 한 시간'은 인생을 새로운 기회의 무대에 세운다. '오늘은 또 어떤 일이 내게 생길까?' 하는 기대를 만들어낸다.

화가 파울 클레는 말한다. "우리를 조금 크게 만드는 데 걸리는 시간은 단 하루면 충분하다."

세상의 모든 기회와 행운이 우리를 찾아오는 데 걸리는 시간은 '하루 한 시간'이면 충분하다.

가치 있는 일을
생산하라

"누군가는 이렇게 얘기한다. 시간이 모든 것을 해결해준다고. 그러나 실제로 모든 것을 변화시켜야 하는 것은 바로 당신이다."

팝아티스트 앤디 워홀의 이 말은 우리 일상을 겸허히 돌아보게 한다. 우리는 얼마나 많은 핑계와 은신처 속에 자신을 숨기고 사는가. 그저 주어진 삶을 근근이 살아가고 있는 수준인 자신의 삶을 매 순간 정당화하려 한다.

'사는 게 다 거기서 거기지. 나라고 뭐 별 수 있겠어?'

'가진 것도 배운 것도 없는데, 이 정도 사는 것만으로도 다행이지.'

'모나지 않게 둥글게 사는 게 제일이야.'

요즘 어떻게 지내냐고 주변사람들에게 근황을 물어보라. 아마도 십중팔구는 이렇게 대답할 것이다.

"네, 그냥 그럭저럭 지냅니다. 하는 일 없이 바쁘네요."

그럼 이 대답에 어떤 말로 맞장구를 치는가? 이런 건 아닌가?

"바쁜 게 좋은 거죠."

지금 대한민국 전 국민은 '그냥 바쁘게' 살아간다. 새벽부터 밤늦게까지 격무에 시달리는 직장인들, 학교에서 학원으로, 학원에서 독서실로 진이 빠져가는 학생들, 남편과 자녀의 뒷바라지로 허리가 휘는 전업주부들까지. 전 세계에서 가장 바쁘게 살아가는 국민은 단연 한국인이 아닐까 싶다.

'바쁘다'와 한 쌍을 이루는 말이 있다. '시간이 없어서요'다.

"요즘 어떤 책을 읽으시나요?"

"운동 좀 하시나요?"

"아이들과 좀 놀아주시나요?"

"취미생활로 어떤 걸 하시나요?"

이 모든 질문에 공통적으로 쓰이는 답은 하나다.

"글쎄요, 마음은 굴뚝같은데 도통 시간이 안 나서요."

물론 이 같은 답변에 전혀 타당성이 없는 것은 아니다. 평균적인 한 직장인의 일과를 들여다보면 시간이 없다는 말에 일정 부분 공감할 수 있다.

즉 조직은 성장하고 규모가 늘어난다. 그만큼 기존 인력으로 늘어난 일을 처리해야 하기 때문에 개인의 절대적인 업무량이 늘어난다. 그리고 제반 업무도구들, 즉 인터넷이나 사내 데이터베이스, 또는 외부용역 시스템의 활용성이 높아지면서 짧은 시간 내에 고효율의 업무 결과를 요구당하고 있다.

피터 드러커는 《프로페셔널의 조건》에서 현대인과 시간의 관계에 대해 이렇게 말하고 있다. "개인적 인간관계와 업무상의 관계가 혼합되면 시간이 많이 소비된다. 시간이 부족하다고 해서 서두르게 되면 마찰이 발생한다. 하지만 모든 조직에서 이러한 혼합은 불가피하다. 함께 일하는 사람의 숫자가 많으면 많을수록 상호작용에 필요한 시간은 그만큼 더 많아진다. 그 결과, 실제 업무를 수행하고 성과를 올리고 목표를 달성하는 데에 투입되는 시간은 그만큼 줄어든다. 조직의 규모가 커지면 커질수록 지식근로자가 실제로 사용할 수 있는 시간은 줄어들 것이다. 따라서 자신의 시간이 어떻게 쓰이는지 정확히 알고 나면 자신이 마음대로 사용할 수 있는 그 적은 시간을 잘 관리해야 할 필요성도 더욱 늘어날 것이다."

물론 직장 내에서 개인의 활용시간이 줄어들고 있는 것만큼은 틀림없는 사실이다. 하지만 그렇다고 직장생활을 포함한 전체 삶 속에서 입버릇처럼 말하는 '시간이 없다'라는 정도는 아닐 것이다.

이제 우리의 핵심 초점으로 돌아가보자.

우리에게는 없는 시간을 만들어낼 능력은 없다. 이는 인간의 가장 근본적인 한계다. 하지만 우리에게는 주어진 시간을 최대한 활용할 수 있는 능력이 분명하게 존재한다. 그 능력은 충분히 개발 가능하며, 그 능력의 개발 여부에 따라 삶의 질, 삶의 수준은 급격히 달라질 수 있다. 또한 누구나 꿈꾸는 성공, 그리고 지금과는 다른 멋진 삶을 실현시키는 유일한 길이 되기도 한다. 누구나 바쁜 시대에 살고 있지만 '시간관리'라는 덫에서 유유히 빠져나와 시간을 지배하며 자신의 목표를 이루고 만족스런 웃음을 짓고 있는 사람도 많다는 사실을 잊어서는 안 된다.

'습관이 인생을 지배한다.'

이 명제에 동의하지 않는 사람은 아마 거의 없을 것이다. 무의식적으로 그저 지금껏 해왔던 그대로 행하는 행동이나 태도를 우리는 습관이라고 부른다.

글로벌 베스트셀러 《카네기 인간관계론》의 저자인 데일 카네기는 서문에서 다음과 같이 쓰고 있다.

나는 1933년 2월 23일 목요일 저녁 뉴욕에 있는 예일 클럽에서 600명이 넘는 사람들을 대상으로 행해졌던, 뛰어난 재능을 지닌 하버드 대학 교수의 연설을 아무런 주석도 달지 않고 소개하겠다.

"본래 우리의 능력에 비교해 본다면" 하고 하버드 대학의 유명한 윌리엄 제임스 교수가 말했다. "단지 우리들은 절반밖에는 깨어 있지 못합니다. 우리는 우리의 신체적, 정신적 자원의 극히 적은 부분만을 사용하고 있는 것에 불과합니다. 사물을 보다 폭넓게 표현함으로써 개개인은 자신의 한계를 넘어 훨씬 풍부하게 생활할 수 있습니다. 우리 인간은 습관적으로 사용하지 않고 있는 여러 종류의 재능을 소유하고 있는 것입니다."

당신이 '습관적으로 사용하지 않고 있는 재능!' 이 책의 유일한 목적은 동면 상태에 있는 사용되지 않는 당신의 능력을 발견하고 계발하여 이익을 얻도록 도와주는 데 있다.

나는 이 글을 읽으면서 '습관적으로 사용하지 않고 있는 재능!'이라는 문구에 밑줄을 죽 그었다. 그것도 아주 굵게.

그리고 생각했다.

'우리에게 주어진 재능, 그것도 쓰려고 마음만 먹으면 언제 어디서든 쓸 수 있는 재능, 어쩌면 지금 사용하고 있는 재능보다도 더 귀중할지도 모를 그 재능을 우리는 습관적으로 사용하고 있지 않다. 어디 그뿐인가? 우리는 우리에게 주어진 시간, 그것도 쓰려고 마음만 먹으면 언제 어디서든 쓸 수 있는 시간, 어쩌면 지금 사용하고 있는 시간보다도 더 귀중할지도 모를 그 시간을 우리는 습관적으로 사용하고 있지 않다.'

그렇다.

우리는 우리의 시간을 주체적으로, 또 창의적으로 십분 활용하지 못하고 있다. 그저 어제 해왔던 대로, 남들이 시키는 대로, 또 남들이 하는 모양대로 쫓아 시간을 쓰고 있다.

이제 우리는 그동안 스스로 방치해두었던 아까운 시간, 나도 모르게 버려지고 만 시간, 다시 말해 '습관적으로 사용하고 있지 않은' 시간을 찾아내야 한다. 그리고 그 값진 시간을 '습관적으로 사용' 해야만 한다.

그렇게만 한다면 하늘로부터 남들보다 두 배의 시간을 부여받지는 못할지라도 본인의 노력 여하에 따라 남들보다 두 배 더 효과적으로 시간을 활용할 수 있을 것이다. 아니, 그 노력의 정도에 따라 다섯 배, 열 배 이상 시너지 효과를 발휘할 수도 있을 것이다.

시간관리 전문가 알렉 맥킨지는 말한다. "누구나 바쁘기는 쉽다. 하지만 효과적이기는 대단히 어렵다."

우리가 늘 시간에 쫓기는 이유는 시간 단위당의 생산성에 너무 집착하기 때문이다. 우리는 이를 '효율'이라고 부른다. 하지만 바야흐로 더 많은 것을 생산할 수 있느냐의 시대가 아니라 '더 가치 있는 것'을 생산할 수 있느냐의 시대다. 더 가치 있는 것을 생산하는 것을 우리는 '효과'라고 부른다.

무수히 많은 그저 그런 것들을 생산하는 데 시간을 써서는 안 된다. 단 하나를 생산하더라도 그 어떤 것들보다 가치 있는 것을 만들어내야 한다.

당신이 세운 5년 전략의 승패는 '가치'를 만들어낼 수 있는 시간을 확보할 수 있느냐의 여부에 달려 있음을 명심하라.

하루 11시간을
재활용하라

미국의 3대 대통령 토머스 제퍼슨은 이렇게 말했다. "아무 하는 일 없이 시간을 낭비하지 않겠다고 다짐하라. 우리가 항상 뭔가를 한다면 자신도 놀랄 만큼 수많은 일을 해낼 수 있다."

당신은 지금부터 최소 5년간 새로운 마음가짐을 가져야 한다. 쓸데없이 버려지는 시간을 철저히 가려내고 그 시간을 알토란같이 잘 활용하겠다는 의지를 굳게 다져야 한다. 그러면 틀림없이 당신의 기대를 뛰어넘는 성과물이 당신 눈앞에 쌓이는 광경을 목격하게 될 것이다.

'바쁘다, 바빠!'라는 말을 달고 다니는 최 과장.

그의 덤벙대는 모습을 보고 있노라면 정말 정신이 없어 보이기는 한다. 그의 입버릇대로 그는 정말 매 순간 그렇게 바쁜 것일까?

아주 가까이에서 그를 한 번 관찰해보자.

최 과장의 출근시간은 8시 30분. 원래 출근시간은 9시이지만, 바로 위의 부장이 8시 30분에 출근하기 때문에 어쩔 수 없이 그에 맞춰서 나온다.

잠이 덜 깬 상태에서 허겁지겁 전철에 오르면, 그는 선 채로 지그시 눈을 감는다. 회사까지 40분 정도. 자는 듯 마는 듯 그렇게 시간을 보낸다.

회사에 도착한 8시 30분부터 9시까지, 30분이란 소중한 아침시간을 그는 어떻게 보낼까?

사무실에 배달된 일간지 두 개(일반 조간, 스포츠신문)를 집어 들고는 화장실로 향한다. 안타깝게도 아침 시간 30분을 모두 화장실에서 보낸다.

9시에 하는 팀 미팅을 끝내고 나면, 자리로 돌아와 메일을 확인한다. 아니, 메일을 확인하기 전에 인터넷 뉴스를 본다. 이미 신문으로 읽은 내용도 있지만, 새로운 뉴스에 눈길이 간다. 야구나 축구 경기의 다음날이면, 스포츠 섹션으로 들어가 나열된 헤드라인들을 모조리 클릭해서 열어본다.

누가 특별히 찾지 않는다면, 그 시간은 30분에서 길게는 한 시간까지 연장된다.

한참을 그러고 나서야, 비로소 메일을 확인한다. 메일은 크게 세 종류로 분류된다.

첫째, 업무상 주고받는 메일이다.

둘째, 친구나 인터넷 커뮤니티에게서 배달되는 메일이다.

셋째, 어떤 사이트건 회원가입을 하면 자동으로 도착하는 일방적 홍보 메일이다.

아침시간에는 당연히 첫째 항목에 해당하는 메일만 열어봐야 한다. 하지만 그는 습관적으로 모든 메일을 열어봐야 직성이 풀린다. 메일에 담긴 링크까지 모조리 열어보는 데 30분이 또 흘러간다.

12시 점심시간. 워낙 사무실이 밀집된 지역이라 조금만 늦으면 자리가 없어 식당 앞에서 기다리기 일쑤다. 그래서 최 과장은 11시 50분경에 자리를 뜬다. 12시 30분가량에 식사가 끝나고, 사무실로 돌아온다. 아직 점심시간이 30분 남아 있다. 그는 막간을 이용해 인터넷 서핑을 즐긴다. 가장 그의 관심을 끄는 분야는 재테크 사이트다. 그런 사이트에는 하루 종일 각종 루머를 퍼나르는 사람들이 있다. 최 과장은 그 정체불명의 루머를 확인하느라 바쁘다. 그러고 나면 반값 할인을 내세운 소셜 커머스 사이트들을 전전한다. 딱히 살 것이 없음에도 그는 백화점에서 아이쇼핑을 하듯 사이트를 재미삼아 기웃거린다.

그리고 그의 일상에 빼놓을 수 없는 것이 또 있다. 바로 'SNS'다. 이를 집중적으로 이용하는 시간은 오후 1시를 전후해서다. 옛 직장동료, 고등학교 동창, 대학 동창, 동호회 동료들의 소식에 이런저런 댓글을 달고, 문자메시지를 주고받는다. 아주 잠깐 한다는 게 20~30분 훌쩍 지나기 십상이다.

최 과장이 좋아하는 기호품은 담배, 커피, 술. 틈틈이 담배 피우러 건물 밖에 나가있는 시간과 커피 마시며 잡담하는 시간을 모두 합치면 족히 한 시간은 된다.

퇴근 후에는 회사 동료들, 아니면 옛 직장동료들과 술자리를 갖는다. 7시 반쯤에 시작된 술자리는 보통 12시를 넘겨야 끝이 난다. 소주, 맥주, 노래방 등으로 이어지는 술자리의 정규 코스는 총 5~6시간이 걸리게 마련이다. 지친 데다 취해 비틀거리는 몸을 이끌고 집에 들어가면, 바로 쓰러져 잠이 든다.

그렇게 하루가 간다.

최 과장의 하루 중 특별한 생산성이 없이 허비되는 시간을 모아보면 무려 11시간에 이른다. '내가 요즘 너무 바빠서…'라고 늘 말하고 다니는 최 과장으로서는 도저히 체면이 서지 않는다.

동료와의 술자리, SNS를 통한 커뮤니케이션, 신문 읽기 등이 전혀 무가치하다는 말은 아니다. 하지만 그 시간을 절약해 내게 정말 필요한 무언가를 할 수는 없는 걸까?

이처럼 시간을 방만하게 사용하는 사람은 자연히 집중력도 낮다. 늘 바쁘기만 하고 실속은 없는 삶을 살 수 밖에 없다. 영원히.

당신의 경우는 어떤가? 최 과장처럼 아무렇지도 않게 귀한 시간들을 허비하고 있는 것은 아닌가?

여기, 7가지 질문이 있다. 과연 하루에 주어진 귀한 시간들을 얼마나 의미 있게 사용하고 있는지 돌아볼 일이다.

첫째, 주어진 시간을 내가 의도한 대로 통제하고 있는가?

이는 '자기시간 통제력'의 유무 여부를 묻고 있는 것이다. 분명히 하루 24 시간은 누구에게나 공평하게 주어진다. 하지만 같은 직장에서 같은 일을 한다 해도 직원 A는 바쁜 업무 가운데 10시간을 순수하게 자신의 의도에 맞게 사용하는 반면, 직원 B는 단 한 시간도 자신의 의도대로 사용하지 못할 수 있다. 바로 '자기시간 통제력'의 차이 때문이다. 물론 외부적인 요인도 있지만, 많은 경우 자신의 생활습관이나 태도에서 기인한다. 즉 단 한 시간이라도 애착을 가지고 늘 부지런히 생활하는 사람이라면 설사 회사일로 밤을 새우는 일이 있다 하더라도 틈틈이 자신만을 위한 시간을 찾아내 지혜롭게 활용할 수 있다.

둘째, 자기 통제 하에 나만의 골라인을 향해 나아가고 있는가?

이번엔 '진로의 명확성'이다. 이곳 저곳 기웃거리거나 방향을 잃은 채 헤매지 않으며 자신만의 골라인을 향해 달려가고 있는가 묻고 있다. 제아무리 근사한 골라인을 그려놓았다 하더라도, 그를 향한 전진이 없다면 골라인은 결국 무용지물이 되고 만다.

셋째, 혹시 지향하는 목표가 없는 것은 아닌가?

이 질문은 '명확한 목표가 있는지'를 확인하고 있다. 열심히 살아가긴 하는데, 어느 날 돌아보면 '내가 뭘 위해서 이렇게 살고 있지?' 하는 의문이 들 때가 있다. 바로 그런 의문이 드는 이유는 명확한 목표의 부재 때문이다. 목표가 명확하게 드러나 있을 때 비로소 시간에 대한 애착이 생겨난다.

넷째, 미래에 대한 투자가 적절하게 이루어지고 있는가?

이는 '계획적 투자의 실천'을 점검하기 위함이다. 가끔 이런 질문을 하는 학생이 있다.

"교수님, 졸업 후 회사에 들어가면 어떻게 해야 인정받을 수 있는 건가요?"

이러한 질문에 당신이라면 뭐라 답을 해주겠는가? 나는 이렇게 말한다.

"회사마다 직원들에게 요구하는 능력요건이 다를 테니까, 예를 들어 얘기해줄게. 영어구사 능력과 마케팅 지식을 중요하게 여기는 회사라면, 뭘 준비해야 할까? 당연히 영어와 마케팅이겠지? 오늘부터 당장 영어회화 공부를 시작해. 그리고 마케팅 관련 책을 한 달에 한 권씩 읽어. 물론 돈도 들고 시간도 들지. 그런 투자 없이 열매를 얻을 수는 없는 법이니까, 결실을 바란다면 아낌없이 투자해야겠지."

목표가 명확하다면, 그 목표를 달성하기 위한 명확한 방법 또한 찾아야 한다. 직장인이라면 회사와 업계가 원하는 인재상이 무엇인지 분명하게 찾아야 한다. 이를 통해 구체적인 방법들을 실천에 옮겨야한다. 사업을 하는 사람이라면 자신이 추구하는 사업 비전이 무엇인지 뚜렷하게 알고 있어야 한다. 그래야만 그에 걸맞은 전략적 투자가 가능해진다. 매출이 좋으면 직원 수를 늘리고, 매출이 급감하면 직원들을 해고하는 등의 주먹구구식으로 경영에 임하는 사람들이 뜻밖에도 많다. 이는 문을 닫는 지름길이다.

다섯째, 나를 위한 전략적 투자가 매일매일 빠짐없이 시행되고 있는가?

이는 단순한 실천이 아니라 '매일매일 실천하는가'를 묻는 질문이다. 생각날 때마다 실천에 옮기는 정도로는 어떤 것도 달성할 수 없다. 이것저것 잡다하게 좌판만 벌였다가 곧 거두고 마는 격이 되고 만다. 하루 1분이라도 수립한 목표를 향해 접근해야 한다. 지난밤의 야근을 핑계로, 과음을 했다는 이유로, 컨디션이 좋지 않다는 이유로 단 하루라도 멈추고 만다면, 목표 달성은 요원하다. 결국 원점으로 복귀한다. 매년 초, 몇 장 쓰지도 않는 다이어리를 고르고 또 고르는 어리석은 사람이 되고 만다.

여섯째, 나의 경쟁력이 점진적으로 증강되고 있다고 자신하는가?

이는 계획한 바대로 자신이 점점 더 발전하고 있는지, 또는 경쟁력을 확보하고 있는지에 대해 스스로 긍정적으로 평가하는가를 묻는 것이다. 즉 자기검증 차원에서의 만족도를 체크해보라는 의미다. 제아무리 열심히 실천해도 만족도가 낮게 나올 수 있다. 이런 경우에는 방법론에 문제가 있다거나, 목표가 비현실적이라는 문제가 도출될 수 있다. 전체적인 목표관리 측면에 있어서 이 질문은 매우 중요하다.

일곱째, 주어진 시간을 최대한 효과적으로 운영하고 있는가?

마지막 질문답게 종합적이면서도 복합적인 평가를 묻고 있다. 주어진 시간이 한 시간이든 10시간이든, 최고의 효과를 얻고 있는가를 점검해보라는 뜻이다. 시간을 효과적으로 활용하려면 고도의 집중력이 요구된다. 10분을 일해도 한 시간 일한 것 같은 효과를 얻기 위해 어떤 준비가 필요한지 따져볼 일이다. 이를테면 집중력을 높이기 위해 체력이 필요하다면 우선적으로 체력관리 시간을 확보한다. 또한 집중력을 발휘하는 데 가장 최적의 시간이 언제인지도 검토해야 한다. 그 시간대가 아침 9시부터 11시까지라면, 당신은 가장 핵심적인 일을 그곳에 배치해야 한다. 오직 한 가지 일에만 집중해야 할 시간이 있는 반면 두 가지 이상의 일을 동시에 처리해도 무방한 성격의 일과 또 그에 맞는 시간이 있다. 핵심적인 일과 상대적으로 덜 중요한 일을 자신의 일과표에 효과적으로 배치함으로써 시간 활용을 극대화시킬 수 있다.

벤저민 프랭클린은 다음과 같이 말했다. "그대는 정말로 당신 인생을 사랑하는가? 그렇다면 시간을 허비하지 마라. 시간이야말로 인생에 있어 가장 소중한 자산이기 때문이다."

송곳처럼
한 점을 위해 일하라

"겨누지 않고 쏘면 100% 빗나간다."

전설적인 아이스하키 선수 웨인 그레츠키의 말이다. 우리는 이 단순한 이치를 머리로는 이해하면서도 실생활에서는 종종 놓치며 살아간다. 목표가 배제된 채 내려지는 선택과 결단은 결국 자신의 인생을 혼돈과 후회 속으로 밀어 넣어버린다.

존 F. 케네디 대통령은 "10년 안에 우리는 인간을 달에 착륙시킬 것입니다. 이 목표를 위해 모든 국민이 힘을 합쳐야 합니다"라고 말하며 원대한 목표를 구체적으로 공표했다. 결국 그의 목표는 완전하게 이루어졌다.

이처럼 목표가 명확하면 탁월한 과녁을 만들 수 있다. 그리고 그 과녁을 명중시키기 위한 전략들도 자연스럽게 생겨난다. 제아무리 케네디 대통령과 같은 뛰어난 선장이라 할지라도 지혜로운 항해사가 없으면 표류하다가 난파하는 선장이 될 수밖에 없다. 바로 이 지혜로운 항해사가 바로 '목표'다.

토머스 칼라일은 말한다. "목표가 없는 사람은 평탄한 길에서조차 앞으로 걸어가지 않는다. 목표가 분명한 사람은 험한 산길에서도 힘차게 앞으로 나아간다."

중소기업에 근무하던 지인이 있었다.

그는 어느 날 '앞으로 3년 후에 퇴직을 하겠다'고 마음먹었다. 불황의 파고가 밀려올 때마다 어김없이 회사가 빼드는 구조조정이라는 카드에서 자신도 안전하지 못하다는 판단 때문이었다. 이에 대한 개인적 대비책을 세워놓지 않으면 결국 그 또한 그의 선배들이 걸었던 몰락의 길을 걷고 말 터였다. 그는 3년 후 퇴직과 함께 법무사가 될 것을 목표로 삼았다. 그래서 남아 있는 3년 동안 법무사 자격시험을 준비하겠다고 결심했다. 법학을 전공한 덕분에 경쟁자들보다 유리한 입장에서 시작할 수 있다는 생각이 결정적으로 작용했다.

그는 회사 업무시간을 제외한 모든 시간을 시험공부에 바쳤다. 고3 때보다 더 절박한 심정으로 독하게 공부했다. 인생을 바꿀 구체적인 목표가 생기자 시간은 자연스럽게 생겨났다. 시간은 목표를 향해 전진하는 사람들에게 주는 신의 선물이었다.

마침내 그는 퇴직 후 치른 시험에 당당하게 합격했다. 축하 자리에서 만난 그는 내게 다음과 같은 이야기를 들려주었다. "명확한 목표가 생기니까 오히려 시간적으로 여유가 있었어요. 다른 것 신경 쓰지 않고 오직 그 목표에만 집중하니까 삶이 매우 단순해진 거죠. 시험 준비를 하면서 TV를 없애버렸어요. 퇴근하면 습관적으로 TV를 켜고 멍하니 그 앞에 앉아 있던 시간이 아까워진 거죠. 처음에는 무척 허전했습니다. 담배를 끊을 때처럼 금단증상이 오기도 했죠. 하지만 한 1주일쯤 지나니까, TV 없이도 별 이상 없이 살아지더라고요. 그렇게 쓸데 없이 소모되던 시간을 줄여가니 금세 시간이 남게 되더군요. 법무사 시험 합격통지서를 받아들었을 때 가장 먼저 떠오른 생각이 뭔지 아세요. 다음엔 뭘 하지? 뭐에 도전해볼까? 이런 생각들이었어요."

그는 특출하게 머리가 좋은 사람도 아니었고, 타고난 재능을 갖고 있는 사람도 아니었다. 그저 우리 주변에 흔히 볼 수 있는, 평범한 직장인이었다. 하지만 그는 '시간'을 자기편으로 만드는 방법을 깨우쳤다. 이제 누구도 그를 평범한 사람으로 생각지 않는다. 다음에 또 어떤 모습을 보여줄지 기대하며 주목받는 사람이 되었다.

브라이언 트레이시는 말한다. "성공해서 행복을 만끽하는 소수의 사람들은 자신이 어떤 사람이고 정말로 원하는 것이 무엇인지, 매순간 생각하는 경향이 있다. 그들은 끊임없이 자신의 목표와 욕구를 대조하며 진보가 있었는지 판단하고 스스로 평가를 내린다."

시간의 추격자에서 시간의 지배자로 변신하면 그토록 보이지 않던 기회들이 슬슬 고개를 들고 앞으로 나올 것이다. 노련한 서부의 총잡이 앞으로 적들이 속속 손을 들고 나오듯이 말이다.

두 제자가 스승으로부터 활쏘기를 배우고 있었다.

한 제자가 먼저 시위를 당겨 과녁을 조준했다.

스승이 물었다.

"지금 무엇이 보이느냐?"

"과녁이 있고, 그 주변에 소나무들이 보입니다."

그러자 스승은 활을 당장 내려놓으라고 소리쳤다.

또 다른 제자가 시위를 당겼다.

"지금 무엇이 보이느냐?"

"까만 점 하나만 보입니다."

그러자 스승은 고개를 끄덕였고, 한껏 당긴 시위에서 화살이 날아올랐다. 그리고 그 화살은 과녁의 한가운데에 정확히 꽂혔다.

스승은 말했다.

"활을 쏠 때 가장 중요한 것은 집중이다. 오직 과녁의 중심 하나에만 모든 정신을 모아야 하는 법이다."

명중시켜야 할 목표가 결정되었는가? 그렇다면 모든 삶의 초점은 그 한 점에 맞춰져야 한다.

헬렌 켈러는 말한다. "무엇엔가 오랫동안 몰입한다면, 우리는 원하는 모든 것을 얻을 수 있다."

즉 돋보기로 빛을 한 곳에 모으면 종이에 불이 일듯이, 우리의 정신적, 신체적 에너지를 한 곳에 집중해서 노력하면 불가능해 보이는 일도 능히 이룰 수 있다는 뜻이다.

한 언론사에서 언젠가 설문조사를 한 적 있다.

'천재는 보통사람보다 어떤 점에서 뛰어난 사람이라고 생각하는가?' 하는 질문이었다.

가장 많은 응답자가 '지능지수(IQ)'를 첫손에 꼽았다.

그렇다면 2위는?

바로 '집중력'이었다.

타고난 머리야 그렇다 치자. 하지만 '집중력'은 노력 여하에 따라 충분히 향상시킬 수 있는 능력 아닌가? 후천적으로 얼마든지 개발할 수 있는 능력 말이다. 그럼에도 사람들은 집중력 또한 타고나는 것으로 생각하고 있는 듯하다. 어불성설이다. 집중력이 좋기 때문에 목표를 달성하는 것이 아니라 목표가 있기 때문에 집중력이 생겨나는 것이다.

미국의 작가 크리스찬 보비는 이렇게 말한다. "성공하는 사람은 송곳처럼 어느 한 점을 위해 일한다."

그렇다, 우리가 5년 전략을 세우는 이유는, 단 하나의 점에 도달하기 위해서다. 간결한 발걸음으로 그 점을 향해 빠르게 접근하기 위해서다.

뛰어난 야구선수를 자세히 살펴보라.

일급투수는 투구 동작이 간결하다. 군더더기가 없다. 그들은 오직 '포수의 미트'라는 한 점을 향해 공을 던진다. 발 빠른 주자들 때문에 흔들리지 않는다. 흔들리지 않기에 주자를 베이스에 묶어놓을 줄 안다. 조급함을 참지 못하는 사람은 언제나 투수가 아니라 주자다. 성급한 판단으로 도루를 하다 실패를 하고 만다.

일급타자도 마찬가지다. 스윙하는 자세에서 어떤 불필요함도 느껴지지 않는다. 그는 오직 자신의 배트에 공이 맞는 순간에 집중한다. 그 찰나의 순간을 놓치지 않기 위해 수천, 수만 번 배트를 휘두르며 가장 간결하고 빠른 스윙 폼을 가지려고 노력한다.

성공하는 사람들도 마찬가지다.

그들은 모두 간결한 언어를 갖고 있고, 불필요한 행동을 하지 않는다. 엄청난 일들을 처리하면서도 언제나 여유가 넘친다. 해야 할 일과 하지 말아야 할 일의 경계가 뚜렷하다. 주어진 시간 내에 최대한 많은 일을 처리해야 하는 탓에 절로 간결함이 몸에 배어 있다. 매사 간결함에도 불구하고 그들의 삶이 멋있어 보이는 이유는 매 순간 집중상태에서 목표를 겨냥하고 있기 때문이다.

당신은 지금 어떤 한 점을 위해 일하고 있는가?

이곳저곳 구멍만 뚫어놓고 있는 것은 아닌가?

아니면 아직 정조준할 어떤 점도 갖고 있지 못하는가?

앞으로 5년 후, 이 3가지 질문에 대한 답변이 어떻게 작성될지에 따라 당신의 평생이 결정될 것이다.

GIPOS(지포스)
실행 노트

5년 후 내 모습을 지포스 실행 노트에 써내려 가자. 이 노트는 인생 설계를 도와주는 가장 효과적인 플래닝 모델로 다음과 같은 다섯 가지 항목으로 구성되어 있다.

1. 목표를 확실히 정한 후(Goal)
2. 5년 후 내 인생을 생생히 그려본다(Imagine)
3. 내가 준비할 것은 무엇인지 파악하여(Prepare)
4. 내가 나에게 일상의 실천사항을 주문하고 따른다.(Order)
5. 조력자를 찾아 그와 함께하라.(Supporter)

──────────────── 펜을 들어라.

남을 위해 살아온 지금까지의 인생은 잊어라.

진짜 나답게 사는,

나만의 진북(眞北)을 향해 가는 '진짜 내 인생'을 설계해보라.

GIPOS 실행 노트

1단계

Goal

내 인생의 목표, 5개를 적어 보자.

❖ 한 번뿐인 내 인생이다. 꼭 이루고 싶은 것이 있다면 그것을 적어라. (더 이상 미루거나 숨기지 말라.)

❖ 꼭 한 번에 다 쓸 필요는 없다. 며칠이 걸려도 좋으니 신중하게 생각하고 써라.

❖ 이것은 '뉴질랜드에서 번지점프 하기' 따위의 버킷리스트가 아니다. 내 인생의 참 주인으로서 책임과 의무를 다해 이루어야 할 인생의 궁극적 목표라는 점을 상기하라.

❖ 다음 단어들을 웅얼거리며 적어라.
'한번뿐인 인생, 담대하게, 가슴 뛰는, 진짜 내 인생, 후회 없이'

❖ 도저히 생각이 안 난다면, 5개를 못 채워도 좋다. 단, 2개 이상은 써라.

• 첫 번째 목표 :

• 두 번째 목표 :

• 세 번째 목표 :

• 네 번째 목표 :

• 다섯 번째 목표 :

GIPOS 실행 노트

2단계

5년 후 나의 모습을 상상하여 묘사하라.

❖ 앞에 적은 인생 목표를 다시 한 번 찬찬히 읽어보라.

❖ 시계를 '5년 후 오늘'로 돌린다.

❖ 현재시제로 작성하라.

❖ 구체적일수록 좋다. 칸이 부족하면 여백 어디라도 좋으니 빼먹지 말고 써라.

❖ 다음 단어들을 웅얼거리며 써라.

'눈에 보이듯이, 생생하게, 리얼하게, 진짜 된다'

5년 후 오늘은 _____년 _____월 _____일이다.

• 간단하게 자기 소개를 해보라.

_____

_____

• 당신은 지금 어디에 있는가?

_____

_____

• 당신은 지금 누구와 함께 어떻게 시간을 보내고 있는가?

_____

_____

• 당신이 지난 5년간 매진해온 것은 무엇이며, 그로 인해 얻은 성과물은 무엇인가?

_____

_____

• 당신의 '다음 5년 후'의 목표는 무엇인가?

_____

_____

GIPOS 실행 노트

3단계

Prepare
앞으로 5년 동안 내가 준비해야 할 것은 무엇인가?

❖ 당신이 상상하여 적은 5년 후의 모습을 실현시키기 위해 꼭 필요한 준비사항들을 적어라.

❖ '5년 후 오늘'과 '바로 오늘'의 차이(5-Years Gap)를 줄이기 위해 내가 해야 할 일은 무엇인가 생각해보라.

❖ 정보가 부족하다면, 잠시 책을 덮고 정보를 탐색하라.

❖ 책, 인터넷, 전문자료, 인적네트워크 등을 활용하라.

❖ 다음 단어들을 웅얼거리며 써라.
  '반드시, 필수, 나만의 무기, 달라질 5년 후 내 모습'

내가 꼭 준비해야 할 것들 5가지

• **첫째,**

• **둘째,**

• **셋째,**

• **넷째,**

• **다섯째,**

GIPOS 실행 노트

4단계

Order

내가 나에게 반드시 실천할 것을 명하는 주문사항
다섯 가지를 적어라.

❖ 한 번 적으면 하늘이 두 쪽 나도 지키겠다는 각오로 써라.

❖ 자신이 꼭 고치거나 개선해야 할 태도나 자세, 습관은 없는지 떠올려
보라.

❖ 다음 단어를 웅얼거리며 써라.

'한번은 독하게, 공짜점심은 없다, 고진감래'

'이것만은 반드시 실천하라!' 나 자신에게 내리는 명령 5가지

- 첫째,

- 둘째,

- 셋째,

- 넷째,

- 다섯째,

GIPOS 실행 노트

5단계

나의 5년 후 목표를 달성하는 데 꼭 필요한 조력자는?

❖ 바로 곁의 누군가일 수도 있고, 책 속의 멘토, 또는 100년 전의 지혜자
일 수도 있다. 그가 어떤 형태로든 목표 달성에 도움이 된다면 그를 조
력자로 모셔라.

❖ 특정한 사람을 한 사람씩 써라. '업계 선배' 같은 식으로 뭉뚱그려 적으
면 그만큼 의미와 효력은 흐려진다.

❖ 다음 단어를 웅얼거리며 써라.
**'우리, 공동의 목표, 조언자, 지혜와 경험, 인도자, 가이드, 나보다 많이 알고
있는, 나를 이끌어줄'**

- 첫째, 조력자

- 둘째, 조력자

- 셋째, 조력자

- 넷째, 조력자

- 다섯째, 조력자

이제, 정성껏 적은 내용을
다음의 표에 요약하여 가장 잘 보이는 곳에 붙여두어라.
그리고 아침, 저녁으로 소리내어 읽어라.

❖ 각 항목별로 우선순위대로 위부터 아래로 적는다.(가장 중요하거나 소중한 것을 맨 위로 올린다.)

❖ 각 칸 안에 문장을 다 적어도 좋지만, 가장 핵심되는 단어만 적는 편이 더 낫다.

❖ 그림이나 관련 사진을 오려 붙여 넣으면 효과가 높아진다.

❖ 큰 종이에 적어 잘 보이는 벽에 붙여놓으면 효과는 더욱 커진다.

❖ 꼭 필요하다고 판단되는 경우 일부 내용을 수정해도 된다.(단, 1년에 최대 두 번까지만 수정한다.)

'내 인생 5년 후'를 송두리째 바꿔줄 〈GIPOS 실행 노트〉

1.Goal	2. Imagine	3. Prepare	4. Order	5. Supporter

내 인생 5년 후

개정 2판 1쇄 발행 2023년 11월 30일
개정 2판 2쇄 발행 2024년 5월 10일

지은이 하우석
발행인 곽철식
마케팅 박미애
발행처 다온북스

출판등록 2011년 8월 18일
주소 서울 마포구 토정로222, 313호
전화 02-332-4972
팩스 02-332-4872

인쇄와 제본 영신사

ISBN 979-11-93035-20-7 03320